30のテーマでわかる！
地域ケア会議コーディネートブック

Shigeyuki TAKAMURO
高室成幸

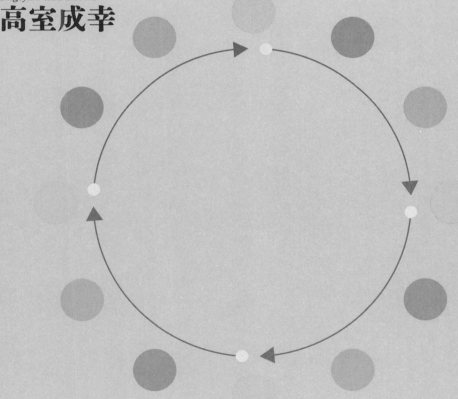

第一法規

はじめに

「地域ケア会議の進め方に悩んでいます」
　このような地域包括支援センターの声を聞くことが増えてきました。
　本書は、そのような方に向けて地域ケア会議の3つの会議を網羅し、全国の市町村が進める地域包括ケアシステム構築に貢献する実践的マニュアルとして執筆しました。

　地域ケア会議は地域包括支援センターの4つの領域（総合相談支援業務、権利擁護業務、包括的・継続的ケアマネジメント支援業務、介護予防支援事業）を促進するだけでなく、地域包括ケアシステム構築の戦略的機能とインキュベーション的性格を持つと私はかねてから評価してきました。
　しかしながら、介護・医療分野の合同研修会や地域の民生委員などを集めた事例検討会や報告会を地域ケア会議と呼んできた市町村もあり、一定の混乱が生まれたため、2013年3月に「地域ケア会議運営マニュアル」が一般財団法人長寿社会開発センターでまとめられました。地域包括ケアシステムにおける地域ケア会議の定義と役割、事例検討会やサービス担当者会議との違いに始まり、取り上げる事例は支援困難ケースを基本とし、具体的な進め方まで網羅したすぐれたものでした。ところが一方で、介護給付費抑制の流れの中で介護予防や軽度のケアプランを主に扱う自立支援を目的とした地域ケア会議（自立支援会議と呼称）を特に推進する都道府県や市町村も生まれました。
　地域ケア会議は「個別課題の解決」を通して、ネットワーク構築、地域課題発見、地域づくりと資源開発、政策形成ごとに課題を抽出して地域包括ケアシステムの構築に資するという、きわめてすぐれたものです。
　しかし、都道府県や市町村ごとに解釈や位置づけが微妙に異なるため、地域ケア会議のとらえ方と進め方に混乱が生じ、一部にケアマネジャーや介護サービス事業所と市町村の間に溝が生まれる残念な状況も生まれています。

　本書は、地域ケア会議運営マニュアルを大胆に発展させ、支援困難ケース対応の地域ケア個別会議と自立（自律）支援対応の自立支援サポート会議、そして地域ケア推進会議の3つの会議の進め方を実践的に解説しました。そして、複合的・重層的に複雑化する阻害要因を30のテーマ別に取り上げ、話し合いの視点と助言者（アドバイザー）への依頼内容、個別課題解決機能から4つの機能に展開するヒントを示しました。

　本書が、2045年を目指した地域包括ケアシステム構築に資する書となることを願うとともに、全国の地域包括支援センターのみなさんの「応援の書」となることを願っています。

2018年9月

高室　成幸

30のテーマでわかる！地域ケア会議コーディネートブック

目次

第1章　地域ケア会議とは

1　地域ケア会議の役割……………2
2　地域ケア会議の構造と設置および運営……………6
3　地域ケア会議「5つの機能」……………12

第2章　地域ケア個別会議の進め方

1　検討ケースの抽出とタイトル設定……………20
2　参加者・助言者の選定と依頼……………22
3　多様な立場の参加者への配慮……………24
4　助言者の活用……………26
5　会議の事前準備……………28
6　地域ケア個別会議の流れと進行のポイント……………30
7　個別課題解決の話し合い……………32
8　4つの機能への展開……………36
　①多職種連携のネットワーク構築支援機能への展開……………38
　②地域課題の発見機能への展開……………40
　③地域づくりと地域の資源開発および連携機能への展開……………42
　④政策形成機能への展開……………44
9　話し合いの5つのプロセスと3つのポジティブ進行……………46
　プロセス①　手持ち情報の共有……………48
　プロセス②　ズレの共有と認識の一致……………50
　プロセス③　問題の発見とグルーピング……………52
　プロセス④　課題設定型の話し合い……………54

	プロセス⑤　計画化の話し合い………56
10	発言の引き出し方………58
11	質問の仕方・聴き取り方………62
12	7つのネガティブ発言への対応………66
13	進行トラブルへの対応………68
14	話し合いの「見える化」………70
15	検討資料の作り方………74

第3章　自立支援サポート会議の進め方

1	検討ケースの抽出とタイトル設定………80
2	参加者・助言者の選定と依頼………82
3	会議の事前準備………84
4	自立支援サポート会議の流れと進行のポイント………86
5	ケース説明の仕方………88
6	効率的な進行………90
7	4つの機能への展開………94
8	検討資料の作り方………96

第4章　地域ケア推進会議の進め方

1	地域ケア推進会議の目的と機能………108
2	地域ケア推進会議の構成………110
3	地域ケア推進会議の準備………112
4	地域ケア推進会議の流れと進行のポイント………114
5	多様な立場の参加者への配慮………116
6	発言の引き出し方・ブレない進行の仕方………118
7	多職種連携のネットワーク構築支援機能への展開………124
8	地域課題の発見機能への展開………126
9	地域づくりと地域の資源開発および連携機能への展開………128

| 10 | 政策形成への展開……………130 |
| 11 | 話し合いの「見える化」……………132 |

第5章　地域ケア会議の展開－30のテーマ－

本章の活用の仕方……………136
1	老老介護……………138
2	サービス拒否……………140
3	遠距離介護……………142
4	男性介護者……………144
5	苦情・クレーム……………146
6	介護離職……………148
7	障害児・者と同居している高齢者……………150
8	移動困難……………152
9	買い物弱者……………154
10	高齢者ドライバー……………156
11	交通トラブル……………158
12	近隣トラブル……………160
13	ゴミ屋敷……………162
14	認知症……………164
15	若年性認知症……………166
16	精神疾患……………168
17	ひきこもり……………170
18	生活困窮世帯……………172
19	介護虐待……………174
20	消費者トラブル……………176
21	軽犯罪高齢者……………178
22	矯正施設出所者……………180
23	過疎地域……………182
24	災害弱者……………184

25	居住系施設……………186
26	【介護予防】転倒・骨折、関節疾患……………188
27	【介護予防】低栄養・脱水……………190
28	【介護予防】高次脳機能障害……………192
29	【介護予防】軽度認知障害・認知症……………194
30	【介護予防】閉じこもり高齢者……………196

付録　政策形成のための参考事例

1	ゴミ出し支援……………200
2	買い物弱者支援……………202
3	移動困難支援……………204
4	高齢者就労支援……………206
5	災害弱者支援……………208
6	中心市街地活性化……………210
7	空き家対策・活用……………212

主な参考文献および資料……………214

※本書中の写真は、すべて著者が撮影したものです。

本書の特長

　本書は地域ケア会議を主催する担当者に向けて、具体的な運営・進行について解説した本です。これからの地域ケア会議をさらに有効に活用するための、明日からすぐに役立つヒントやノウハウが詰め込まれています。大きな特長は、以下のとおりです。

①スムーズな進行のためのフレーズが便利！
　場面ごとに具体的なフレーズを約200収録しています。

> ・「ご本人の個性やこだわりを尊重するにはどのような課題設定がよいでしょうか？」
> ・「1年前、ご本人はどのような願いをお持ちでしたか？」

②気になるテーマから選べる！
　第5章では、30のテーマごとに困難化の背景、話し合いの視点、助言者への依頼内容、さらに、個別課題解決機能を通して4つの機能へ展開するヒントなどを丁寧に解説しています。現在取り組んでいるケースのテーマから読むことができます。

③地域ケア会議の仕組みがひと目でわかる！
　地域ケア会議の役割と構造を理解するため、著者オリジナルの図解を多数掲載しています。図解と合わせて読むことで、解説の理解がさらに深まります。

※本書では、「支援困難ケース等対応地域ケア個別会議」を「地域ケア個別会議」、「介護予防のための地域ケア個別会議」を「自立支援サポート会議」と呼称します。

第1章

地域ケア会議とは

「地域ケア会議」は、地域包括ケアシステムを進めるために制度化されたインキュベーション装置です。地域ケア会議の仕組みと5つの機能を理解し、市町村ごとのオリジナルな展開に活用していきましょう。

1 地域ケア会議の役割

　全国で医療と介護、福祉と行政、そして地域の多様な資源が有機的につながる地域包括ケアシステム構築の取り組みが進むなか、介護保険法で制度化された地域ケア会議は、個別課題解決を通して多職種による問題解決能力の向上、地域包括支援ネットワークの構築、地域づくり・地域資源の新たな展開と開発、地域課題の政策形成などを目指す「有効な手法」として位置づけられています。

■ 地域包括ケアシステムと地域ケア会議

　地域ケア会議を進めるために、まずは地域包括ケアシステムとの関係を押さえておくことが重要です。厚生労働省は、団塊の世代が後期高齢者となる2025年を目途に、高齢者の尊厳の保持と自立生活の支援を目的に、可能な限り住み慣れた地域で、自分らしい暮らしを人生の最期まで続けることができるよう、「住まい・医療・介護・予防・生活支援」が一体的に提供される包括的な支援・サービス提供体制（地域包括ケアシステム）の構築を推進しています。そして、この体制の構築は、日常生活圏域の特性に配慮し、地域の自主性と主体性に基づき進められなければならないとしています。

　地域包括ケアシステムの拠点となる地域包括支援センターには、当事者や地域、事業所および医療機関などから多様な相談や問題が持ち込まれます。それらは従来の制度の縦割り行政では対応しきれない複雑さをもち、対応が遅れるとより深刻さを増すケースもあることから、包括的に解決するための**話し合いの場（テーブル）**がかねてから求められてきました。そこで制度化されたのが地域ケア会議です。地域ケア会議は個別ケースの解決を目指すことを通して地域包括ケアシステム構築に向けた問題点を整理し、課題を抽出する機能をもちます。この**地域ケア会議**（**地域ケア個別会議**や**自立支援サポート会議**）で明らかになった問題点や課題は、**地域ケア推進会議**（市町村レベル）で話し合われ、それらが市町村の基本計画や介護保険事業計画、高齢者福祉計画、各事業計画や予算などに反映されます。

■ 地域包括支援センターと地域ケア会議

　地域包括支援センターと地域ケア会議の業務はどのように関係づければよいでしょうか。介護保険法において、地域包括支援センターは、これらの地域包括ケアシステムを支える包括的支援事業等を地域で一体的に実施する中核的拠点として、日常生活圏域の地域住民の保健・医療の向上および福祉の増進を包括的に支援するため、次の①～③のほか、④第1号介護予防支援事業を加えた4つの領域に取り組むこととなっています。

①総合相談支援業務（法第115条の45第2項第1号）

②権利擁護業務（法第115条の45第2項第2号）
③包括的・継続的ケアマネジメント支援業務（法第115条の45第2項第3号）
④介護予防支援事業（法第115条の45第1項第1号ニ）

　この地域包括支援センターまたは市町村が主催者となり、日常生活圏域で解決できない支援困難ケースや自立（自律）支援となっていない介護予防ケアマネジメントへの対応を話し合う会議体が**地域ケア会議**です。地域ケア会議は、情報の共有や報告、事例検討をする場ではありません。

　構成メンバーは、会議の目的と目指す方向性に応じて介護支援専門員、介護サービス事業者、保健・医療関係者、民生委員、住民組織、行政機関、福祉関係、民間企業などから調整します。

■「4つの領域」を推進する仕掛けとしての地域ケア会議

　地域ケア会議を地域包括ケアシステム構築の手段（仕掛け）とするためには、4つの領域のそれぞれの業務を進める視点から「どのように地域ケア会議を活用するか」を地域包括支援センターおよび市町村として位置づけておくことが大切です。

（1）総合相談支援業務と地域ケア会議
　地域包括支援センターの総合相談には、介護や福祉・医療に関わる不安や不満、地域の困りごとなどがワンストップで集まる機能があります。地域包括支援センターが把握している地域のリアルな声や実態などを直接発信し、話し合いができる場として地域ケア会議を位置づけることができます。
　地域ケア会議では、総合相談で届いた**解決策が見えないケース**を話し合うことで総合的な対応の可能性を探します。

- 日常生活圏域で共通する困りごと
- 複雑な原因が重なりあって表面化しているケース
- 専門的・継続的な関与が必要だと思われるケース
- 地域における深刻で突破口が見いだせないケース　など

(2) 権利擁護業務と地域ケア会議

　地域包括支援センターが取り組む権利擁護業務には、高齢者虐待および養護者支援とともに、高齢者をねらった消費者被害の発見・対応および防止などがあります。また、高齢者ドライバーの免許返納から認知症高齢者の各種の契約手続き支援も権利擁護の視点で話し合う段階にきています。

　これらの対応は、**地域の協力**と警察などの行政機関や弁護士など法務専門家の協力による発見・通報が大きなポイントになってきます。地域ケア会議で話し合うことで警察や法務関係者の固有の課題が見つかるとともに地域の課題として主体的に取り組んでもらうことが可能となります。

> - 高齢者や認知症高齢者への権利侵害への対応
> - 日常生活圏域における消費者被害などの集約と対策
> - 高齢者をねらった振り込め詐欺などの犯罪対策
> - 権利侵害防止に関わる諸機関、事業者、地域などのネットワーク化　など

(3) 包括的・継続的ケアマネジメント支援業務と地域ケア会議

　地域包括支援センターの包括的・継続的ケアマネジメント支援業務には、医療・介護や生活支援サービス（移動、家事援助、買い物支援など）を、町内会、老人会、ボランティアなどの多種多様な社会資源と多職種が連携して支援を行う**包括的ケアマネジメント支援**と、住み慣れた地域で暮らし続けるために在宅サービスと病院・施設（居住施設含む）間で継続的な支援を行う**継続的ケアマネジメント支援**があります。

　構築の仕掛けとして、個別ケースが抱える問題や課題を地域ケア会議に提出し、話し合いを通して市町村の包括的・継続的ケアマネジメント支援のための問題点や課題を浮き彫りにして、どのように作り上げていけばよいかを具体的に話し合います。

> - 支援困難ケース対応のマニュアル化
> - 公正・中立の立場での連携体制の構築の計画
> - 介護支援専門員と居宅介護支援事業所への支援の具体化
> - 多種多様な社会資源の把握と相互のネットワーク化の計画　など

(4) 介護予防支援事業と地域ケア会議

　地域包括支援センターは、第1号介護予防支援事業、一般介護予防事業およびそれに関わる任意事業を行います。介護予防支援事業を推進するうえで**自立支援サポート会議**は、重要な機能を担います。地域で暮らし続けるための生活環境づくりや役割・居場所づくりなどの支援が、本人の自立（自律）支援への取り組みと、自己実現、心身機能および生活機能の維持・改善・向上に資する内容になっているかどうかが要になるからです。それらが地域包括ケアシステムとして機能しているかどうか、リアルな個別ケースを通して検証・検討できる唯一の場が、自立支援サポート会議なのです。

> - 心身機能および生活機能の維持・改善・向上に対する本人の動機づけ
> - 介護予防ケアマネジメントの質的向上
> - 心身機能および生活機能の維持・改善・向上に資する介護予防サービスの質的向上
> - 社会参加と、互助による自助支援を目指した「集い場・通い場」づくりとそれを担う生活支援コーディネーター（地域支え合い推進員）との連携の質的向上　など

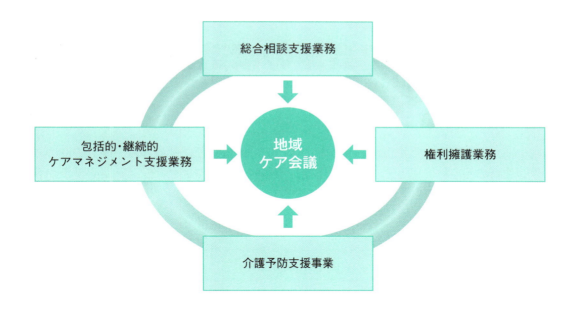

■ 地域ケア推進会議への反映と連動

　日常生活圏域レベルの地域ケア個別会議での話し合いにより、地域の課題が発見され、地域のネットワークや地域資源の課題が明らかになり、政策としてどのように具体化されればよいかが明確になります。それらを集約・整理する場が**地域ケア推進会議**です。

　ここで話し合われた内容を介護保険事業計画や高齢者福祉計画、市町村の方針や予算、事業計画、要綱および条例、行政機関の活動に効果的に反映させることで、地域ケア会議が地域包括ケアシステムの構築に連動していくことになります。

（1）介護保険事業計画、高齢者福祉計画への効果的反映

　3年に一度策定される介護保険事業計画と高齢者福祉計画は、5〜10年先を見据えて3年間の事業に取り組むルールとなっています。地域ケア推進会議では今期の計画の実施状況と到達内容を評価し、次期計画への課題や提案としてまとめて市町村に提案することが重要です。

（2）方針や予算、事業計画などへの効果的反映および関係諸機関への要望の提出

　地域ケア会議で話し合われた内容を次年度以降の市町村の方針や予算、事業計画などに反映させるためには、地域ケア推進会議で取りまとめ、市町村の担当部局および関係部局に対して報告書という形式で提案などをする必要があります。

　また、地域課題の発見やネットワーク構築、地域の資源開発は関係機関の日常業務の改善や新たな取り組みにより実現することも可能です。地域ケア推進会議では、関係機関や団体に対して要望書、提案書などにより提案することで地域包括ケアシステム構築を促進する役目を果たすことができます。

2 地域ケア会議の構造と設置および運営

　地域ケア会議をどのように機能させるかによって、開催場所、開催頻度、運営の進め方、参加者や助言者の顔ぶれは違ってきます。また、市町村の地域包括ケアシステムのグランドデザインと構築レベル（成熟度）によっても異なります。地域ケア会議の構造は介護保険事業計画ごとに見直しを行いましょう。

■ 地域ケア会議の構造

地域ケア会議は目的別に3つの会議で構成されます。

- 地域ケア個別会議
- 自立支援サポート会議
- 地域ケア推進会議

　なお、複数の地域包括支援センターが共通の課題への取り組みや情報の共有化を目的に、合同で開催するなどの工夫があってよいでしょう。

（1）地域ケア個別会議

　支援困難ケースを扱う地域ケア個別会議は、日常生活圏域ごとに設置された地域包括支援センターで行います。人口が5万人未満の市町村では行政機関に設置された地域包括支援センターで開くことになります。

　話し合うケースはケアマネジャーや介護サービス事業者、医療機関、地域からの相談や地域包括支援センターが直接関わるケースなどです。具体的には、支援困難ケースから自立（自律）支援を著しく阻害するケース、虐待が疑われるケース、地域の住民間でトラブルが生じているケース、また、地域の実情に応じて開催が必要と認められるケースなどです。

　開催は毎月～隔月です。必要に応じて緊急の地域ケア個別会議を開催することもあります。

（2）自立支援サポート会議

　自立支援サポート会議も地域包括支援センターごとに行います。取り上げるケースは要支援～要介護1・2の軽度の高齢者が対象ですが、要介護認定を受けていないがフレイル状態の人や、心理的にうつ症状が強く今後の支援が必要な人なども含めます。具体的には、心身機能や生活機能の改善がみられないケース、軽度認知障害（MCI）で早急に適切な支援が必要なケースなどを含め、数か月～1年以上をかけても**次の一手が見えないケース**を取り上げます。

　開催は地域包括支援センターごとに毎月行いましょう。基本的には**本人（家族）が参加**することとし、本人（自助）と家族（互助）が主体的に自立（自律）を目指す暮らしへの取り組みを支援します。

（3）地域ケア推進会議

　地域ケア推進会議では、地域ケア個別会議と自立支援サポート会議で明らかになった機能ごとの問題点

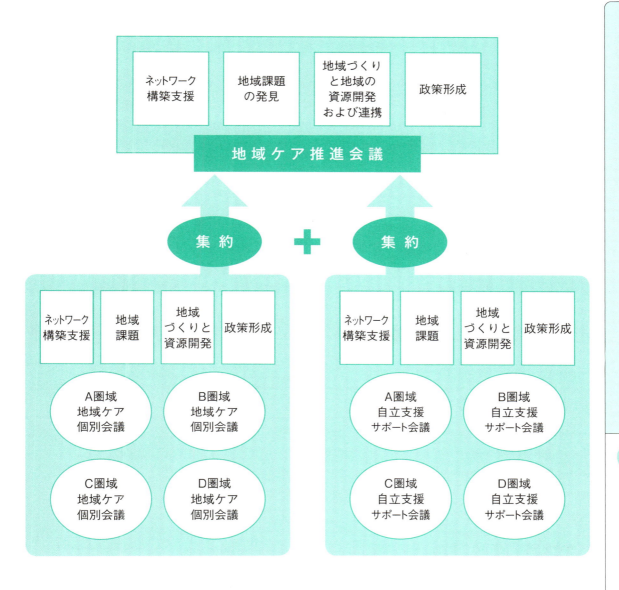

と課題を集約し、それらを市町村の地域包括ケアシステムの課題として位置づけ、どのように達成していけばよいかを話し合います。

　開催は年2〜3回で、参加者は主に行政機関の関係部局、医療機関・医療関係団体、ケアマネジャー連絡会および介護サービス事業者、介護保険施設、社会福祉協議会、民生委員および町内会などで構成されますが、市町村の地域包括ケアシステムの構想の中に民間企業（商工会議所、商工会など）が位置づけられている場合は必要に応じて参加を招集することもあります。話し合われた内容は市町村へ提案され、介護保険事業計画や高齢者福祉計画などに反映されることになります。

■ 地域ケア会議の「小規模エリア型開催」と「ブロック制合同開催」

　地域ケア会議はその地域包括支援センターが担当する日常生活圏域ごとに行われることを基本とします

が、地域の現状によっては、開催方法を変える場合があります。

(1) 小規模エリア型開催

　中山間地域では日常生活圏域（基本人口2万人）のエリア設定が広すぎることで住民ニーズが異なることも多いため、担当エリアを分割して小規模エリアで地域ケア個別会議を行うことがあります。特に、市町村合併前の旧町村レベルでは、高齢化と人口減少が急速に進んで**個別の地域ニーズ**が生まれているからです。旧町村役場を活用した支所・出張所や公民館などで小規模エリア型地域ケア会議を開くことも一つの方法です。

(2) ブロック制合同開催

　東京都23区や政令指定都市、20〜50万人の市では地域包括支援センターが10〜30か所設置され、複数のブロック分けがされています。地域の住民ニーズが共通していると想定される場合は、ブロック内の地域包括支援センターが合同で開催してもよいでしょう。合同で開催することで地域課題や地域のネットワークの課題、地域の資源やまちづくりの課題がより明らかになります。

　また、ブロック内の複数の地域包括支援センターで合同開催する際には、担当でない地域包括支援センターが進行役を担いましょう。業務の分担により進行役に集中できるだけでなく会議全体を観察でき、**スキルアップの機会**となります。また、ブロック内で各包括支援センターの専門職が集まって合同研修を行ったり、新人職員向けに経験のある職員によるOJTや同行訪問も積極的に行ったりしましょう。

■ 地域ケア会議の名称

　事例検討会や情報交換や交流などを目的に「地域ケア会議」という名称を使った会議などをすでに行っている市町村があります。しかし、地域ケア会議は個別ケースについて関係者と助言者（アドバイザー）を中心に行うものですから、情報交換や交流などとは目的も機能も異なります。こういった場合は、これまでの名称はそのまま残して、地域ケア会議の目的や機能を理解しやすいような新しい名称を設定するのもよいでしょう。

- ●支援困難：地域ケア個別ケース会議、地域ケア個別検討会議　など
- ●介護予防：自立支援会議、自立（自律）支援サポート会議、介護予防ケアマネジメント会議　など
- ●市町村レベル：地域ケア推進協議会議、地域包括ケア推進会議　など
- ●小規模エリア型：〇〇地区地域ケア個別会議　など

　また、これまで「地域ケア会議」という名称ではなくても、地域ケア会議の目的や機能を有する会議を行っているならば、あえて「地域ケア会議」という名称に変更する必要はありません。

　ただし、名称は会議の目的や性格を連想させるので他の会議との整合性を考慮し、慎重に設定しましょう。名称の変更は介護保険事業計画の改定時期に合わせるのもよいでしょう。

■ 地域ケア会議の「効率的な運用」の3つのポイント

　地域ケア会議全体を効率的に運用するためには、行政機関の担当部局、医療機関、ケアマネジャー連絡会および介護サービス事業者、地域団体、民生委員および町内会などが地域ケア会議に対して共通認識を

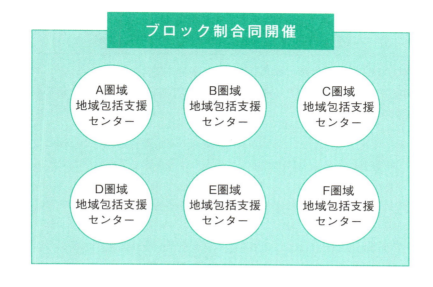

もつことが重要です。
（1）関係団体などと地域ケア会議の目的や機能を共有
　地域ケア会議を効率的に運用するには、その重要性と活用の効果について合意形成しておく必要があります。これは、助言者として協力を依頼するためだけでなく、それぞれの現場から困難ケースの相談や情報提供を可能にするためです。
　そのためには、開催の意義を事前に周知するための説明会や定期的な実践報告会（年1〜2回）を開くのが効果的です。

（2）生活支援コーディネーター（地域支え合い推進員）との連携
　地域の支え合い機能の低下は、住み慣れた地域で暮らし続けることを難しくします。生活支援コーディネーターは、地域の中の居場所・通い場の発見とつながりづくりを担う専門員（地域支え合い推進員）として、地域包括支援センターや社会福祉協議会などに配置されています。
　地域ケア会議の中で浮き彫りになった地域の課題や地域づくり・地域資源づくりの協力者になることができるのも生活支援コーディネーターです。必要に応じて地域ケア会議の助言者として協力してもらうとともに、町内会レベルでの支え合いの現状や可能性などを地域包括支援センターとしても**情報入手の資源（情報提供者）**として位置づけ、連携をとっていくことが重要です。

（3）責任主体である市町村との情報の提供と共有のルール化

地域包括支援センターの運営には直営・委託の2つのパターンがあります。

- ●**直営**：市町村の介護・福祉・医療の専門職員により直営で運営する
- ●**委託**：社会福祉法人や医療法人など（市町村によっては民間の介護サービス事業者もあり）に運営を委託する

責任の主体は、あくまで市町村です。**ブランチ（窓口：在宅介護支援センターなど）**も含めてどの日常生活圏域に設置し、市町村はどのような運営を行うのかを介護保険事業計画などで具体化して、事業方針を具体的に示さなければいけません。

直営の場合の多くは庁舎内に地域包括支援センターが設置されており、地域ケア会議への関係部局の参加や話し合われた内容を迅速に共有・対応することが可能です。しかし、委託の場合、発見された地域課題や地域のリアルな実情などを市町村と共有するには**タイムラグや温度差**が生じがちです。定期的な業務報告の際にレポートを提出するなどのルール化をしておきましょう。

また、行政機関が管理している情報などを委託型の地域包括支援センターからの求めに応じて速やかに提出できるよう、ルールを整えておきましょう。

■ 地域ケア会議と個人情報の保護と取り扱い

地域ケア会議では、個人情報を多く含んだ個別ケースを扱います。個人情報やプライバシーに関わる内容は、地域ケア会議で話し合う際に適切な対応をとる必要があります。

個人情報の取り扱いが決まっていないと、資料づくりを始め、支援の話し合いなどを円滑に進めることができません。市町村は地域包括支援センターと協力して、取り扱いを決めてマニュアル化し、関係者および助言者に周知徹底しなくてはなりません。

個人情報の保護に関する法律（以下、「個人情報保護法」といいます）では、個人情報を「氏名、住所、性別、生年月日、病歴」などだけではなく、「顔、写真、指紋」など個人を特定できる情報すべてとしています。取り扱いにあたっては、利用目的を特定し（その範囲内で利用）、通知または公表しなくてはいけません。要配慮情報であれば、利用するには、あらかじめ本人の同意が必要ですが、取り上げるケースが介護保険を利用している場合は、インテークの段階で同意をもらっています。ケアチームで情報共有する利用目的（範囲）が利用者基本情報の欄に明記されており、署名・押印をもらっている（包括的同意）からです。

ただし、本人の同意がなく取得した個人情報を、利用目的の範囲を超えて第三者に提供できる場合があります。

なお、個人情報保護法では次の4つの適用除外が定められています。

（1）法令の定めがある場合

医療法に基づく立入検査、介護保険法に基づく不正受給者に係る市町村への通知など法令に基づいて個人情報を利用する場合には、本人の同意を必要としません。また、取り上げるケースの高齢者などが、虐待（身体的、心理的、経済的、性的、介護・世話の放棄・放任）を受け、生命または身体に重大な危険が生じている場合は、発見者には通報義務が課され（高齢者虐待防止法7条1項・2項）、個人情報保護法

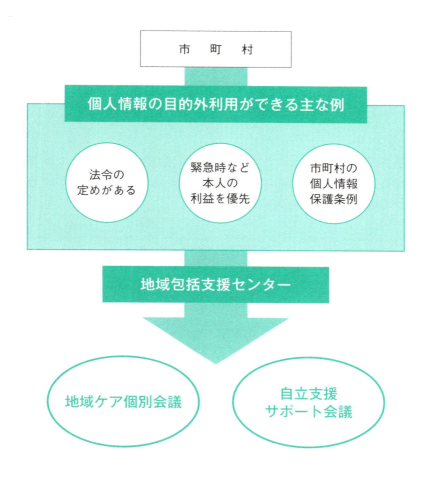

の適用除外となります。このような場合には対応に関わる関係機関で個人情報を共有することが不可欠となります。

(2) 緊急時など本人の利益を守ることが優先される場合
　人の生命、身体や財産の保護のために必要がある場合で、本人の同意を得ることが困難であるときには、個人情報を第三者に提供してよいことになっています（個人情報保護法23条1項2号）。

(3) 公衆衛生の向上のために特に必要がある場合
　事業所内で発生した医療事故などに関する国、市町村などへの情報提供で氏名等の情報が含まれる場合に、提供が可能となります（個人情報保護法23条1項3号）。

(4) 国の機関などへの協力・市町村の条例などによる場合
　国や市町村などに協力する必要がある場合で、本人の同意を得ることで支障を及ぼすおそれがあると考えられるときや災害時などは、本人の同意がなくても提供が可能となります。
　また、市町村が定める個人情報保護条例に、第三者提供が可能な場合を明示することにより取得の目的を超えた利用が可能になります。該当する高齢者の名簿を民生委員などと共有する前に、条例などを確認しておきましょう。

> **例** 災害時の要援護者支援、認知症高齢者の行方不明捜索、一人暮らし高齢者の安否確認支援など

3 地域ケア会議「5つの機能」

　地域ケア個別会議、自立支援サポート会議、地域ケア推進会議のいずれの地域ケア会議も「5つの機能」を意識し、それぞれに展開できるように進めることが大切です。そのことにより包括的なケアシステムの構築が可能となります。

■ 地域ケア会議に求められる「5つの機能」

　地域ケア会議は個別ケースへの支援の検討を通して、個別ケースごとの課題解決を行うだけではなく、地域包括ケアシステム構築の課題と地域課題を発見し、地域の実情や地域の特性に応じて必要となる地域づくり・資源開発・連携のニーズを明らかにするとともに政策形成に至ることを目指しています。これらの機能はそれぞれが独立しているものではなく、それぞれ相互に深く関係し、それぞれの効果が反映し循環するものです。

　それぞれの機能が効率的に相互に連携（**相互補完**）ができるように、参加者や助言者（アドバイザー）を工夫したり、共通する課題を抱える地域ケア個別会議を合同で開催したり、その他の会議に組み込むなどの工夫もあってよいでしょう。

　地域ケア個別会議で話し合う個別ケースの選定も地域包括支援センターに持ち込まれた支援困難ケースを選ぶというだけでなく、それぞれの市町村の地域包括ケアシステムの構築を目指すために、個別課題解決のためだけでなく次の5つの機能に踏み込んだ視点で選びましょう。

> ①個別課題解決
> ②多職種連携のネットワーク構築支援
> ③地域課題の発見
> ④地域づくりと地域の資源開発および連携
> ⑤政策形成

　なお、検討するケースは地域の実情に応じて必要となるものも抽出します。

 集中豪雨時の避難対応、地震時の津波避難対応、中山間地域における豪雪時の一人暮らし高齢者対応、限界集落における○○地域の買い物支援など

　このように日常生活圏域の中の小規模単位の地域エリア（区、町、班）が共通に抱える困りごとや課題、介護保険サービス事業者や介護予防サービス事業者が抱える共通の悩みや課題などを象徴するような個別ケースを取り上げることも重要です。

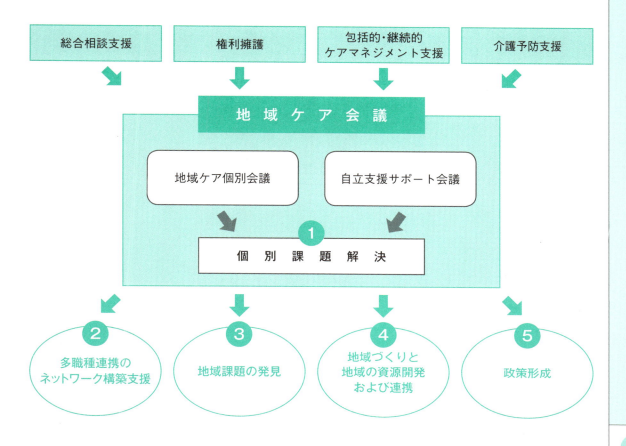

■ 機能①個別課題解決（総合相談支援、権利擁護、包括的・継続的ケアマネジメント支援、介護予防支援）

　地域ケア会議ではケアマネジャーや介護サービス事業者、医療関係者、民生委員や町内会などから直接相談があったケースや地域包括支援センター自体が抱えるケースを取り上げます。総合相談支援、権利擁護、包括的・継続的ケアマネジメント支援、介護予防支援などに関わる個別ケースごとの課題解決に取り組みます。具体的には、支援に困難を感じているケース、自立（自律）に向けた支援が難しいケース、地域の課題だと考えられるケースなどです。

　これらの個別ケースの課題解決を話し合う機能には2つの意味があります。

①多機関・多職種が多角的な視点から検討を行い、ケアチームや医療チーム、地域資源との連携を深め課題解決を行えるように支援する
②個別課題解決機能を通して多職種連携のネットワーク構築支援機能、地域課題の発見機能、地域づくりと地域の資源開発および連携機能、政策形成機能への連動をはかる

　これらのケースの検討を通して地域包括支援センターや介護支援専門員、介護サービス事業者、医療関係者などの実践上の課題解決能力の向上を図ることを目指します。それは、包括的・継続的ケアマネジメントへの支援の質を高めることになります。

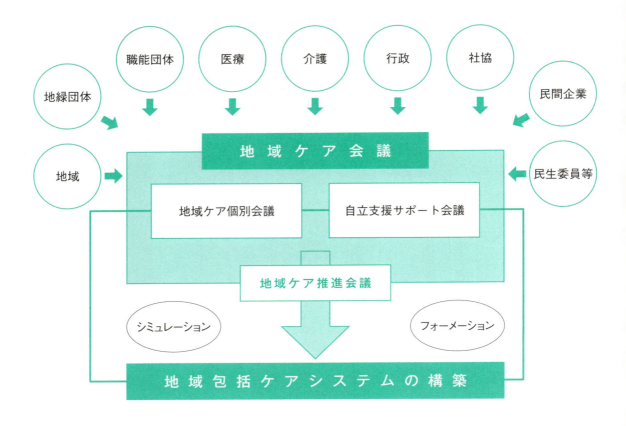

■ 機能②多職種連携のネットワーク構築支援

　地域包括ケアシステムとは、地域の多様な資源を包括した支援ネットワーク構築を目指すものです。従来からあった制度のタテ割りや介護や医療などの資源間のタテ割り意識、前例主義を取り払い、地域の関係機関などの相互の連携を高めるための機能です。
　ケースがどのような状況になるか想定（**シミュレーション**）し、そのときにどのような連携の仕方（**フォーメーション**）があるのかを話し合い、ルール化（**システム化**）へのきっかけの場となることを目指します。

連携する関係機関、団体、資源等
- 行政機関（市町村各課、福祉事務所、保健センター、警察署、消防署など）
- 医療機関（病院、診療所、歯科、眼科、神経内科、泌尿器科、薬局、訪問看護など）
- 介護保険サービス事業者（居宅介護支援事業所、訪問系・通所系サービス事業所、介護施設、居住系施設など）
- 地縁団体（町内会、自治会など）、地域団体（老人クラブ、婦人会など）
- 民生委員、認知症サポーター、保護司、ボランティア、家族会、当事者の会、NPOなど
- 職能団体（医師会、歯科医師会、薬剤師会、看護協会、理学療法士会、作業療法士会、弁護士会、司法書士会、社会福祉士会、介護福祉士会、介護支援専門員連絡会など）
- 社会福祉協議会、消費生活センター、銀行、商店街組合、郵便局、コンビニエンスストアなど

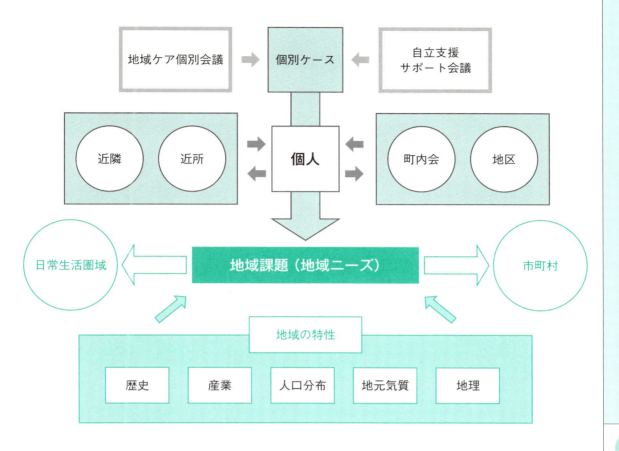

■ 機能③地域課題の発見

　個別ケースを話し合っていくと、地域特有の共通した事情や問題が浮き彫りになります。地域（集落）の特性には、歴史、産業（農業、漁業、商店群、地場産業など）、人口分布（従来の住宅地、新興住宅地、商業地、分散集落地など）、地元気質、地形（地理）などがあります。これらが個別ケースにどのような深刻な影響を与えているのか、を抽出することがポイントです。

　また、個別ケースの背景の話し合いを進めることで、共通の困りごとやニーズを抱えた要支援者・要介護高齢者および家族とその予備群を見つけることができます。

　そして、地域（近所、近隣、町内会、日常生活圏域など）で起こっている特徴的な状況（隣家が遠い、急坂・急階段が多い、バスの廃線、商店街のシャッター通り化など）を総合的に判断して、解決しなければならない地域課題を明らかにすることができます。

　発見された地域課題に対してどのような解決（改善）が可能かを話し合うプロセスを通じて、市町村や日常生活圏域の地域包括ケアシステムが取り組むべき課題を浮き彫りにすることが重要です。また、どのような公的サービス（**基準該当サービス**含む）やインフォーマルサービスなどが必要かを話し合うことで「④地域づくりと地域の資源開発および連携」や「⑤政策形成」につなぐことができます。

　話し合いのプロセスで解決（改善）の取り組みを妨げる要因が見つかることがあります。その場合には、そのこと自体を地域の課題として位置づけ、関係者間に共通の認識が生まれるようにしましょう。

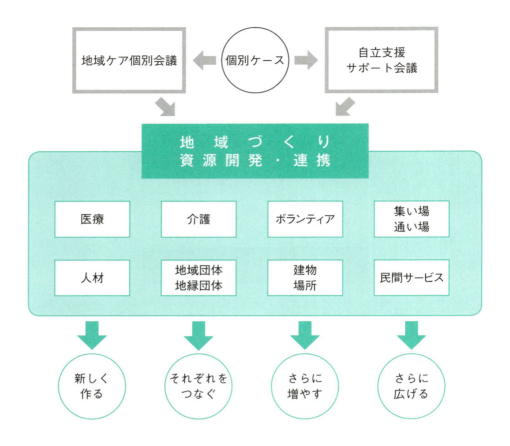

■ 機能④地域づくりと地域の資源開発および連携

　地域づくりと地域の資源開発および連携は地域課題解決の重要なファクター（要因）です。この取り組みにより、ケースの困難化を防止・予防できるだけでなく、共通の悩みをもつ要支援者・要介護高齢者やその家族、地域住民に直接アプローチすることができます。この一連のプロセスが**面としての自立（自律）**支援です。地域ケア会議が地域づくりと地域の資源開発および連携のきっかけとなる場を目指しましょう。

　地域の実態や特性に応じて状況が異なるので地域ごとに個別に地域課題があり、それらに応じた個々の解決策を立てることになるので、どのような地域になればよいか、そのために求められる地域づくりと資源開発や連携は何かを話し合う必要があります。

　また、地域ケア会議に参加したケアチームや医療チーム、地域の団体や地縁団体に働きかけ、それぞれの活動から担える役割、得意な分野、活動エリアなどを発言してもらい、どのように地域づくりと資源開発や連携に協力ができるか、どのような人材がいるかを具体的に話し合いましょう。

　地域づくりと資源開発や連携の話し合いを通じて、支援のネットワークの網の目をよりきめ細かくすることが可能です。この話し合いのプロセスで「①個別課題解決」力の向上につなげることが重要です。

　また、地域づくりと資源開発や連携を行うために、必要な行政のサポート（広報、諸機関への依頼、補助金・助成金などの予算化）や関係機関の役割等を明らかにすることで、「⑤政策形成」につなげましょう。

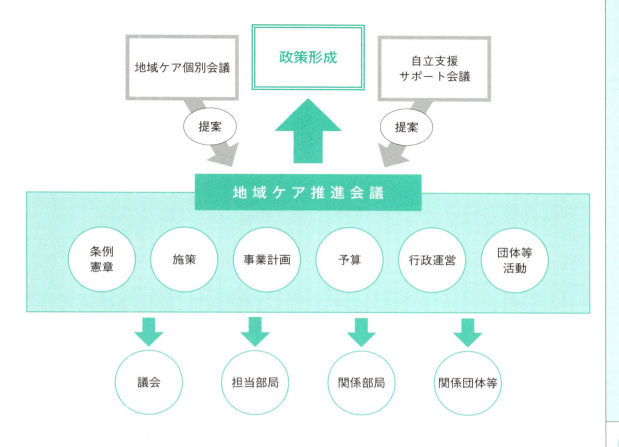

■ 機能⑤政策形成

　政策形成とは、狭義には、市町村の施策や事業の立案・実施、介護保険事業計画や高齢者福祉計画につなげる機能であり、広義には、都道府県や国への政策の提言までを含む機能です。

　政策の提案は地域ケア推進会議でさらに検討され、行政機関や専門職能団体などの話し合いの場で具体化されることを目指します。

　地域ケア推進会議では3つの視点で話し合いを進めます。

- 政策立案：どのような政策があればよいか
- 政策提案：どのように政策として提案すればよいか
- 政策決定・政策実施：いつごろ決定し、実施されればよいか

　具体的には、地域課題の発見の話し合いで浮き彫りになった課題解決のためにどのような政策があればよいか、地域包括ケアシステム構築のための行政支援、「④地域づくりと地域の資源開発および連携」の話し合いなどで明確になった課題の数々を実現するための施策について立案してみましょう。

　また、行政政策として部課局（介護保険課、高齢福祉課、障害福祉課、地域まちづくり課など）の業務への反映、予算、施策への反映だけでなく、介護保険サービス事業者、医療機関、職能団体、公的団体、住民およびボランティアなどのそれぞれの取り組みや支援活動への反映も含まれます。

地域課題発見のワークショップの様子

第2章
地域ケア個別会議の進め方

「地域ケア個別会議」は、地域ケア会議の中でも核となる会議です。扱うケースの多くは支援困難となった複雑な問題を抱えています。事前準備から進め方まで、しっかりポイントを押さえ、より確かな会議にしていきましょう。

1 検討ケースの抽出とタイトル設定

　支援困難ケースなどの対応を話し合う地域ケア個別会議を行ううえで、検討ケースの抽出とタイトル設定は大切な作業です。現場からどのようにしてケースを抽出すればよいでしょうか。

■ 検討ケースの収集

　ケースは地域包括支援センターに積極的に集まってくるわけではありません。地域包括支援センターが足を運び、支援困難ケースやトラブルケース、問題化が予想されるケースなどの聴き取りを行い（収集）、対策が必要と思われるケースを抽出し、選ぶ必要があります。主な聴き取り先は、次の7つです。

- ●居宅介護支援事業所およびケアマネジャー
- ●介護サービス事業所、介護保険施設
- ●病院、診療所などの医療機関
- ●居住系施設（住宅型有料老人ホーム、サービス付き高齢者向け住宅など）および高齢者向け集合住宅
- ●民生委員、町内会、自治会、マンション管理組合など
- ●地域の商店、商店街組合、職能団体など
- ●福祉事務所、消防署など

■ 検討ケースの抽出の判断基準

　地域ケア個別会議で話し合う個別ケースは、無作為に選ぶのではなく一定の基準で抽出します。そのためには基準を作っておくことが重要です。それぞれの市町村の地域包括ケアシステムの構築を目指して、次の5つを判断基準とします。なお、**地域の実情**に応じて検討が必要となるケースも抽出します。

 集中豪雨時や地震時の避難対応、中山間地における豪雪時の一人暮らし高齢者対応、限界集落における〇〇地域の買い物支援など

①個別課題解決
②多職種連携のネットワーク構築支援
③地域課題の発見
④地域づくりと地域の資源開発および連携
⑤政策形成

第2章 地域ケア個別会議の進め方

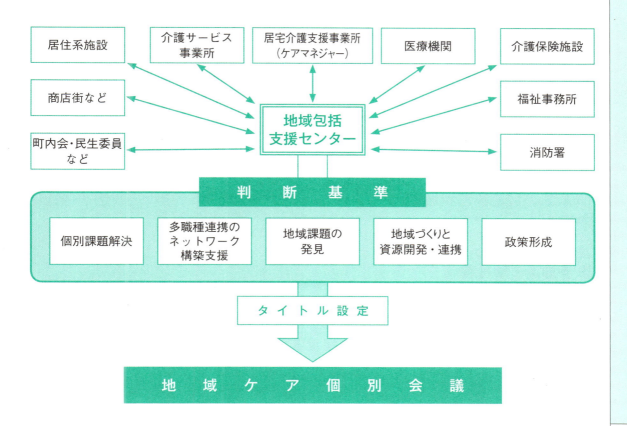

1 検討ケースの抽出とタイトル設定

■ 検討ケースのタイトル設定

　話し合う検討ケースにはタイトルを設定しましょう。タイトルをつけることにより参加者に事前にケースの全体像が理解され、何を話し合うのか、何を求められているかがイメージできるからです。
　タイトルは15〜30文字で収めるようにしましょう。次の5つの視点から、いくつかのタイトル候補を考えて決めるとよいでしょう。

①困難性：要介護重度、医療重度、家計破綻、家族不和、家族介護破綻、近隣の人間関係不和、地域からの孤立などの困難性に着目する
②共通性：介護家族、障害者同居、生活困窮、介護離職など共通する要素に着目する
③社会的注目度：認知症ドライバー、閉じこもり高齢者など社会的に注目されている要素に着目する
④地域性：日常生活圏域・合併前市町村、超高齢化集落、商店街などに着目する
⑤予測予見：これから5〜20年の期間に起こるであろうテーマに着目する

例
- 80代の老老介護夫婦のがん末期の看取り支援
- ○○地区の一人暮らし高齢者の買い物支援と冬季の安否確認
- 遠距離介護をする長男の介護と仕事の両立支援
- 老親と同居する中年独居の生活困窮化

2　参加者・助言者の選定と依頼

　地域ケア個別会議では参加者をどのような顔ぶれにするか、ケースに応じてどのような助言者（アドバイザー）を選ぶかが会議の内容に大きく影響します。
　特に、助言者はいきなり依頼してもすぐに引き受けてもらえるわけではありません。多職種連携のネットワークづくりを兼ねて事前に関係づくりをしておきましょう。

■ 参加者・助言者

　参加者の基本は、ケースの当事者（本人・家族）と関係者・関係機関、助言者です。
　要介護認定を受けているケースならば、担当の居宅介護支援事業所と相談を行い参加者を選びます。助言者への依頼は基本的に地域包括支援センターか市町村担当課が行います。なお、守秘義務の取り扱いは事前に周知しておきます。
　主な顔ぶれは、以下の通りです。

〈当事者〉
　本人、家族、親族など
　※本人の参加同意を得ることが望ましいが、本人の参加の同意がなくても必要な情報を共有し、地域ケア会議を通じて円滑な支援につなげていくことは制度上可能とされている。

〈関係者〉
　居宅支援介護事業所管理者、担当の介護支援専門員、訪問介護事業所のサービス担当責任者、通所介護の生活相談員、訪問看護ステーション、福祉用具専門相談員、主治医、民生委員、ボランティアなど

〈関係機関〉
- 市町村：高齢福祉課、介護保険課、障害福祉課、環境衛生課、社会福祉事務所など
- その他：警察署（生活安全課、交通安全課など）、消防署、消費生活センターなど

〈助言者〉
- 介護関係者：介護保険施設の施設長、主任介護支援専門員、認知症グループホームの施設長、サービス提供責任者、生活相談員、認知症ケア専門士など
- 医療関係者：内科医、整形外科医、リハビリテーション医、精神科医、歯科医師、薬剤師、栄養士、保健師、看護師、理学療法士、作業療法士、言語聴覚士、歯科衛生士、医療ソーシャルワーカーなど
- 障害関係者：施設の施設長、事業所の所長、相談支援専門員など
- 法務関係者：弁護士、司法書士、社会保険労務士など
- 当事者団体：介護家族の会、認知症家族の会、当事者の会など
- 地域：近所・近隣、町内会、マンション管理組合、消防団など

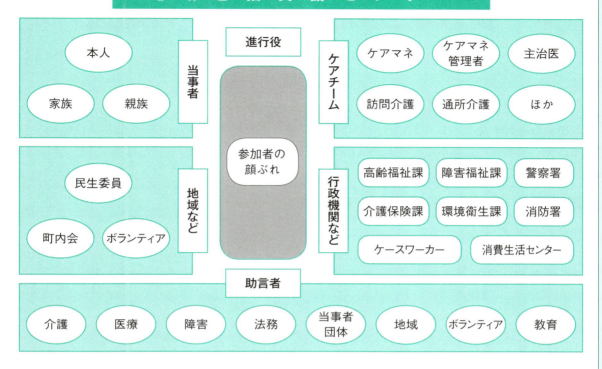

- 福祉関係者：社会福祉協議会、生活支援コーディネーター、民生児童委員、保護司、ボランティアなど
- 教育関係：学校の教員、スクールカウンセラー、学童クラブ員など

■ 助言者の選定

　助言者はケースの課題や対応に応じて選定します。ケースにとって適切であるというだけでなく、この会議をきっかけに「協力者（協力団体）になってもらいたい」「今後のためにネットワークをつくりたい」「現状を知ってもらいたい」などの観点も大切です。依頼することは、専門的な立場からの現状分析と評価、対応策（たたき台）への助言です。

①助言者として協力をもらえる人をリストアップする
②助言者に依頼するにあたり、説明のアポイントをとる
③説明の際には、地域ケア個別会議の目的と内容、協力を得たい理由、どのような話し合いが想定され、どのような助言をもらいたいのかなど資料をもとに話す
④協力が可能という返事がもらえたら、依頼の仕方、依頼の窓口、依頼の時期（いつまでに依頼をすればよいか）などを相談し、決めておく
※協力できるかどうかは個人でなく法人や団体の判断に委ねられることもある。必要に応じて組織の上層部に説明に行くことも想定しておく

3 多様な立場の参加者への配慮

　地域ケア個別会議ではケースが抱える事情と解決に向けた話し合いを行うために、多様な立場の人が参加します。顔ぶれによっては、参加者や助言者（アドバイザー）に個人情報やプライバシーに関する注意点などを個別に伝えることも必要です。

■ 当事者（本人）、家族、親族への配慮

　当事者（本人）に参加してもらうことは地域ケア個別会議の基本です。しかし、本人が参加を拒否した、話し合いが混乱することが想定される、本人の参加が適切でない場合などは、招集を控えることも選択肢の一つです。また、家族・親族には、地域ケア個別会議の主旨・効果を十分に理解してもらいましょう。参加にあたって、**個人情報**と**プライバシー保護**の説明を行い、触れてもらいたくない内容については事前に聴き取りをしておきましょう。

　家族・親族の参加にあたり、ほかの家族・親族の了解が必要かも確認し、適切な対応を行いましょう。

■ 地域などの関係者への配慮

　近隣の人、町内会、なじみの店の人、ボランティアなどに参加してもらう際には、どのような立場・思いで参加するのかをあらかじめ押さえておきましょう。

- ●当事者（本人）や家族の支え手になりたい
- ●当事者（本人）や家族には迷惑をかけられ利害関係にある
- ●迷惑行為の解決など環境が整えば支え手になってもよい

　参加にあたり当事者や家族の個人情報やプライバシー情報（利用者基本情報、ケアプラン、検討シート類など）の提供は控え、「地域の支え合い」のテーマの部分にのみ参加してもらうという形でもよいでしょう。

　いずれにしても、個人情報保護およびプライバシー保護の**誓約書（覚え書）**を必ず交わしておきます。

■ ケアチームへの配慮

　基本的に、関係するすべての事業所に参加してもらうようにします。担当のケアマネジャーだけでなく、事業所管理者にも参加をしてもらいます。訪問介護や通所介護事業所の場合は、当事者と直接関わっているスタッフにも参加してもらいましょう。あらかじめどのような視点で発言をしてもらいたいか、打ち合わせをしておきましょう。

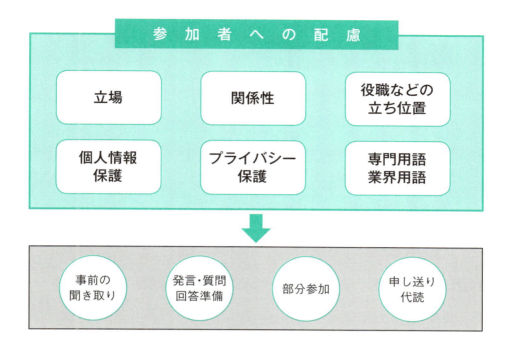

■ 医療関係者への配慮

　参加者・助言者には専門家以外の多様な立ち場の人が参加することを伝え、医療専門用語などの使用はできるだけ控えてもらい、使う場合には簡単な解説を加えてもらうように依頼しましょう。医療関係者で欠席の人には**申し送り**をもらっておき、進行の流れに沿って代読するなどしましょう。

■ 行政機関などへの配慮

　地域ケア個別会議のテーマによって参加する行政機関は異なります。地域ケア個別会議などの会議に不慣れな警察署や消防署、消費生活センターなどには、特に配慮が必要です。地域ケア個別会議の目的を十分に説明するとともに、目的に応じた発言の準備を依頼し、当日も事前に確認をしておきましょう。

■ 助言者への配慮

　助言者には、医療関係者や介護現場経験者の立場から主任介護支援専門員、認知症グループホームの管理者、家族支援の立場からは家族の会、生活支援の立場からは消費生活相談員、生活支援コーディネーター、生活支援員などが想定されます。それぞれの立場として発言しやすい質問を行い、回答も準備をしておいてもらうとよいでしょう。

4 助言者の活用

　ケースを担当するケアチームにとって、専門職の助言者（アドバイザー）から直接アドバイスをもらえ、対応策を話し合えることは地域ケア個別会議のメリットです。サービス担当者会議では関係者のみで見立てと手立てを話し合うため、どうしても視野が狭くなり、手立ても「できること」におさまりがちです。地域ケア個別会議では、助言者のアドバイスが話し合いに新たな選択肢とさらなる可能性を示してくれます。

■ 精神科医、歯科医師、リハビリテーション医、専門医などの活用

　支援困難ケースでは、本人（家族）の疾患や心身の障害が暮らしや近隣との関係に大きく影響していることがあります。それらを軽減・緩和・改善するための治療的アプローチが必要となります。
　医師には得意とする専門分野（内科、整形外科、がんなど）、領域（在宅療養、プライマリケアなど）などがあり、精神科医にも認知症、統合失調症、うつ病、発達障害、依存症などの**得意とする分野**があります。ケースに合わせた人選をしましょう。最近は、口腔ケアへのニーズが高いため、歯科医師（歯科衛生士含む）の参加ニーズも高くなっています。

■ 薬剤師、栄養士、保健師、看護師、理学療法士、作業療法士などの活用

　医療関係者の助言と提案はケアチームにはとても参考となり、支援の次の一手が見える話し合いが可能となります。

- ●薬剤師：複数疾患による多剤投与や重複投薬、薬物間相互作用や副作用のリスクなど
- ●栄養士：低栄養によるADL低下、糖質・塩分管理、体力低下、感染症、口腔内のリスクなど
- ●保健師：健康管理、健康指導、地域保健、精神保健、母子保健など
- ●看護師：痰の吸引やストーマなどの看護技術、看取り指導など
- ●理学療法士：身体機能の回復や症状の緩和、日常生活動作の改善など
- ●作業療法士：食事やトイレなどの生活機能動作の改善、地域などへの社会参加など
- ●言語聴覚士：失語症や聴覚障害、摂食や嚥下の障害などの改善と指導など

■ 主任介護支援専門員、相談支援専門員の活用

　主任介護支援専門員には高齢者支援のケアマネジメント、相談支援専門員には障害者支援のケアマネジメントの助言を依頼します。また、都道府県協会（協議会）などに助言者の依頼をするのもよいでしょう。

■ 社会福祉士、臨床心理士、カウンセラー、コミュニティソーシャルワーカー、生活支援コーディネーターの活用

　地域のコミュティワークや支援困難ケースへの相談援助（社会福祉士）、介護などを含めたさまざまなストレス対応（臨床心理士・カウンセラー）、すでに活動している地域の居場所・通い場の紹介や作り方（コミュニティソーシャルワーカー、生活支援コーディネーター）などの助言を得ることができます。

■ 弁護士、司法書士、社会保険労務士、市民後見人などの活用

　法務的な判断が求められる場合には、弁護士などの法律の専門職から助言をもらいましょう。成年後見制度の場合は司法書士や市民後見人に参加してもらうのもよいでしょう。生活困窮世帯の経済的支援の場合はケースワーカー、就労支援の場合は**相談支援員**がよいでしょう。家族のためには、介護離職防止のことなども視野に入れて社会保険労務士人に参加してもらいましょう。

■ 介護保険施設、認知症家族会、認知症グループホーム、介護者家族の会などの活用

　施設入所がキーポイントとなるケースの場合、生活相談員（介護老人福祉施設）、生活支援員（介護老人保健施設）に参加してもらいましょう。認知症のケースの場合には、認知症家族会や認知症グループホームに、家族の介護ストレスについて話し合いが必要であれば介護者家族の会などに参加してもらいましょう。

■ 警察署、消防署、消費生活センター、社会福祉協議会、シルバー人材センターなどの活用

　高齢者をねらった犯罪や交通事故、家庭内虐待、近所トラブルに関わることの場合は警察署（交通安全課、生活安全課）、失火や地震・洪水など地域防災の場合は消防署、悪質訪問販売対策の場合は消費生活センターに参加を依頼します。地域サロン活動や地域ボランティア活動の場合は社会福祉協議会、高齢者の就労支援や社会参加の場合はシルバー人材センター、障害者の就労支援の場合は相談支援専門員や就労支援事業所などに助言を依頼します。

■ タクシー会社、バス・鉄道会社、郵便局、新聞販売店、ガソリンスタンド、清掃専門会社などの活用

　地域の移動や高齢者ドライバーへの対応、徘徊時の捜索などの助言はタクシー会社やバス・鉄道会社に出席を依頼します。戸別の配達による見守りなら郵便局や新聞販売店、高齢者ドライバーへの注意喚起や冬季の灯油の配給ならガソリンスタンド、ゴミの清掃処理への助言なら清掃専門会社に出席を依頼します。高齢者の住まいの確保という点では、不動産会社の同業者組合から助言をもらいましょう。

5 会議の事前準備

　地域ケア個別会議の準備は、定例の場合は45～30日前から行い、随時の場合は緊急の場合を除き助言者（アドバイザー）への依頼などがあるので2～3週間前から行います。事前準備は作業進行管理表を使って管理します。

■ 事前準備の心得

　事前準備として、地域包括支援センター内で事前のカンファレンス（検討会）を行いましょう。地域ケア個別会議で何を話し合うか（検討するか）を絞り込んでおかないと、ケースの共有と見立てで終わってしまうからです。

（1）事前のカンファレンス（検討会）

　地域ケア個別会議で何を話し合うかを決めるためには次の5つの視点で整理を行います。見立てだけでなく、これからどのような支援を行えばよいか**シミュレーション**を行い、支援チームの**フォーメーション**（配置と展開）を話し合い支援計画の原案を作りましょう。

> ①ケースの経緯と現状
> ②困っていること、問題になっていること、影響していること
> ③阻害要因（疾病、障害、資質・性格、価値観、生育歴、家族関係、生活困窮、居室内・家屋内環境、屋外環境、近隣関係、人間関係など）と取り組む課題
> ④今後、予測されるトラブルやリスクなど
> ⑤求められる支援の内容と期間、チームメンバーなど

（2）資料の準備

　資料は多ければよいというわけではありません。読むことや説明に時間がかかってしまうからです。ただし、次の資料は最低限用意しておきましょう。

> ●支援検討シート（支援経過、現状、困りごとなどをまとめたもの）
> ●周辺の地図、家の間取り、エコマップ、アセスメントのフローチャートなど
> ●支援計画シート、ガントチャートなど

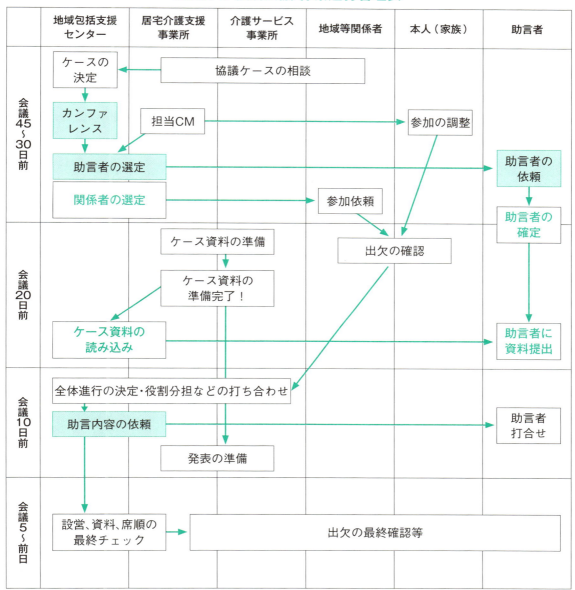

〈要介護認定を受けている場合〉

- 利用者基本情報シート
- ケアプラン（第1表、第2表、第3表）、介護予防プラン
- アセスメントシート（簡易にまとめたもの）
- 課題整理総括表、評価表
- サービス担当者会議　議事録（第4表）
- 個別サービス計画（訪問介護計画、通所介護計画など）

6 地域ケア個別会議の流れと進行のポイント

　地域ケア個別会議の所要時間は、1ケース60～90分です。時間を効率的に使うために全体の流れを把握して進めましょう。

■ 地域ケア個別会議の構成

　地域ケア個別会議は4部構成となっています。どの項目にどれくらいの時間を設定するか事前に決めておきましょう。

> ①はじめに：自己紹介、資料の確認、グランドルール（話し合いのルール）の提示など
> ②情報の共有：ケースの説明、質問と回答、問題点などの認識の一致
> ③協議：方向性、課題と目標、支援内容（段取り）、期間、担当、予測されるリスクと対応策など
> ④まとめ：決まった内容の確認、支援状況の共有の方法と対応の仕方など

■ 地域ケア個別会議の進行のポイント

　地域ケア個別会議は初対面の人が顔を合わせます。ぎこちない雰囲気は話し合いの質に影響します。進行にあたり次のポイントをしっかりとおさえましょう。

（1）自己紹介で一体感を作る

　出席者一覧を作り、進行役が読み上げ、それぞれに一礼してもらうか、一言もらうようにすると効率的です。会議が始まる前の**名刺交換**も有効です。

（2）グランドルールを示す

　グランドルールとは**話し合いのルール**のことです。冒頭に示すことで発言の仕方をコントロールすることができます。

> ・「話し合いを効率的に進めるにあたり3つのお願いがあります。1つ目は、発言は大きめの声でお願いします。2つ目は発言される時は挙手をお願いします。3つ目は活発な話し合いをするために発言は1分前後でお願いします」

（3）話し合う時間を示す

　話し合いでは、沈黙が生まれたりダラダラと長くなったりしがちです。進行役は、「では〇〇について5分間ほど情報共有したいと思います」などと**時間**を示しましょう。緊張感が生まれ、大幅な超過を防ぐことができます。

地域ケア個別会議の流れ

時間	項目	ポイント
5分程度	【はじめに】 ・あいさつ（3分程度） ・出席者の紹介（2〜3分）	・開始5分前は名刺交換で顔見知りの関係づくり ・あいさつは行政側から1人、そのほかから1人程度にする ・出席者の紹介は出席者一覧（座る位置を表記）で行うと効率的。一言言ってもらうのもよい ・机上の名札は仰々しくなるので控え、助言者のみでも可
	・グランドルール ・資料の確認 ・個人情報保護の説明 ・プライバシーと守秘義務の確認	・グランドルールで話し合いのルールの共有化 ・資料は1人ずつに用意する。資料ごとに付箋があると検索が効率的に行える ・個人情報やプライバシー保護に関して守秘義務にすべき項目の確認を行う
15分程度	【ケースの説明】 ・説明の前に2〜3分間、読み込みの時間をとる	・支援検討シート、ケアプラン、アセスメントシートなどを使って説明を行う ・全体を把握するうえでエコマップ、地域支え合いマップ、居室内見取り図、支援経過図、画像を使うとわかりやすい ・家族（親族）、サービス事業所、民生委員、地域の支え手の人たちから説明をしてもらうのもよい
5分程度	【質疑応答】 ・ケースの共有と認識の一致を行う	・複数の質問にまとめて答える**多問一答**が効率的でよい ・助言者からの質問はケースの理解を深める意味で重要。事前に打ち合わせをしておくようにする ・質問と回答に終始せず、協議の時間を確保する ・「時間も限られています。あとは話し合いのなかでご質問をいただければと思います」と述べて次へ進む
8分程度	【支援計画（原案）の説明】 【協議項目の提示】	・**支援計画（原案）**の説明は専門用語を避け、わかりやすい言葉で具体的に行う ・理由を述べ、課題・内容・分担・期間の順番で説明する ・協議項目は3〜5項目が適切。なぜこの項目を話し合いたいか、その根拠と緊急性を説明する
30分程度	【協議】 ・支援方針の協議 ・支援計画の課題、目標（目安）、支援内容、期間 ・分担（ケアチーム、行政、地域など） ・リスクのシミュレーションと対応方法 ・支援チームの連絡体制と協議体制	・支援の方向性を一致させるためには困難な面だけでなく、**本人の願い（希望）**をポイントとする ・困ったことの解決だけでなく1年後にどうあればよいかをシミュレーションして、取り組みのフォーメーションを話し合う ・連携方法に話が進まない時はリスクやトラブルを予測し、その時にどう動くかを話し合うとよい ・話し合いのテーマごとに助言者からアドバイスをもらう ・チーム間でモニタリングの方法と頻度を話し合う ・チーム間の連絡・報告・協議のルールを決める
7分程度	【まとめ】	・支援の方向性と取り組みの内容と分担などを確認する ・緊急時の対応を確認する ・持ち越す内容の扱いをどうするか ・今後のモニタリングの方法について確認する

（4）助言者の発言のタイミング

　助言者（アドバイザー）とは、どのタイミングでどのような発言をしてもらいたいか、打ち合わせをしておきましょう。発言には、話し合いを深める（修正する）質問や意見、対応策の提案やアドバイス、リスクの予見と対応策への提案などがあります。

7 個別課題解決の話し合い

　支援困難となっている個別ケースへの対応を話し合うためには、そのケースがもつ３つの個別性（対象者、生活環境、支援プロセス）を浮き彫りにする必要があります。それらが問題化にどのように影響しているのか、どのようなチームでどのようなアプローチを行えば問題が改善・解決に向かうのか、また軽減・抑制されるかを話し合います。

■ 対象者（本人・家族など）がもつ個別性に着目する

　支援困難ケースの話し合いで重要なのは、対象者（本人・家族など）の個別性に着目することです。本人・家族の事情や考え方、意思・意向を十分受けとめず、本人・家族への動機づけのない支援は**一方的な支援（強制、措置）**になりかねません。

　本人・家族がなぜそのような状況に陥ってしまったのか、なぜ改善・解決できないでいるのか、どのようなアプローチによって改善・解決の方法があるのか、などについて次の視点を踏まえて気づきのある深い話し合いを行いましょう。

（１）対象者のこれまでと現在を知る

　対象者（本人）の生活習慣（生活リズム、食習慣、服装など）は困難な状況になってからを把握するだけでなく、そのようになる以前の生活習慣を把握するといろいろなヒントや**本人の強さ（長所）**を浮き彫りにできます。

　また、生活習慣は、本人の生育歴や生活歴、家族歴（家族内の立場〈きょうだい関係の中の位置〉）などが大きく影響しています。また、学歴や職業遍歴（職業数、転職回数、各就業期間など）は本人の学力（理解力含む）、社会性や人間関係の広がりともいえ、自己肯定感のレベルなどに深く影響していることがあります。

（２）対象者の人柄を知る

　対象者の考え方や行動にはさまざまな要因が影響しています。支援困難ケースには審判的な視点でアプローチするのではなく、本人や関係者の考え方や行動をまずは受けとめること（受容する）ことが大切です。

- **性差**：性別という視点だけでなく、LGBT（性的少数者）の視点も含めて、性が個人の考え方や行動にどのように影響を与えているかに着目する
- **性格、考え方**：外向的・内向的、几帳面・おおざっぱ、明るい・暗い、せっかち・のんびりなど、性格に着目することで、本人の行動の特徴と傾向などを把握する
- **価値観**：価値観とは本人の行動や判断の基準です。具体的には信頼、約束、愛情、自由、競争、協力、勝利、努力など約100種類ある。価値観が本人の行動や判断にどのように影響しているかを把握する

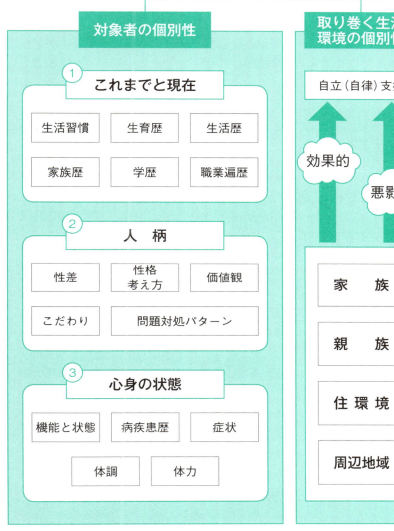
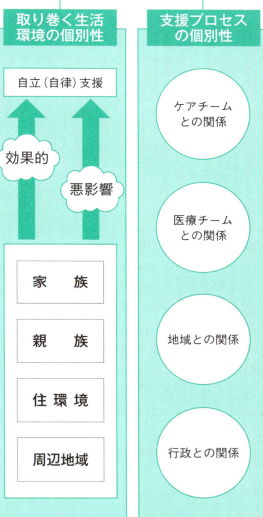

- こだわり：ものごとや生活習慣への執着心に近い感情。このこだわりがないがしろにされると大いなるストレスとなり、拒否的態度や問題行動（暴言、暴力）につながることがある
- 問題対処パターン：困ったときの対応パターン（向き合う、曖昧にする、逃げる、他人に委ねるなど）に着目することで本人の強さ・弱さが浮き彫りになる

（3）対象者の心身の状態を知る

　ケースが支援困難化する原因に、対象者（本人）の心身の機能と状態、病疾患歴、病状、体調、体力などが大きく影響しています。また、支援の糸口を病疾患支援から始めることも現実的な方法です。

- ●心身の機能と状態：対象者の基本的な心身の機能、理解力・判断力などの認知機能、コミュニケーション力、さらに生活行為群（ADL、IADL）などを自立、半介助、全介助、改善・向上、低下・悪化などの基準で整理し、どのようなアプローチをすれば維持・改善・予防に効果的なのかを話し合う
- ●病疾患歴：これまでの病疾患歴（交通事故、労災事故含む）が現在にどのように影響しているか、現在の複数の病疾患に対する病識と受容度および治療への意欲などを話し合い、支援のきっかけを探る

■ 生活環境の個別性に着目する

　生活環境は対象者（本人）の自立（自律）支援に効果的に働くこともあれば、抑制や低下、障壁や障害となることもあります。対象者の自立（自律）支援のために、生活環境にどのように効果的なアプローチを行えばよいかを話し合います。

- ●家族：家族構成（元妻・元夫、婚外子、孫含む）と家族関係をジェノグラム（家族構成図）で見える化する。対象者への支援のためにどのような関わり方ができそうか、そのためにどのようなアプローチが必要かを話し合う
- ●親族：ジェノグラムに対象者の男親、女親、そのきょうだい群（叔父、叔母）と本人のきょうだい群とその配偶者と子どもたち（甥、姪）を表記し、支援の資源としてどれだけ関わりをもってもらえるかを話し合う
- ●住環境：間取り図と居室図をもとに話し合う。玄関、居室、居間、台所、トイレ、浴室、仏間、勝手口などを記入し、廊下の幅、部屋の広さ、窓（採光の有無）や冷蔵庫、洗濯機、エアコン・ストーブ、介護ベッド、ポータブルトイレの位置なども表記する。1日の生活の流れをシミュレーションし、どのような支援が必要かを話し合う
- ●周辺地域：周辺地図をもとに話し合う。地図上になじみのよく行く場所（スーパー、コンビニ、友人宅、ごみ置き場、集会所など）や支援者の家（民生委員、保護司）、医療機関、介護事業所などをマッピングする。また、距離や移動時間、信号や坂の有無、道路の広さと交通量、事故のあった危険地域なども記入する。日常生活への支援や季節ごとのリスク（梅雨時の浸水、冬季の凍結、積雪など）をシミュレーションし、対応策を話し合う

■ 支援プロセスの個別性に着目する

　対象者（本人、家族）がこれまでどのような支援を受けてきたのか、その個別性に着目することが重要です。本人・家族の誰が、どの時期にどれくらいの期間、どのような支援（生活保護、介護保険、医療保険、失業保険、就労支援など）を受けてきたのか。そのときの支援側（行政機関、専門職など）との信頼関係の状況も把握しておきたい情報です。

　特に、支援困難ケース化する原因に支援者側の**不適切な関わり方**が影響していることもあるので、どの

ような関わり方をしたのかを情報収集し、これからの対応策に活かすようにしましょう。

（1）ケアチームとの関係性

ケアチームとは、介護保険サービスや総合事業の支援サービス、障害サービス、母子支援など対象ケースに関わるすべてのケアチームを含みます。支援の必要はあるものの強い拒否やトラブルにより支援が中断した以前のケアチームなども含みます。これまでの支援経過と現状をアセスメントし、今後の支援のためどのような関係づくりから始めればよいかを話し合います。

- ●信頼関係づくりをどこから始めるか
- ●突破口（きっかけ）となりやすいサービスと関わり方とは
- ●半年～1年後のケアチームのフォーメーションを想定し、何から始めるか

（2）医療関係者との関係性

医療関係者には、主治医、専門医、歯科医師、病院（急性期、回復期、慢性期、精神科、緩和ケアなど）、薬剤師、訪問看護師、理学療法士、作業療法士、言語聴覚士、栄養士などを含みます。

医療の強みは、心身の不調と症状（痛み、痺れ、だるさ、かゆみ、疲れ、むくみなど）の改善・緩和のアプローチが行え、新しい支援を始める突破口（きっかけ）になりやすいことです。また、虐待的環境（暴言、暴行、低栄養、不衛生など）の発見と改善へのアプローチも行いやすくなります。

- ●医療関係者としてどのような関わり方ができるか
- ●心身の不調と症状の改善・緩和にどのようなアプローチができるか
- ●これからの心身の機能の低下・悪化の予防と緊急時の対応などがどのように予測できるか

（3）地域（近所・近隣、町内会、商店街など）との関係性

支援困難ケースには地域から拒否され、関係が断絶し、孤立している例が多くあります。関係悪化の期間が数年から十数年と長期間にわたっていることもあります。精神疾患や認知症による妄想や幻聴からくる奇声や暴言・暴力、徘徊、さらにはゴミ屋敷化、商店などでの迷惑行為など、地域の側が被害者であることも多くあります。さらに無理解からくる偏見や差別意識が関係を複雑・深刻にしています。

一方、長年のつきあいを通じて、支援の力になりたい人（友人、知人、サークルの仲間、民生委員、町内会長など）もいます。

- ●関わりたくない地域住民の感情を改善・緩和するためにはどのような取り組みが必要か
- ●近所・近隣、商店などではどのような条件がそろえば支援が可能か
- ●近所・近隣だからこそできる支援にはどのようなものがあるか

（4）行政機関（福祉事務所、高齢者・障害者関連部署、警察、消防署）との関係性

行政機関が支援困難ケースにどのように関わり、どのような措置や対応をしてきたのか、その効果（成果）と新たに生まれた問題などを整理して対応を話し合いましょう。

- ●行政機関としてどのような関わり方ができるか
- ●行政機関としてどのような連携をしていくか
- ●どのように政策化していけばよいのか

8 4つの機能への展開

　地域ケア個別会議は個別ケースの課題解決だけを話し合う場ではありません。個別課題の解決の話し合いという機能を通して4つの機能ごとに問題点と改善点を展開し、地域包括ケアシステムの構築を目指した取り組みに連動させていく役割があります。

■ 多職種連携のネットワーク構築支援

　多職種連携には、医療・介護・福祉だけでなく、行政機関（環境、防犯、災害、交通に関する部課など）から町内会などの地縁団体や老人会などの地縁組織なども含まれます。

　支援困難ケース化する原因の一つに、支援側の連携不足と連携の混乱があります。地域ケア個別会議では、地域包括ケアシステムの不十分さや未熟さから生じている問題や不具合、違和感の整理を行い、どのようなネットワークや連携を構築すれば、問題解決に近づけるかを話し合います。そしてどのような新しい仕組み（ルール）を作ればよいかに向けた話し合いへと展開します。

- ●どのようなネットワーク（仕組み）が不足しているか
- ●どのネットワーク（仕組み）をブラッシュアップしなければいけないのか
- ●新しいネットワークの構築のために地域ケア個別会議をどのように活用するか

■ 地域課題の発見

　個別課題と地域課題は相関関係にあります。地域課題が個別課題の困難さをより複雑にしていることもあります。それは支援困難化している原因や背景に地域特性が大きく影響しているからです。そして、その地域課題の影響により暮らしが困難化している住民（高齢者、障害者など）がいる可能性があるからです。個別課題の解決だけでは地域課題は解決されません。数年から十数年後を視野に入れた地域課題の発見・解決は個別課題の解決にもなるのです。

　個別の課題を地域の課題として発見する方法は、複数の類似した課題から発見する、地域住民やサービスを届ける事業所から直接声が届き発見することがあります。地域課題の発見・解決の話し合いを市町村が目指す地域包括ケアシステムの構築へと展開します。

- ●地域の歴史や産業、人口分布、地元の気質、地形などの特性を話し合う
- ●共通する困りごと・心配ごとを抱える住民を発見する話し合いをする
- ●地域課題の解決（軽減、予防）のために何が必要か話し合う

■ 地域づくりと地域の資源開発および連携

　支援困難ケース化する要因として、地域の支え合い機能の低下と地域の社会資源の不足があげられます。しかし、対応を話し合うときにありがちな展開は、これらの要因への不満と嘆きですが、これでは解決にはなりません。どのような資源があればよいか、そのために何から取り組み始めればよいか（可能性）を話し合うことが、解決・改善の一歩になります。

　地域づくりと地域の資源開発は**未来志向で取り組むもの**です。地域ケア個別会議の場が日常生活圏域から市町村全体まで視野に入れた地域づくり、資源開発のきっかけとなる場になることを目指しましょう。

- ●どのような地域になればよいか（地域づくり）
- ●どのような支え合いの資源があればよいか（資源開発）
- ●どのようにして地域づくり、資源開発を進めていくか（シミュレーション）

■ 政策形成

　政策とは国・都道府県・市町村が取り組む施策を総称する用語です。
　地域ケア個別会議と自立支援サポート会議を通じてさまざまな地域の課題や提案などが抽出され、地域ケア推進会議にて報告・提案されます。それらが市町村の地域包括ケアシステムに密接に関わる介護保険事業計画や高齢者福祉計画、市町村の方針や予算、要綱および条例の策定、関係する行政機関の事業計画などに反映されることで、**実現と継続**を可能にすることができます。また、地域包括ケアシステムに関わる専門職能団体の活動などで具体化されることも重要です。
　地域ケア個別会議では3つの視点で話し合いを進めましょう。

- ●どのような政策があればよいか（政策立案）
- ●どのように政策として提案すればよいか（政策提案）
- ●どのように政策決定し、実施されればよいか（政策決定・政策実施）

①多職種連携のネットワーク構築支援機能への展開

　支援困難ケースになる原因として、支援チーム側の連携不足と連携の混乱があります。これらが情報の過不足や誤解を生み、支援の方向性や内容に混乱や違和感を生じさせ、足並みがそろわない状態を作りだします。
　地域ケア個別会議では、現場で起こっている連携不足と連携の混乱により生じている問題や不具合、違和感の整理を行い、市町村レベルの地域包括ケアシステムとして、どのような新しい仕組み（ルール）を作ればよいかに向けた話し合いを展開します。

■ 多職種連携のネットワーク構築のための話し合い

　個別課題の解決の話し合いのプロセスで、多職種連携のネットワークの構築へと話し合いを展開します。
（1）どのようなネットワークの仕組みが不足しているか
　ネットワークには医療専門職が関わる病院などを含む医療分野、介護専門職などが関わる施設などを含む介護分野、介護保険法や障害者総合支援法、生活保護法など制度に関わる行政機関など、住民サイドである町内会やボランティア、サロン活動などの地域福祉分野、地域の店舗や商店街、民間企業などの民間資源の5分野があります。その他、必要に応じて法務関係（弁護士会、司法書士会など）の領域と連携することもあります。
　どのようなネットワークの仕組みがあればよいか、地域包括ケアシステムの中にどのように位置づけられればよいかを話し合います。

> ・「○○のケースの解決のために、医療と介護や地域がどのような連携をとっていけばよいかを話し合いたいと思います」

（2）どのネットワーク（仕組み）をブラッシュアップしなければいけないのか
　2000年に介護保険がスタートし、これまで医療・介護では多職種連携の試みが行われ、すでにネットワークの仕組みが生まれている市町村も増えました。ネットワークは新たに作るだけでなく、今あるネットワークをブラッシュアップする（見直す、関係者・団体・機関を新たに加える、開催テーマを増やす、組織体制を改革するなど）ことも検討しましょう。また、ここ数年休眠中の仕組みを復活させるなどの方法も有効です。

> ・「多職種連携としては○○○協議会（ネットワーク名）があります。今回のこのケースを通して浮き彫りになったいくつかの問題を解決するために、新たにどのような団体や専門職に加わってもらえればと思われますか？」

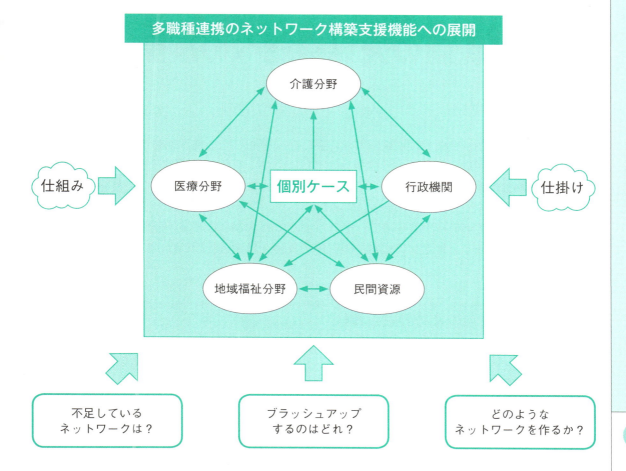

(3) 新しいネットワーク（仕組み）を構築するために地域ケア個別会議を利用する

　新たなネットワーク（仕組み）を構築するためには、各団体・組織への申し入れ、協議、決定などを想定すると、ほぼ6か月～1年間の期間を要します。ただし、新しいネットワークへの参加を呼びかけても、呼びかけられた側に参加する必要性と必然性がなければ反応も鈍いでしょう。

　地域ケア個別会議そのものが、多職種連携のネットワークの必然性を実感できる貴重な場です。市町村レベルや日常生活圏域レベルで新しいネットワークの構築を考えるなら、まずは地域ケア個別会議に関係者、助言者（アドバイザー）として参加してもらうことから始めてみるのもよいでしょう。

　個別ケース解決の話し合いのプロセスで次のような問いかけをしましょう。

- 「○○関係で今話し合っているような問題は起こっていないでしょうか？」
- 「○○関係でこのような状況にはどのように対応されるのでしょうか？」

共通の問題として認識されたら、必要性、有益性を問いかけましょう。

- 「もし仮にこのようなときに、私たちの市町村にどのような連携の仕組みがあれば安心でしょうか？」

②地域課題の発見機能への展開

　なぜ、地域ケア個別会議で個別課題解決の話し合いを通じて地域課題を浮き彫りにすることが解決への機能を持たせることにつながるのでしょうか。それは支援困難化の原因や背景には地域がもつ特性（環境）が影響しているだけでなく、その地域に同様の困りごとを抱えた住民（高齢者、障害者など）がいる可能性があるからです。さらに、その原因や状況が改善されなければ、これから数年後～十数年後に、それらがどのように複雑化・困難化するかも予測することができるからです。地域ケア個別会議を面の支援を目指した話し合いに展開するときに大切な視点です。

■ 地域課題の発見のための話し合い

　地域課題の発見のための話し合いを、次の視点を意識して地域包括ケアシステムの構築へと展開します。

- 地域の歴史や地元の気質、地形（地理）などの特性がどのように影響しているか
- 共通する地域の困りごと・心配ごとを抱える住民をどのように発見するか
- 地域の課題解決（軽減、抑制、予防）のために何が必要か

（1）地域の歴史や産業、人口分布、地元気質、地形などの特性を話し合う
　地域を特徴づけている要因には歴史、産業、人口分布、地元気質、地形（地理）があります。これらがケースの当事者や関係者にどのように影響しているかを分析しましょう。

- 地域の歴史：対象とする地域（集落）のコミュニティの歴史（町内会、婦人会・老人会・子ども会などの活動、祭りなどの恒例行事など）に着目する
- 地域の産業：地域の産業（農業、漁業、製造業、飲食業、流通業など）が地域住民の暮らしぶりや働き方、気質にどのように影響しているか）に着目する
- 人口分布：地域（集落）や町内会ごとの高齢化率や戸建て、集合住宅の分布、近隣とのつきあい度などを把握する
- 地元気質：地域（集落）ごとの気質（保守的・閉鎖的、進歩的、開放的、地域の偏見など）を把握しておく
- 地形（地理）：周辺地図に坂や河川、幹線道路、交通量、なじみの場所、隣接する家、公共交通機関などを書き込み、周辺環境を把握する

（2）共通する困りごと・心配ごとを抱える住民を発見する話し合い
　個別ケースの話し合いを通じて、共通する困りごと・心配ごとを抱える住民（高齢者）がどれくらい、どの地域にいるのかを話し合います。

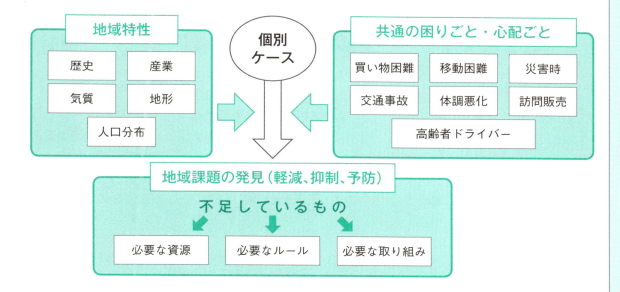

共通する困りごと・心配ごととは地域課題です。その発見のプロセスや手法は、他の住民や地域の同様の困りごとを解決するヒントにつながります。

買い物をする店舗がない、公共交通機関（移動手段）がない、災害時（豪雨、豪雪、地震、火事など）の避難場所が遠い（ない）、夜間が暗く危険、道路に信号がない、悪質訪問販売に高齢者が狙われる、高齢ドライバーの運転が危険など

- 「○○の困りごとを抱えている高齢者はこの地域にどれくらいいるでしょうか？」
- 「災害時、地域の住民のみなさんはどのようなことに困るでしょうか？」

（3）地域課題の発見（軽減、抑制、予防）のために何が必要か

　地域課題を発見（軽減、抑制、予防）するためには何が不足しており、どのようなことに取り組んでいけばよいかを話し合います。

地域の支え合い意識、支え合いの仕組み（町内会活動、老人会活動など）、孤独死予防や防犯のための見守り・声かけ習慣、店舗などの生活資源、診療所などの医療機関、災害時の避難訓練や緊急避難所、高齢者でも使いやすい移動手段など

- 「○○の地域ではどのようなもの（資源）が不足しているかを今から話し合いたいと思います」
- 「地域の○○の課題を解決するためにどのようなネットワークがあればよいでしょうか？」

③地域づくりと地域の資源開発および連携機能への展開

　解決に向けた話し合いを通して地域資源の必要性や緊急性を説き、不足しているものについては、どのような資源があればよいか、そのために何に取り組めばよいか（可能性）を話し合うことで新しい可能性が見つかり、一歩を踏み出すことができます。地域づくりと地域の資源開発および連携機能は地域課題解決の重要なファクター（要因）です。この取り組みにより困難ケース化を予防するとともに共通の悩みをもつ人たちをアウトリーチすることにつながります。地域ケア個別会議が地域づくりと地域の資源開発および連携のきっかけになる場を目指しましょう。

■ 地域づくりと地域の資源開発に向けた話し合い

　個別課題への話し合いで必ずあがる声が、「〇〇地域に支え合いなんてない」「〇〇地域は限界集落で頼れる人が高齢化している」「〇〇地域にスーパー（診療所、薬局、デイサービス）があればいいのに」などの**ネガティブな発言**です。ネガティブな要因ばかりを話し合うのでなく、次の３つのステップでポジティブな話し合いに展開させましょう。

> ● どのような地域になればよいか（地域づくり）
> ● どのような支え合いの資源があればよいか（資源開発）
> ● どのようにして地域づくり・資源開発を進めていくか（シミュレーション）

（1）どのような地域になればよいか（地域づくり）

　地域づくりの話し合いで陥りやすいのが、過去や他の地域との比較に終始することです。比較することで「〇〇の地域ならまだまだ可能性はある」と前向きになればよいのですが、できない・やれないという理由づくりになってしまうリスクがあります。過去や現状からスタートするのでなく、１～５年後にどのような地域になればよいかをイメージする問いかけが効果的です。

> ・「〇〇の支援困難ケースを生まないために、１～５年後、〇〇地域が<u>どのような地域になればよいか</u>、を話し合いたいと思います」

（2）どのような支え合いの資源があればよいか（資源開発）

　支え合い資源には介護・医療・福祉の資源だけでなく、さまざまな種類の資源があります。今、地域にある資源を探す、新しい資源を生み出すだけでなく、可能性（既存の資源や団体に新しい役割を担ってもらう）を参加者で話し合うことでいろいろなヒントが得られるでしょう。

> ・「１～５年後、〇〇地域に<u>どのような支え合いの資源があればよいか</u>を話し合いたいと思います」

- 支え合いの人間関係：話し相手、なじみの集い場、共通する楽しみ・趣味仲間など
- 見守りの支え合い：近隣、新聞配達所、電気・ガス検針、なじみの店舗、郵便局など
- 緊急時の支え合い：町内会、マンション自治会、消防団、徘徊発見ネットなど
- 買い物の支え合い：なじみの店舗、スーパー、コンビニ、移動販売、宅配便など
- 移動の支え合い：送迎ボランティア、バス、タクシーなど

(3) どのようにして地域づくりと地域の資源開発を進めていくか（シミュレーション）

1〜5年後の地域と求められる支え合いの資源が具体的に描ければ、次はどのように実現していくのか、シミュレーションの話し合いをしましょう。

〈可能性を広げる話し合い〉

可能性を広げる話し合いは、細かい計画を話し合うことではなく、参加者がもっているアイデアや人脈・ノウハウなどを進行役が引き出し、それらをつなぐことです。そして、「できるかもしれない・できるとよい・それならやれそうだ」となるように**未来形で話し合い**を進めましょう。

- 「どのようにすればできるか、みなさんの人脈やノウハウを出し合っていきたいと思います」
- 「〇〇の資源が〇年後に確保できれば、どのようなことがやれそうですか？」

〈リスクを予想する話し合い〉

シミュレーションで大切なのは実現に至るまで、どのようなリスクがあるかを共有しておくことです。**リスク予想は予防**と考え、リスクをいかに防ぐか、どうすれば最小限で抑えられるかも話し合っておきましょう。

- 「〇〇を進めるうえでどのようなリスクがあるか、を話し合いたいと思います」

④政策形成機能への展開

個別課題の解決の話し合いで浮き彫りとなった課題を政策形成につなげることで、地域包括ケアシステムの取り組みをより展開させることが可能となります。

■ 政策形成に向けた話し合い

政策とは、国・都道府県・市町村が取り組む**施策を総称する用語**です。地域ケア個別会議における政策形成機能とは、市町村の地域包括ケアシステムに密接に関わる**介護保険事業計画**や**高齢者福祉計画**に始まり、市町村の年度ごとの**方針**や**予算編成**および**事業計画**や**条例**および**要綱策定**などがあります。また、地域包括ケアシステムに関わる専門職能団体（医師会、薬剤師会、歯科医師会、看護協会、理学療法士会、栄養士会、社会福祉士会、介護支援専門員協会など）の活動に反映することも含まれます。

話し合いで明らかになった政策提案は**地域ケア推進会議**に報告を行い、さらに検討され、行政機関や専門職能団体などの場で具体化されることになります。

これらを意識したうえで地域ケア個別会議では3つの視点で話し合いを進めましょう。

- ●どのような政策があればよいか（政策立案）
- ●どのように政策として提案すればよいか（政策提案）
- ●どのように政策決定と実施がされればよいか（政策決定・政策実施）

（1）どのような政策があればよいか（政策立案）

地域ケア個別会議で行われる課題化（どうあればよいか）の話し合いのプロセスで、参加者に政策化の必要性と政策化の可能性を問いかけましょう。

- ・「〇〇の話し合いで浮き彫りになった〇〇のことを、次期の介護保険事業計画に盛り込む必要はないでしょうか？」
- ・「〇〇地区の一人暮らし高齢者の買い物支援はますますニーズが高くなっています。そのためにどのような政策があればよいと思われますか？」
- ・「〇〇を解決するために〇〇の団体にどのようなことを取り組んでもらえればよいと思われますか？」

（2）どのように政策として提案すればよいか（政策提案）

政策立案の必要性とイメージがまとまれば、それを地域ケア推進会議などに提案できる形にしなければいけません。ただ、「計画に盛り込んでもらいましょう」では具体的ではありません。「計画にどのように盛り込んでもらえばいいでしょう？」と話し合いのなかで問いかけます。

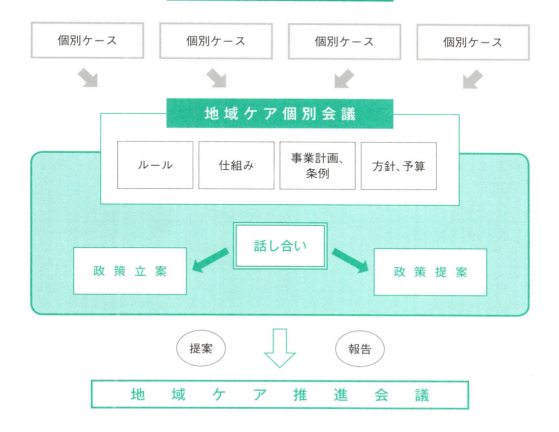

- 「○○の話し合いを通じて明らかになった○○のことを、どのように提案すれば次の介護保険事業計画に盛り込めるでしょうか？」
- 「○○を解決するためには、行政のどの課の事業計画に反映させればよいでしょうか？」

（3）どのように政策決定と実施がされればよいか（政策決定・政策実施）

　政策の提案は地域ケア推進会議で話し合われることになりますが、地域ケア個別会議の場で「政策決定の流れと実施」に触れておくことで、より政策決定と実施に近づいた話し合いにつなげることができます。

　また、主管する市町村側の部課局（介護保険課、長寿福祉課、障害福祉課、地域まちづくり課、環境課、商業振興課、土木課など）や専門職能団体の担当部署などを明確にするのもよいでしょう。

- 「○○の提案はどの部局にすればよいでしょうか？」
- 「○○地区の住民のみなさんが抱えているこの問題を解決するためには、どの部局に相談すればよいでしょうか？」
- 「○○団体ではどのように取り組んでいただくことができるでしょうか？」
- 「このテーマなら○○団体のどの委員会が窓口になるのでしょうか？」

9 話し合いの5つのプロセスと3つのポジティブ進行

　話し合いとは一方的な報告や伝達ではありません。話し合いとは参加者が多様な視点や立場から発言を行い合意（結論）にたどりつくプロセスです。そのプロセスを踏まえないで合意してしまうと参加者のなかに違和感や未達成感が残ります。決まった内容で行動を起こしても未消化なままでは実践にも迷いが生じます。さらに、中途半端な結果しか出せないと気持ちのうえでも不全感を抱いてしまうことになりかねません。

■ 話し合いの5つのプロセス

　話し合いは順序立てて進める必要があります。**5つのプロセス**のどれかを省いてしまったり、迷走したりしてどれかが不十分なものになってしまうと、話し合いが停滞する、結論が曖昧になるだけでなく、実行段階でトラブルを生む原因となります。

---
①手持ち情報の共有
②認識の一致とズレの共有
③問題の発見と原因の分析
④課題設定型の話し合い
⑤計画化の話し合い

　「省いてしまったプロセス」「不十分だったプロセス」は、チグハグな発言や質問、平行線のままの着地点が見えない話し合い、発言の乏しさや出席者の困った表情に表われます。もし気づいたら進行役はタイミングを見計らい、こう切り出しましょう。

- 「みなさんの認識にズレがあるように思います。再度、〇〇についてみなさんの手持ち情報を出し合ってみたいのですが、いかがですか？」

■ 地域ケア個別会議で目指す3つのポジティブ進行

　地域ケア個別会議はケースを深める場ではありません。関係者と助言者（アドバイザー）が同席して暗礁に乗り上げた支援困難ケースの解決に向けて具体的な**次の一手（手立て）**を話し合う場です。

　そして対応策の話し合いを通じて地域課題を整理し、多職種間の連携の問題点と課題を見つけ、政策に反映させることを目指します。

　そのためには現状の困難さへの対応だけでなく、現状の**強みや可能性**に着目した3つのポジティブ進行を心がけましょう。

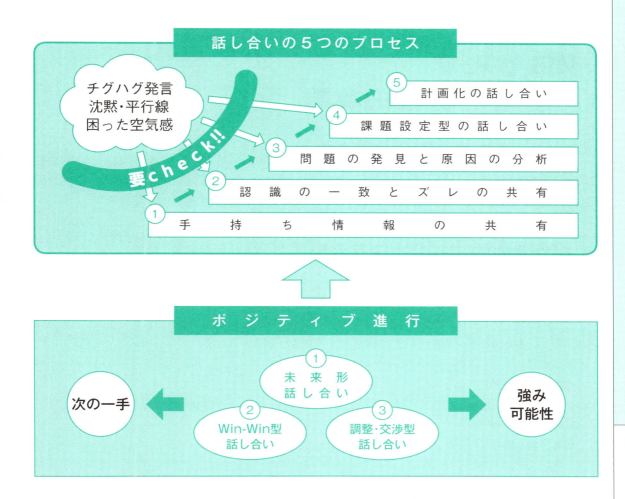

（1）未来形の話し合い

　地域ケア個別会議で陥りがちなのは「どういうケースなのか」と全体像を把握する話し合いに終始してしまうことです。そうではなく、半年～1年後に「どうあればよいか」というゴール（目標）をシミュレーションし、そのためにどのような資源を活用できるか、どのような選択肢があるか、いつからどの段取りで取り組むか、未来形で話し合うようにしましょう。

　ゴール（目標）を設定し、それに向けて**逆算方式（ブレークスルー）**で、取り組み、資源、仕組み、人材などはどうあるべきか話し合うのも未来形です。

（2）Win-Win型の話し合い

　当事者だけでなく、関わる人・事業所・インフォーマル資源すべてにとって**メリットを目指す**話し合いをします。

（3）調整・交渉型の話し合い

　一方で、すべての人にメリットがあるとは限りません。現状は変わらないが、関わる人たちがこれから起こるリスクやトラブルを想定し、どのような条件が整えば納得して**受け入れる（折り合う）**ことができるかを話し合うのを調整・交渉型の話し合いといいます。

プロセス①
手持ち情報の共有

　話し合いは、参加者の「目線合わせ」のために手持ち情報の共有から始めましょう。手持ち情報（知っていること、困っていること、悩んでいること、迷っていることなど）は、自分の意見・判断・意思・提案などを示す必要がないので、誰もが発言することができます。

■ 手持ち情報の共有の3つのステップ

　地域ケア個別会議では、支援検討シートに基づいて担当者から説明されるケースのアセスメント情報、生活歴や医療情報、支援経過や支援困難状況（サービス拒否や混乱、家族不仲、虐待状況など）にはじまり、ケアチームのサービス提供情報、地域のインフォーマル資源から提供される近隣の人が把握している生活情報やトラブル情報などを共有します。

　手持ち情報を共有するためには、3つのステップを踏みます。

（1）情報の収集（発表し合う）

　それぞれの手持ち情報を聴き取り、支援検討シートにまとめておき、会議では口頭で説明してもらうようにします。短時間で集約する方法として付箋紙に情報を書いてグルーピングする**KJ法**があります。

　手持ち情報を次の5つに分類し、情報提供をしてもらいましょう。

---
①本人や家族（親族含む）から聴き取った情報
②ケアチーム（介護サービス事業所など）の手持ち情報
③医療チーム（主治医、専門医、薬剤師、看護師、病院関係者など）の手持ち情報
④行政機関（高齢福祉課、障害福祉課、福祉事務所、消防署など）の手持ち情報
⑤民生委員および地域（なじみの店含む）のインフォーマル資源の手持ち情報

　手持ち情報はできるだけ正確であることが前提です。しかし推測や憶測、うわさ話や評判などもケースの理解や対応を話し合う時に参考になることがあるので、口頭で発表してもらうのもよいでしょう。

（2）情報の整理（分類する、関連づける）

　手持ち情報は、そのままでは素材でしかありません。未整理の手持ち情報をいくつかの視点、いくつかの領域で整理することで分析のプロセスに進めます。

〈整理の方法〉

　情報を整理するには、KJ法を発展させたクロス分析表示法などがとても便利です。これは、タテ軸の上に「本人」、下に「周囲」と書き、横軸の右に「急ぐ」、左に「急がない」と書き、付箋紙に書かれた手持ちの情報を貼っていく方法です。

〈関連づけの方法〉

　情報の関連づけは共通の原因、共通の環境、共通の影響などで整理し、矢印や線で結ぶ、線で囲む（ゾー

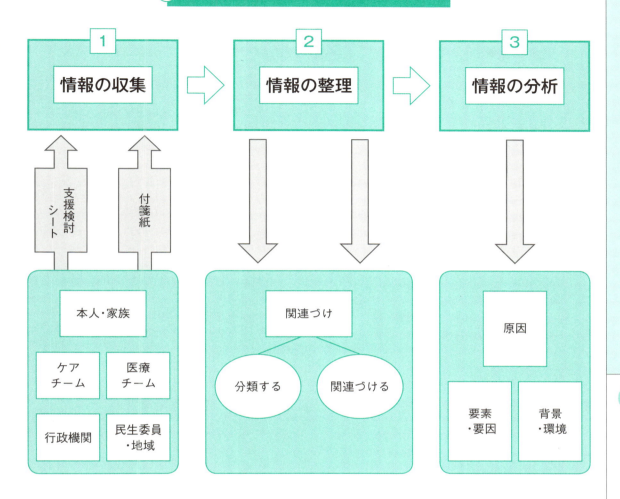

ニング）などがあります。赤・緑・青などで色分けし、実線・点線・波線などで**関係性の強弱**を表すなどで整理してもよいでしょう。

（3）情報の分析（原因、要素・要因、背景・環境などを話し合う）

　情報の分析とは、原因、要素・要因、背景・環境を解き明かすために行う作業です。分析の段階で大切なのは進行役からの参加者全員への問いかけです。

- 原因「〇〇となった原因にはどのようなことがあると思われますか？」
- 要素・要因「それらを分析するうえで、どのような要素・要因を押さえておかなければいけないと考えられますか？」
- 背景・環境「そのように至った背景と環境を聞かせていただけますか？」

プロセス②
ズレの共有と認識の一致

　会議では話がかみ合わなかったり、話し合いが平行線になったりすることがあります。原因の一つは情報不足ですが、それ以外の理由に認識の不一致と主観・主張の強要などがあります。このような状態のまま話し合いを続けても、参加者に違和感が漂うだけです。

■ 認識の一致を図る

　進行役は認識の不一致に気づいた場合、情報の共有化や認識を一致させるための時間を数分～5分程度もつようにします。特に参加者の中で地域ケア個別会議が初めての人がいる場合は配慮が必要です。

> ・「○○の点について、一部、認識にズレ（ギャップ、距離）があるようです。○○の点についてみなさんがご存知の情報をもう一度確認したいと思います」
> ・「○○のことについて、認識が一致していないようです。さきほどの～～～の件について、もう一度説明をお願いします」

■ ズレを生む4つの要因を見抜き、認識の共有と一致を目指す

　進行役は参加者間の認識のズレに着目します。ポイントはズレを共有することでお互いの**立場（専門性）**の違いへの理解を深めることです。

（1）6W1H1Rの認識が異なる

　認識のズレが生じる代表的なものは6W1H1Rです。進行役は発言内容をつねによく聴き、6W1H1Rに曖昧な表現があると感じた場合は、その人の発言の終わりに**補正の質問**をすることで認識のズレを防ぎます。

- ●Who（主語）　「いま話されたご家族は長女の方ですか？　どなたになりますか？」
- ●When（時期）　「昨年とは何月のことですか？　最近とはいつごろのことですか？」
- ●Where（場所）　「屋内とは台所ですか？　近隣への買い物とはどのお店ですか？」
- ●Why（理由）　「介護への葛藤が生まれる理由をお話しいただけますか？」
- ●What（目的）　「歩けるようになりたいとのことですが、何をされたいのですか？」
- ●Wish（思い）　「同居するご長男の思いを聞かせていただけますか？」
- ●How（頻度）　「しばしばとは週何回ですか？　頻繁とは何分おきにですか？」
- ●How（状況）　「同居介護でご長男が特につらいことはどのようなことですか？」
- ●Result（結果）　「通所介護の利用でご長男の介護負担はどのように改善しましたか？」

② ズレの共有と認識の一致

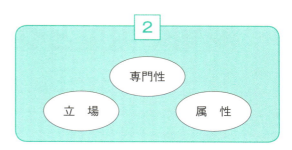

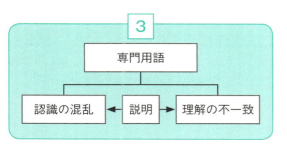

（2）参加者の専門性、立場、属性が共有されていない

参加者の専門性や立場、属性、経験、価値観、年齢によって着目点は異なります。

着目点の違いは、**視点の多様性**によります。しかし、それが共有されなければ、ただのズレた視点のままになってしまいます。気づいたときには補正しましょう。

- 「〇〇さんの〜〜の行動を保健師としてどのように分析されますか？」
- 「〇〇さんの〜〜の支援には精神科医としてどのような手立てが考えられるでしょうか？」

（3）専門用語の定義や理解が一致していない

専門用語が頻繁に交わされると、認識の混乱と理解の不一致が生じます。介護職・医療職や行政職の言い回しが本人・家族や地域住民にはわかりにくいという状況はよくあることです。専門用語や特別な言い方・言い回しは発言の途中であっても、説明してもらいましょう。

- 「いま話された退院時のサマリーとは何かを説明していただけますか？」

（4）多様なバイアス（偏り）の存在

私たちの認識には、なんらかのバイアスが影響しています。先入観、思い込みや決めつけ、見た目の第一印象もバイアスの一つです。特に、支援困難ケースではネガティブなバイアスが影響し、話し合いが難しくなりがちです。本人（家族）の**強みやポジティブな面**に積極的に着目する進行を心がけましょう。

- 「Aさんには何を言っても無理と決めつけられるのはなぜですか？」
- 「〇〇環境の中でも、Aさんの強みは何でしょうか？」

プロセス③
問題の発見とグルーピング

　手持ち情報の共有と認識の一致ができたら、対応策を話し合うために問題の発見と原因の分析を話し合います。このプロセスが不十分だと解決の取り組みの議論も不十分なものとなります。

■ 問題を3つの領域で話し合う

　何が問題になっているのか、なぜ問題になっているのか、いつから問題になっているのか、原因と要因は何か、関係者はどのような顔ぶれかなどを明らかにしなければ解決のステップには進めません。
　問題がすべて**表面化**しているわけではありません。問題には3つの領域があります。可能であればケースの説明では、これらの領域を説明に折り込みましょう。

> ● 見えている問題（表面化している事柄）
> ● 見えていない問題（表面化していない、隠れている、隠している事柄）
> ● 条件で問題（条件により問題となる事柄）

（1）見えている問題（表面化している事柄）

　見えている問題とは、すでに起こった出来事や行動です。ケースの説明では、それらの発生時期、関わりの経緯、問題の影響を整理します。
　重要な点は、本人によって問題と感じるレベルに差があるということです。迷惑を被っている近隣や店舗にとっては大問題でも、本人・家族はまったく問題とは感じていないことが往々にしてあります。その原因を見きわめることで対応策が見えてきます。なお、問題という表現は**ネガティブな印象**を与えるので「困っていること、何とかならないかと思っていること」という表現を使うのがよいでしょう。

> ・「日中働いている長男の方が<u>何とかしたいと思っていること</u>はどのようなことでしょうか？」

（2）見えていない問題（表面化していない、隠れている、隠している事柄）

　表面化せず隠れてしまっている問題のことです。なんらかの力（本人の意思・こだわり、家族・親族の意思、近隣への配慮など）がはたらいて表面化させないのか、本人が問題と感じていない（気づいていない）のか、本人に**発信する力**（知識、方法）がないのか、遠慮をしているのかなど原因はさまざまです。
　進行役は見えていない問題を表面化させる問いかけをしましょう。

> ・「推測や憶測でけっこうです。もしかして<u>起こっているかもしれない問題</u>にはどのようなことがあると思われますか？」

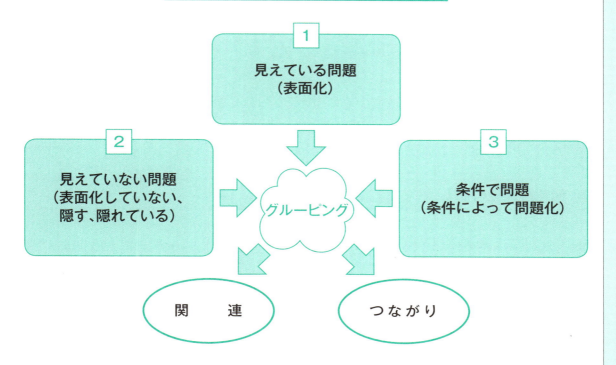

❸ 問題の発見とグルーピング

（3）条件で問題（条件により問題となる事柄）

　設定する条件（基準）によっては問題とはならないことがあります。つまり設定（基準）を変えることで問題をあぶりだすこともできれば、問題発生を予測することもできるということです。進行役は**設定条件を変えた問いかけ**を行い、問題を浮きぼりにします。

- 「真冬の寒い時期になると、〇〇さんの日々の生活にはどのような問題が生じると思われますか？」
- 「もし仮に近隣で話し相手になってくれているAさんが入院されたら、〇〇さんの暮らしはどのように変わるでしょうか？」

■ 問題をグルーピングして関連・つながりを整理する

　支援困難ケースの場合、それぞれの問題が影響し合って状況がより複雑化していることがあります。1つの原因が複数の問題を発生させているというつながりがわかれば、その1つの原因の解決により複数の問題を解決することになります。

　原因や問題を内容の近さや似かよったものでグルーピングすることで、関連・つながりを浮き彫りにします。また、フローチャートによって原因を大項目、中項目、小項目に細分化し、その原因をグルーピングしたり、矢印や線で**関係性を浮き彫り**にする方法も試してみましょう。

プロセス④
課題設定型の話し合い

　問題解決の話し合いには、ギャップを埋める話し合いとゴールを目指す話し合いの２種類があります。地域ケア個別会議はギャップを埋める話し合い（問題解決型）になりがちですが、ゴールを目指す話し合い（課題設定型）に転換できるようにしましょう。

■ 問題解決型の話し合い

　問題解決型の話し合いは、期待値（予定値、平均値）と現状値のギャップ（差）を埋める対応策の話し合いであり、本人の**足りないこと**、**できていないこと**に着目することになります。本人・家族の足りないこと、できていないことの対応策の話し合いは部分的になりやすく、話し合いの全体像が見えなくなりがちです。全体像が見えないと対応策が曖昧となり、結果的に話し合いがネガティブなものになります。

　進行役が注意しなければならないのは、その原因・要因に対応すれば問題が解決（改善）するだろうという思い込みです。問題には表面化していないもの、隠れているものがあります。また、見立てや手立てには専門性や立場などから生まれる**バイアス（偏り）**もあるので、一面的となるリスクもあります。

　地域ケア個別会議の進行では、ギャップを埋める話し合いを深掘りするのでなく、どのタイミングで課題設定型の話し合いに転換できるかがポイントとなります。

■ 課題設定型の話し合い

　期待値（予定値、平均値）と現状値のギャップ（差）よりも、**期待値＝目指すゴール**に着目することで、問題解決について前向きに話し合うことができます。足りないこと、できていないことではなく「どうなればよいか」（**ゴール**）をシミュレーションする話し合いをしましょう。そのためには、進行役は「どうすればよいか」（**アクション**）について問いかけます。

（１）時間軸を意識した問いかけ

> - 「〇〇さんが半年後、どのような体調に改善され、どのような暮らしをされていたらよいと思われますか？」
> - 「〇〇さん家族が１年後に近所の方とどのような関係になっていればよいと思われますか？」

（２）やる気（意欲）に着目した問いかけ

> - 「ご本人やご家族はどのような課題なら前向きに取り組めそうですか？」

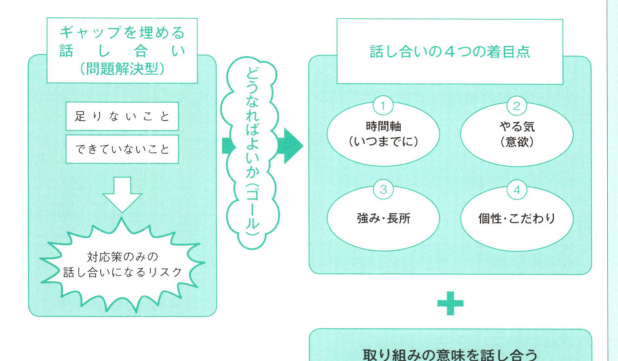

(3) 強みや長所に着目した問いかけ

「ご本人の〇〇という強みや長所を生かすにはどのような課題設定がよいでしょうか？」

(4) 本人の個性・こだわりに着目した問いかけ

「ご本人の個性やこだわりを尊重するにはどのような課題設定がよいでしょうか？」

■ 取り組みの意味を話し合う

　問題解決型や課題設定型の話し合いで大切なのは、**取り組みの意味**を話し合っておくことです。結果的に望んだレベルまで達しないと、取り組みそのものを否定的にとらえられてしまう場合があるからです。**プロセス**に着目し、取り組みの意味を話し合っておきましょう。

- 「〜〜の取り組みを行うことは〇〇さんにとってどのような意味があるでしょうか？」
- 「仮にこの課題が達成できたら、〇〇さんの家族にとってどのような意味があるでしょうか？」
- 「〜〜の取り組みでやることは、ケアチームにとってどのような意味があるでしょうか？」

プロセス⑤
計画化の話し合い

　取り組む課題の整理後には「計画化の話し合い」を行います。支援する期間を決め、どの時期にどのレベルまで達成するか（目標化）、そのための支援内容と役割分担を話し合います。
　緊急度と難易度にも配慮し、課題や目標の優先順位も話し合いましょう。エコマップ、支援計画シート、フローチャート、ガントチャートを使うと見える化ができます。また、ケアプランとどのように連動するかも話し合いましょう。

■ 計画化の話し合いのポイント

　取り組みを計画化しないで「みなさん、それぞれの立場でがんばりましょう」で終わってしまっては地域ケア個別会議に集まった意味がありません。計画化の話し合いでは何を、誰が、いつからいつまで、どのように行うのかまで具体化しなければ実行にはつながりません。そのためのポイントは以下のとおりです。

（1）シミュレーションシートを活用する
　実行をシミュレーションするためにエコマップや支援計画シート、フローチャート、ガントチャート（進捗管理シート）などいずれかを用意し、話し合いを進めます。たたき台をあらかじめ作成しておくと、話し合いが空中戦にならずに効率的に進めることができます。

（2）助言者の活用
　計画の話し合いでは助言者（アドバイザー）に積極的にアイデアを提案してもらうとともに、予測されるリスクやトラブルなども指摘してもらうと、より実現可能な計画にすることができます。

■ ケアプランとの連動のポイント

　支援困難ケースを話し合う際、介護保険の利用者の場合は必ずケアプランを検討用資料として用意します。課題や目標の設定、支援内容や担当を決めるにあたりケアプランと連動することで、ケアチームの支援がより実践的なものになってくるからです。今後の取り組みを具体化するためには、サービス担当者会議を開いてもらうように担当ケアマネジャーに依頼します。地域包括支援センターの主任介護支援専門員はサービス担当者会議に参加して、実践化に協力しましょう。

> ・「これらの支援内容をケアプランや個別サービス計画にどのように反映させることができるでしょうか？」

第2章 地域ケア個別会議の進め方

9 プロセス⑤ 計画化の話し合い

エコマップ

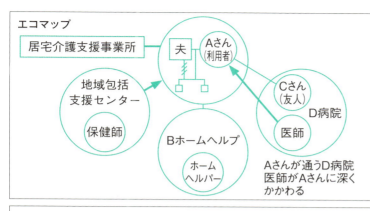

本人と家族のジェノグラムを中心にして、周辺に社会資源（介護、医療、福祉、友人、近隣住民、民間など）を配置し、その関係性を「見える化」するための図解手法の一つ。線の太さや種類、色で「強い、普通、弱い、対立、葛藤」という具合に分けて書くと全体を把握できる

支援計画シート

課題	支援内容	期間	担当チーム	担当者

支援計画シートは「支援のシミュレーションシート」。解決すべき現状が抱える問題を課題化し、どの期間に誰がどのように支援していくかを一覧表にしたもの。話し合いにたたき台があることで効率的に進めることができる。ケアプランとの整合性がポイント

フローチャート

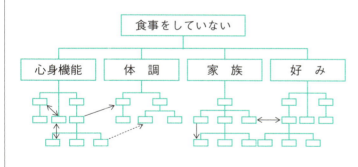

このフローチャート式「見える化」は、問題の原因を整理するとき（身体的要因、精神的要因、環境的要因など）と取り組む課題の項目を整理するとき（本人、家族、地域、介護、医療など）に効率的。全体が網羅されるので要因同士の関係性も浮き彫りになる

ガントチャート（進捗管理シート）

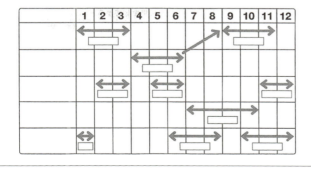

この進捗管理シートを使うことで、支援計画シートを項目別（業務別）に担当者と業務期間がスケジュール化され、チームで進捗状況（どこまで進んでいるか）を確認できる。このことにより支援チームに一体感が生まれる

10 発言の引き出し方

　地域ケア個別会議では、なかなか発言が出ないと、進行役はついNGフレーズ「何かありませんか？」と言ってしまいがちです。さらに、いきなり指名してしまう、順番に発言してもらうなどをやってしまうと、場の空気はどんどん重くなってしまいます。
　思わず発言したくなる、自分の考えを聞いてもらいたくなる状況をいかにつくるかがポイントです。会議にはその場で生まれるライブ感が大切です。そのためには次の8つのポイントを効果的に使いこなしましょう。

■ ①ケースの説明後、手持ち情報を出し合う

　発言するときにかかる**心理的ブレーキ**に「正しいこと・よいことを言わなくてはいけない」というプレッシャーがあります。ケースに関する明確な分析や見解を発言する人もいますが、一方で、話しながら自分の言いたいことをまとめていく話し方をする人もいます。その場合、主観と客観が混ざり、何を言いたいのかが聴き手に伝わらないことになります。まずは手持ち情報（客観的な事実・状況・経緯など）から発言してもらうとよいでしょう。

> ・「みなさんで<u>手持ちの情報を出し合って</u>このケースの全体像を一致させたいと思います」

■ ②「同感できる・できないこと、共感できる・できないこと」を話し合う

　意見はまとまらなくても、ケースの説明から受けた印象（感覚）は話せるものです。同感できること・できないこと、共感できること・できないことを問いかけてみましょう。

> ・同感「そのとき、〇〇さんはどのように感じましたか？」
> ・共感「いまの〇〇さんのお話を聞かれてどのように感じましたか？」

　感想に対しては、「そう思った理由や具体的なエピソードをお話しいただけますか？」と**追加の質問**をしましょう。
　同感できないこと・共感できないことも悪いことではありません。なぜそう思うのか、その理由を聞いてみましょう。**思わぬ見落としや気づき**を得られることもあります。

■ ③専門性、立場（肩書）から見立てと手立てを話し合う

　立場が異なればケースに抱く印象や感想、考え方はかなり違うものです。話し合いで大切なのは多様な

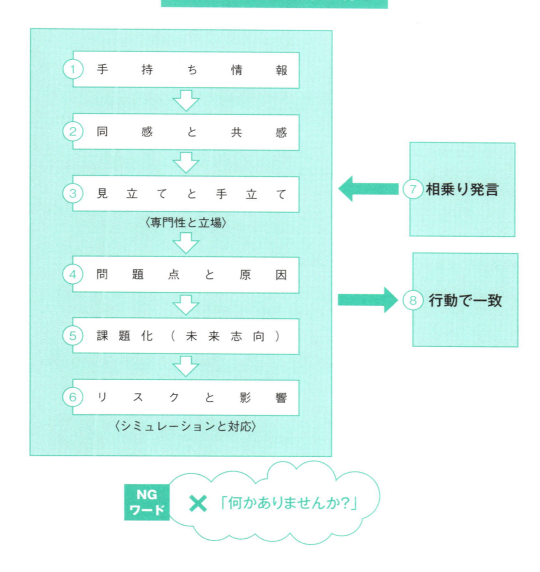

視点です。共通性だけでなく違いを浮き彫りにする発言は話し合いを深め、**新たな気づき**を生むきっかけとなります。

- 福祉の立場「生活保護のケースワーカーの立場としてどのような支援が考えられますか?」
- 医療の立場「専門職（理学療法士、栄養士、保健師、精神科医など）の立場から〇〇さんへ、どのような支援が考えられますか?」
- 住民の立場「町内会長のお立場としてどのような関わり方が可能でしょうか?」
- 家族の立場（家族・親族など）「ご長男の立場として、お父さんへの介護にごきょうだいがどの程度か関われるとお考えになりますか?」

■ ④問題点と原因を話し合う

　支援困難ケースの話し合いでは困難な状況ばかりに気を取られ、その状況を総花的にとらえてしまいがちです。次の3つの視点で整理しましょう。

- 「何が問題になっているのかを話し合いたいと思います」
- 「なぜ問題になってしまったのかを話し合いたいと思います」
- 「誰にとって問題なのかを話し合いたいと思います」

　地域ケア個別会議に求められるのは正しさではなく、多様な見立てを引き出すことです。そのためには単純に「どう思いますか？」という質問ではあまりに抽象的です。**発言に視点を与える問いかけ**がとても効果的です。

　次に、問題の原因はどこにあるのかを話し合いで浮き彫りにします。1つの原因がさまざまな方面に影響すると複合的な問題が生じるからです。

- 原因の特定「○○のことはどのような原因から起こっていると考えられますか？」

　目の前の複数の問題についていくつかの視点で整理を行います。次に問題に**共通する原因**を浮き彫りにします。その共通する原因の解決への取り組みが、**複数の解決**を生み出すことになります。

- 共通する原因の特定「○○と〜〜で共通する原因を上げるならどのようなことでしょうか？」
- 複数の解決手段「○○の原因に対応するために手段はいくつかあると思いますが、いかがでしょうか？」

　なお、「どのように考えますか？」だけでなく、「どのように推測されますか？」「どのように分析されますか？」というように推測、分析などの用語を含めると、より具体的な回答を引き出すことができます。

■ ⑤未来志向で課題に取り組む話し合いに切り換える

　問題の原因を特定し、分析し解決の話し合いをしても、現状からもとの状態に戻す話し合いにしかなりません。もとの状態が本人の望む状態とは限りません。また、問題（足りないこと、できていないこと）には否定的なイメージがあって話し合いが前向きになりにくいので、問題解決型でなく課題設定型（どうなりたいか、どうなるとよいか）に切り換え、未来志向で話し合える雰囲気を作りましょう。

　条件を問いかける、仮説質問をすることで具体的な前向きの発言を引き出すことができます。

- 課題：「いろいろと問題がありますが、○○さんがどのようになればよいとみなさんは考えられますか？」
- 条件：「どのような条件がそろえば可能性が広がりますか？」
- 仮説：「もし仮に〜〜〜という条件がそろえば、○○さんはどのような行動をとられるでしょうか？」

■ ⑥先々予測されるリスクと影響を話し合う

　地域ケア個別会議の話し合いで見落とされがちなのが、先々起こりうるリスクとトラブルについてです。これらを短い時間でも予測し、対応策を話し合っておくことで速やかな対応が可能となります。予測には**予知予見**（現状のままの予測）と**予後予測**（介入後の予測）の2つがあります。

- 予知予見「〇〇の状態をこのまま続けると、半年後はどうなっていると予測されますか？」
- 予後予測「～～の関わりを行ってもこの1年間でどのような場合に新たな問題や困りごとが生じるでしょうか？」

■ ⑦相乗り発言で話し合いに参加してもらう

　どのような会議でも会議のはじめに発言する人、話し合いの流れに切り込むように発言する人、話し合いの流れができてから発言する人の大きく3つに分かれます。会議のはじめに発言する人、切り込み型の話し方をする人はいい意味で会議のムードを作る、会議の雰囲気を変える、新しい視点を与える発言をしてくれるでしょう。

　一方、話し合いの流れができてから発言する人や発言が苦手な人にいきなり指名をしても意見が出てこないことが多いため、まずは切り込み型の発言に相乗り発言で感想を求め、続いて意見を求めるとよいでしょう。この方法は1つの発言に多様な視点や解釈、意見や提案をまとめ上げる流れも作るので、結論に導くための有効な手法ともいえます。

- 相乗り（個人の感想）「いま発言された〇〇さんの考えについてどう思われますか？」
  　　　　（個人の視点）「ではご自分なりにどのように考えられますか？」

■ ⑧思いでなく行動で一致できることを話し合う

　地域ケア個別会議でとかくやりがちなのが、思いの一致を目指すことです。しかし、それぞれがケースに関わった期間や経緯、関係性の深さは異なるのですから、思いを一致させることだけに時間を割くことは効率的ではなく、**自己満足というリスク**さえ生むことになります。思いが一致してもわずかの時間で対応方針や具体的な対応を話し合うことは難しく、結果的に問題は解決しません。さらに、直接迷惑行為を受けている地域の方などに思いの一致を迫ると、専門職チームとの間に新たな**葛藤（溝）**を生むことにもなりかねません。

　思いが一致せずとも、次のフレーズで話し合いを対応策に移しましょう。

- 違いを尊重する「いろいろなお考え（思い）がそれぞれにあるとは思います。これからは〇〇のことについてどのように対応していくかの話し合いに移りたいと思います」

11 質問の仕方・聴き取り方

　話し合いを進めるきっかけになるのが質問です。質問はケースの説明や発言の曖昧さを浮き彫りにし、正確な説明を引き出して正しい理解に導くことができます。
　そして、話し合いが滞ったときには質問をすることにより多様な視点や気づきが生まれ、異なった角度の質問が新たな展開を可能にしてくれます。

■「何かありませんか？」はNG

　会議で進行役がとかくやりがちなNG質問が「みなさん、何かありませんか？」です。このフレーズは話し合いの冒頭に投げかけられるのが一般的ですが、たいていは反応がないので進行役は慌てることになります。反応がない理由は、参加者が何について発言をしてよいかわからないからです。これを冒頭にやってしまうと話し合いに**リズム感**が生まれません。
　次のように切り出せば、話し合いのスタートをスムーズに進めることができます。

> ・「では、今のケースの説明について、どなたか質問や感想はありませんか？」

■ 質問で話し合いをコントロールできる

　地域ケア個別会議では、まず全体像を把握する時間をとります。次に、問題の複数の要因を整理し、その要因がどのように影響し合っているか、**問題の経緯**（いつから）、**支援の経過**（どのように）を掘り下げます。その際の質問フレーズです。

> ・疑問形（なぜ～）による原因への問いかけ
> 　　「なぜ○○さんは～～～のような行動をとられたのでしょうか？」
> ・仮定形（もし仮に～）の問いかけ
> 　　「もし仮に○○さんが～～～の状況だったとしたらどのような対応方法があったでしょうか？」
> ・未来形（どうすれば～）の問いかけ
> 　　「では3か月後、○○さんが～～～をできるようになるために、どのように関われば効果的かを話し合いたいと思いますが、いかがでしょうか？」

■ 5つの質問スタイルで話し合いをコントロールする

　質問には5つのスタイルがあります。話し合いの展開や発言のレベルに応じて使いこなしましょう。

（1）7W3H1Rで質問する

　発言に**曖昧さ**や**わかりにくさ**を感じるのは、抽象的な表現が使われているからです。7W3H1Rを意識しながら聞き、抽象的な言い方や表現があればフォローの質問をしましょう。

　　誰（Who）のことか？

- 「今話されたご家族とは<u>どの方</u>ですか？」

　　誰に（Whom）なのか？

- 「<u>どなたに対して</u>のことですか？」

　　何時（When）のことか？

- 「<u>夕方とは具体的に何時頃</u>ですか？」
- 「長女の方がたびたび来られると話されましたが、<u>週何回</u>ですか？」

何（What）を指しますか？

- 「家事ができないとのことですが、具体的には料理ですか？　それとも洗濯ですか？　他には？」

どこ（Where）ですか？

- 「屋外で交通事故の不安があるとのことですが、国道のどの交差点のあたりですか？」

なぜ（Why）ですか？

- 「〇〇さんが困っている理由や原因を具体的に話していただけますか？」

どのように（How）にしていますか？

- 「〇〇さんはどのように困っているのですか？」

いくら（How much）ですか？

- 「1か月の介護にかかる費用はどれくらい負担できるのですか？」

どれくらいの期間（How long）ですか？

- 「〇〇さんが～～～できるまでにどのくらいの期間、関わることができますか？」

結果（Result）はどうなりましたか？

- 「〇〇さんが～～を取り組み、その後はどうなりましたか？」

願い（Wish）は何ですか？

- 「1年前、ご本人はどのような思い（願い）をおもちでしたか？」

（2）エピソードを質問する

　発言は主観的に語られるので抽象的・部分的となり、さらに、本人にとって印象的なことを中心に話しがちです。思い込みや決めつけもあれば、推測や憶測を事実のように話す人もいます。

　曖昧なことについては、進行役は質問を行いエピソードを話してもらうとよいでしょう。具体的なエピソードでニュアンスが伝わり、話し手も自分の話の曖昧な部分に気づくことができます。

- 「〇〇さんが夜間に奇声を上げて近所が迷惑しているということですが、具体的なエピソードを1つ2つ、お話しいただけますか？」

（3）If（もし～）の仮定形で質問する

　支援困難ケースの話し合いは、現状の困りごとやなかなか進まない支援経過などを話し合うと、どうしても難しさが強調され、悩みの迷路に入り込むことになりがちです。打開策を見出したくて進行役が「前向きな発言をお願いします」などと言ってしまっては元も子もありません。発言内容に不満であるような印象となるからです。

　このような場合に効果的な質問がIf（もし～）で行う仮定形の質問です。難しい状況であっても、「もし

仮に〜」と条件設定を変えた質問を行うことで参加者の視点を大きく変えることができます。

- 「もし仮にご本人が家族に〜〜と伝えていたらどう変わったでしょう？」
- 「もし仮に〜〜〜を行うなら3か月後はどうなっているでしょう？」

また、話し合いが暗礁に乗り上げ、打つ手が見えないときがあります。そんなときには、以下のような**未来形の質問**をすると取り組むべきことを具体的に深めることができます。

- 「もし半年間このままだったらどのような状況になっているでしょうか？ そのためにここ1か月でできることはどのようなことでしょうか？」
- 「もし仮にどのような資源があれば、○○さんの孤立した状況を変えることができると思われますか？」

(4) 広げる質問、深める質問を交互に展開する

進行役は質問によって意図的に話し合いをコントロールします。その質問には広げる質問と深める質問があります。

広げる質問とは、例示をいくつも挙げてもらう質問です。参加者が気軽に発言しやすい手持ち情報から出してもらうのがよいでしょう。深める質問とは、話し合いのテーマに近い小テーマを絞り込み、掘り下げる質問です。

〈広げる質問〉

- 「○○さんが右片マヒのため困ることはどのようなことがあるか、みなさんで出し合ってみたいと思います。いかがでしょうか？」
- 「○○地区の要介護高齢者の方で共通して困っていることはどのようなことがあるでしょうか？ みなさんが日常的に気になっていることを出し合ってみたいと思います」

〈深める質問〉

- 「では認知症の○○さんの困りごとの一つであるスーパーで迷ってしまうことの原因と対策についてさらに検討していきたいと思います」

(5) 「これまでとこれから」をバランスよく質問する

地域ケア個別会議で話し合う目的は、これからどのように課題に取り組むか（未来形）ということです。しかし、現状とともに「これまで」どのような状況だったかを話し合わずに、「これから」を話すことはできません。「これから」を話し合うために、現状と「これまで」について共通の認識をもっておくことは大切です。

しかし、「これまで」をあまり深めると過去の困難さばかりが強調され、「これから」の計画を話し合うときの心理的なブロック（**メンタル・ブロック**）を生み出すことにもなりかねないので注意しましょう。

- 「これまでについてそれぞれの手持ちの情報をだしていただいて、おおよその共通認識がもてたと思います。では、これからどのように〜〜」

12　7つのネガティブ発言への対応

　地域ケア個別会議では、ケースの困難さのレベルや専門性からくる見立て・手立ての傾向だけでなく、発言者の性格や思考パターン、価値観、知識や立場、責任の範囲などが発言に影響しています。ネガティブ発言は話し合いを苦しく重いムードにしがちです。進行役としては、これらの発言を尊重しつつも適切に対応することが重要です。

■ ネガティブ発言の分類

　会議では前向きな発言ばかりではありません。ケースの困難性ばかりが気になって、一歩を踏み出せない後ろ向き（ネガティブ）な発言に終始する人がいるからです。

（1）前例主義

　前例主義の人は、今までやったことがないことを理由に後ろ向きの発言をします。そもそもやる気がないから前例を持ち出している場合と、失敗することによる悪影響を懸念しすぎて慎重になっている場合があります。再度、意味の確認を行うか条件整備の視点から問いかけてみましょう。

- 意味の確認「確かに前例はありません。もう一度、なぜこれに取り組まなければいけないのか、みなさんで確認をしたいと思います」
- 条件整備「どのような条件や環境がそろえばうまくいくと思いますか？」

（2）形式主義

　話し合いが途中で頓挫する原因の一つは、形式にのっとっていないことを問題視する発言があったときです。地域ケア個別会議では、資料が形式通りではない、個人情報（プライバシー含む）の保護ができているか、行政の責任者の了解がとれているか、などの指摘がされます。

　形式主義が悪いわけではありません。会議の不備を問題視する発言には率直に謝罪し、話し合いを進めましょう。なお、進行に大きく影響する不備には、話し合いは行いつつ決定の先送りをするかどうか、いつ再度の話し合いをもつことを提案するのもよいでしょう。

- 謝罪「〇〇について資料の一部に不手際がありましたことをお詫び申し上げます」
- 提案「〇〇の点については～～に確認をとります。本日の話し合いを先送りして、再度話し合いをもちたいと考えますが、みなさん、いかがでしょうか？」

（3）横並び主義

　横並び主義の人は、「よそがやっているならやる、やっていないのならやらない」とスタンスがはっきりしています。横並び主義の人には、他での実績や事例などを紹介して話し合いを進めるとよいでしょう。

- 促し「このようなケースへの対応では、〇〇市では……、そして〇〇町では……」

(4) 事なかれ主義

事なかれ主義の人とは、「事を荒立てることはしないほうがいい」というスタンスで発言する人です。もしくは、新しいことに取り組むことを面倒がる人です。事なかれ主義の人には、対応すること(対応しないこと)のメリット・デメリットを話し合い、**役割分担と責任範囲を明確にする**とよいでしょう。

- メリット・デメリット「〇〇さんが心配される点も大切だと思います。このケースに取り組むメリットとデメリットを今から5分ほど話し合いたいと思います」

(5) 言い訳主義

やらなかったことやマイナスの出来事に対して言い訳ばかりする人です。言い訳にブレーキをかけないと話し合いが**大きな壁**にぶつかります。一方、できない理由を吐き出すこと(発散)も本音を共有する点で意味があります。

まずは、できない理由を洗い出して共通性と関連性でグルーピングしましょう。このプロセスで真の原因を浮き彫りにして、「どうやればこれらを克服できるでしょう」と前向きの話し合いに転化させます。

- 発散「では、難しい理由を今から5分程度かけて出し切りましょう。そしてどういう取り組みなら可能なのか、を話し合っていこうと思います」

(6) 鶴のひと声主義

年長者や立場が上の人の意見に従ったほうが楽だからと、「〇〇さんの考え(鶴のひと声)で決めたほうがいいのでは」と意図的に誘導する人もいます。ただ、そのような人が長い話を始めたり、持論を繰り返したり、他の人の発言に耳を傾けない態度をとったりすることは、参加者のやる気が削がれる原因になります。年長者の意見を尊重する姿勢を見せつつ、必ず全員の意見をもらうようにしましょう。

- 平等「〇〇の件については大切なことなので、ここで全員の方のお考えを聞いて、それから決めていきたいと思います。では右の方から……」

(7) 先送り主義(持ち帰り主義)

問題への対応を先送りにしてしまう人です。よい結果が見えない、取り組むのは面倒だ、とりあえず今はやり過ごそうとする人は、「今は環境や条件が整わないので、先送りしよう」「今それほど問題になっていないならしばらく様子見をしてはどうか」などと発言して、話し合いを終えてしまおうとします。

進行役はひるむことなく、取り組みを**先送りするリスク**を問いかけ、先送りや持ち帰りをすることで問題がさらに深刻化・複雑化することを伝えましょう。

- リスク「問題の先送りをしたために状況がさらに悪くなることも考えられます。この時点で関わることのリスクと関わらないことのリスクについて話し合いたいと思います」

13 進行トラブルへの対応

　地域ケア個別会議の進行で難しいのは、初対面の人が多い、立場で参加している人がいる、時間が限られていることなどです。進行役には質の高い技術が求められます。会議の進行でトラブルがあってもあわてずに対処しましょう。

■ 固い雰囲気には名刺交換、声かけ、顔合わせ

　参加者の中に顔見知りの人もいるかもしれませんが、初参加の人にとってはほぼ全員が初対面ですから、不安で場の雰囲気が固くなりがちです。開始前にそのムードをやわらげることが大切です。
　会議の5分前には来てもらい、名刺交換をしてもらったり、初参加の人に軽く声かけをしたり、ケース担当者と助言者（アドバイザー）の顔合わせをしたりするだけでも雰囲気はかなりやわらかくなります。

■ 発言が少ない、発言が長いときの応急処置

　会議で困るのは、発言が少ない人や発言が長い人がいることです。発言が少ないと会議のNGワード「何かありませんか？」を連発しがちですが、それをすればするほど発言しにくくなります。そんなときには、次の工夫を行ってみましょう。

①話し合いの時間を示す

- 「では〇〇のことについて3分程度話し合いたいと思います」

②考える時間を取る

- 「では今から1～2分程度考えを整理する時間にあてます」

③発言が長い人には時間がないことを伝える

- 「申し訳ありません、時間の関係で手短にお願いします」

■ 深まらない話し合いを掘り下げる

　地域ケア個別会議で注意したいのは、状況把握や情報共有にばかりに時間を使って、話し合いが深まらないことです。ケース説明と手持ち情報と認識の共有を行ったら、次のように話し合いを深めるための**問いかけ**をしましょう。

- 「それぞれの専門職の視点で何に不安を感じるのかをまず出し合いましょう」
- 「共通している原因にはどのようなことが考えられるでしょうか」
- 「この原因がどのように影響しているか、それぞれの立場からご意見をお願いします」

■ 難しさばかりを深掘りしないで前向きな話し合いにする

　支援困難ケースを話し合うので、問題を深掘りしがちです。参加者が「これは難しい」と思いつめてしまっては、先の見えない話し合いになります。それは、支援がバラバラ、対応が後手である、対応が不適切などを前提にして問題を深掘りしているからです。進行役は、問題の原因、影響、予測の話し合いがひととおり終わったら、「これからどのようにするか」に視点を切り替えた話し合いを進めましょう。
　以下のようにゴールをイメージして、前向きな発言を引き出すとよいでしょう。

- 「これまでと視点を変えて6か月後に〇〇さんが地域の人とどのような関係になっていればよいとみなさんは考えられますか？」
- 「そのためには、この1か月でどのような関わり方ができるかを話し合いましょう」

■ 条件などを変えて話し合いを広げる

　条件などを変えると視点が変わり、話し合いを広げることができます。

- 条件「〇〇の条件で取り組めることを話し合いたいと思います」
- 期間「〇〇の期間で何が取り組めるか、話し合いたいと思います」
- 関係「〇〇の支援のために、ほかにどのような人がいたらよいでしょうか？」
- 資源「〇〇の資源が近隣にあればどのようなことが可能になるでしょうか？」

■ 効率よくまとめるために「たたき台」を準備する

　話し合いを効率よくまとめるためには、会議の初めに「何を話し合い、どういうゴールを目指すのか」を示します。そして、支援検討シートだけでなく、支援計画表の**たたき台**（素案）を用意しておくとよいでしょう。記入するのは「課題、目標」のみとして、支援内容や役割分担、期間を白紙にして、話し合いを進めながら記入していくとライブ感も生まれます。すべてが記入してあると、**予定調和**のムードになってしまい、確認ばかりの話し合いになる危険があるので注意しましょう。

- 「お手元に支援計画のたたき台を用意しました。これを元に話し合いを進めたいのですが、よろしいでしょうか？」

　話し合いが広がりすぎて収拾がつかないこともあります。そのときは会議の目的に戻り軌道修正します。どうしてもまとまらない項目については**後日、個々、別会議で検討**することなどを提案しましょう。

14 話し合いの「見える化」

　会議ではいろいろなタイプの発言があります。自分の考えを未整理なまま発言する人もいれば、質問しながら提案をする、説明しながら理由や意見を述べる人などがいます。発言を「見える化」しないとどのような意見が出たかがわからなくなり、話し合いが混乱することになります。

■ 話し合いの「見える化」で役に立つ5つの方法

　話し合いを「見える化」すると、今、何を話し合っているかがはっきりするので、脱線したり横道にそれることが減ります。また、何をどこまで話し合ったのか、何の課題が残っているか、参加者も進行役も頭が整理されるので、意見や提案も出やすくなります。

　しかし、「見える化」した資料を手元に置いているだけでは、話し合いは活性化しません。**ホワイトボード**などを使い、話し合っている内容を箇条書きや図解したり、チャート図などで整理しましょう。参加者の視線が集まり、話し合いに集中力が生まれ、共感的なムードを作ることができます。さらに、全員が見ているので話し合いの抜け・漏れ、情報の共有や追加なども容易にできます。「見える化」することで、以下のような効果が期待できます。

- 議論の全体像やポイントが提示できる
- 個人レベルの話し合いから全体レベルの話し合いにできる
- 話し合いのプロセスが記録として残る
- 原因や問題点と対応策との関連性が見える
- 個人の理解でなく全体の理解と共感を生み出すことができる

■ 「見える化」するための4つのステップ

　話し合いの見える化は、**文字化→図解化**で行います。
（1）発言を短い単語に「要約」する
　話し合いで出た質問、意見、提案などを短い単語に要約してホワイトボードに記録します。もしくは、要約はせず、できるだけ参加者が話した言葉の**象徴的なキーワード**をそのまま使うのもよいでしょう。ただし、板書係は発言した人に確認します。
　キーワードを付箋紙に書いて、ホワイトボードや模造紙にそれを貼っていくという方法もあります。書き換え、移動、分類するにはとても便利です。

> - 「（書く前に）今の発言は○○○○ということでいいでしょうか？」
> - 「（書いた後で）今の発言はこれでいいですか？」
> - 「今の発言をひと言で書くなら、どう書けばよいでしょうか？」

（2）要約した短い単語を強調する

　話し合いの流れで強調したい短い単語にメリハリをつけましょう。上手・下手は意識せず、思い切って強調したほうが効果的です。

● **書体を工夫**
　　太さや色を変える、文字をなぞる、輪郭に色をつける　など
● **文字飾りで工夫**
　　実線や波線でアンダーラインを引く、枠囲みする　など
● **記号で強調**
　　言葉の文頭に「◇、■、◎、☆、★」、文末に「！、？」を付ける　など
● **囲み図形で強調**
　　キーワードを「□、▢、○、◯」などで囲んで強調する、吹き出しの「◯」に参加者の声を書き込む　など
● **イラストで工夫**
　　人物や道具などの簡単なイラスト（☺ ☁）を描き加えると場のムードをやわらげる効果がある

（3）短い単語の関係を示す

　短い単語がホワイトボードにバラバラに書かれていると、相互の関係や位置関係がつかめません。矢印や囲み図形で整理（構造化）を行います。

● **囲み図形でグループ化する**
　　同じカテゴリーに入る項目や言葉を図形で囲む。賛成と反対、家族と地域などシンプルに区分けするだけで議論のバランスがよくなる
● **4つの線を使って関係を示す**
　　関係の強弱をあらわすには4つの線種（―、━、……、〰〰）が便利。これに色（赤・青・緑）を付け加えるとメリハリが生まれる。また、線上に「/、//、×」を描くことで、人間関係の状況（中継、断絶、葛藤）などを表現することもできる
● **矢印を使って関係を表す**
　　関係を表すには矢印（→、←、↓、↑、↔）が便利。矢印も向き・大きさ・太さ・色で関係の強弱を表す

（4）図解ツールを使って構造化する

　議論を要約した言葉を記録し強調しているだけでは、内容がどんどん煩雑になってきます。図解には6つの手法があります。テーマや話し合いに合わせて使いこなし、整理（構造化）をしましょう。

●グルーピング手法	●クロス分析表示手法	●因果関係型（マッピング手法）
●ツリー手法	●一覧表手法	●ガントチャート手法

グルーピング手法（KJ法）

同じカテゴリーや近い言葉など項目の親和性に着目したグルーピング法。「大囲み、中囲み、小囲み」のように三層構造で囲み、数種類の矢印などで関係性をつけるなどで構造化することができる

クロス分析表示法

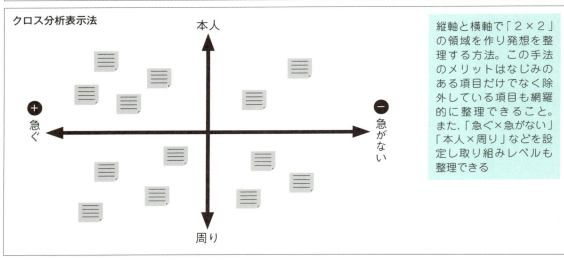

縦軸と横軸で「2×2」の領域を作り発想を整理する方法。この手法のメリットはなじみのある項目だけでなく除外している項目も網羅的に整理できること。また、「急ぐ×急がない」「本人×周り」などを設定し取り組みレベルも整理できる

因果関係手法（マッピング手法）

中心のテーマからいくつかの大きな枝を伸ばし、因果関係が想定される大項目・中項目・小項目を単語で記入していく。基本は連想。発想を広げる・深める関連性を線でつなぎ、雲形の輪郭線で構造化する

ツリー手法

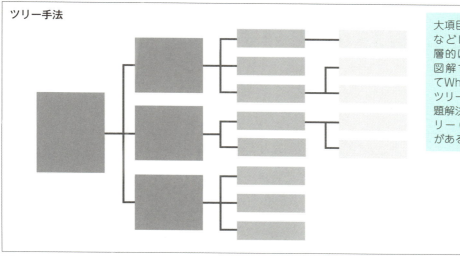

大項目・中項目・小項目などレベルに応じて階層的に項目をまとめて図解する。用途によってWhyツリー（原因分析ツリー）、Howツリー（問題解決ツリー）、Whatツリー（要素分解ツリー）がある

一覧表手法

課　題	支援内容	期間	担当チーム	担当者	予算

多項目のマトリクス表の一種。横項目に担当者・担当チームを列挙し、縦項目に「役割、分担、地域、期間、人員、予算」などを列挙する

ガントチャート手法

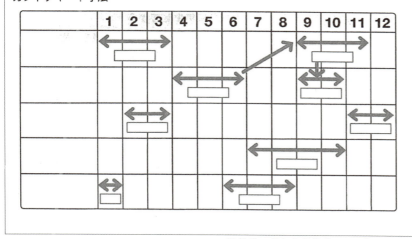

プロジェクト管理や生産管理などのプロセス管理に用いられる表の一種。作業計画を視覚的に表現するために用いる。棒グラフの一種でもあり横棒によって作業の進捗状況（開始日、期限日など）を表す

※参考：高室成幸著『ケアマネジャーの会議力』中央法規出版（2017年）

第2章 地域ケア個別会議の進め方

14 話し合いの「見える化」

15 検討資料の作り方

　会議の準備は、検討資料を作るところから始まっています。資料を作るプロセスで支援困難ケースの全体像が整理されますが、検討資料が多すぎると資料説明に大幅に時間をとられてしまいます。説明資料と参考資料に分けて配布をしましょう。資料は担当の居宅介護支援事業所か担当者に作成をしてもらいますが、地域包括支援センターも協力しましょう。

■ 支援検討シート

　支援検討シートの枚数が多いと全体像の把握に支障が出ます。A3サイズの1枚に収めるのが理想です。次の項目を入れましょう。利用者基本情報を使うのもよいでしょう。

- ●氏名、年齢、性別、要介護度、病疾患名、認知症レベル、障害自立度
- ●ケースの要素（同居、一人暮らし、老老介護、男性介護、虐待など）
- ●ケースの全体像（生活状況、家族関係、近隣関係など）
- ●家族構成図、間取り図、居室図、支え合いマップなど
- ●支援経過（時系列）
- ●本人の意向、家族の意向
- ●エコマップとサービス事業所・地域・行政機関などからの情報

■ ケアプラン（第1表、第2表、第3表）

　ケースが介護サービスおよび障害サービスの支援を受けている場合は、それぞれのケアプランを用意します。

　支援困難化している原因としてケアマネジメントとケアプランおよびサービス内容などに問題がないかを確認します。本人・家族の意向とケアサービスのズレ、介護および医療が提供する支援の内容（提供内容、加算サービス、担当事業所、担当者、回数、利用日など）の過不足などがあるからです。

　ケアチームとしてサービス事業所などにも参加してもらうわけですから、ケアプランに基づいて「どのようなサービスを提供し、どのような効果があり、問題が発生しているか、今後どのような問題が予測できるか」を発言してもらいます。

　また、助言者（アドバイザー）の主任介護支援専門員や相談支援専門員に、ケアマネジメントやケア内容について実践的な助言をしてもらいましょう。

■ アセスメントシート、課題整理総括表、基本チェックリスト、興味・関心シート、画像資料、動画資料など

　支援困難ケースの全体像を把握するうえでアセスメント情報は重要です。事前に配布を行い、地域ケア個別会議では全体像の把握や支援内容を検討するときに必要な項目を説明します。事前配布の資料に付箋をつけて、特に読み込んでもらいたいところを示してもいいでしょう。

- ●アセスメントシート
- ●課題整理総括表
- ●基本チェックリスト
- ●興味・関心シート
- ●画像資料（居室内、なじみの場所、危険箇所など）
- ●動画資料（リハビリ中の様子など）

■ 支援計画書（たたき台）

　地域ケア個別会議が事例検討会のようになってしまうのは、ケースの把握や問題と原因の特定に時間をかけ過ぎること、また、支援計画書（たたき台）を用意していないためです。支援計画書（たたき台）の作成は担当者まかせにするのでなく、地域包括支援センターとして関わり、必要なら事前カンファレンスも行いましょう。支援計画書（たたき台）の項目は以下のとおりです。

- ●支援方針
- ●支援課題
- ●支援目標（1～6か月）
- ●支援内容
- ●支援担当者（事業所）
- ●支援期間
- ●留意点

■ 地域ケア個別会議支援検討シート

地域ケア個別会議支援検討シート	開催日	年　　月　　日	曜日	時間	：　～　：

担当者

タイトル

> 検討テーマに「タイトル」をつけることでケースの全体像を示す。15～30文字が適切

> 担当者名と資格を記載する。資格は担当者の専門性を示すことにもなる

■ケースの要素　※該当する項目に☑を入れる（複数可）

- □ひとり暮らし　□同居介護　□老々介護　□通い介護　□男性介護　□認知症（疾患・　　）
- □虐待　□障害（　　　　　）　□支援拒否　□権利擁護　□消（…）
- □生活保護　□近隣トラブル　□医療重度（疾患：　　　　）　□終末期　□そ（…）

> 支援困難ケースなどの要因は複数化・複合化している。該当する項目に複数のチェックを入れる。カンファレンスを進めるプロセスで要素が変わることもありうる

■ケースの概要（全体像）

氏名　　　　　　　様　　　　　　歳　男　女

認定日　　　年　　月　　日　　要介護度

> 氏名・年齢・性別・認定日・認定結果を記載し、ケースの全体像をまとめる。本人の情報以外に家族・支援者・近隣情報、支援困難となっている状況と原因を記載する

■支援経過　（時系列で記載…）

スタート

↓

現在

> 支援の始まりから現在までを箇条書きで記載する。本人（家族）の大きな変化や近隣・支援チームの変化などを記載する

■本人（家族）についての把握情報

①心身機能・身体構造（疾患、障害）

〈課題・問題〉

②活動（ADL、IADL等）

〈課題・問題〉

③参加（役割、家族、地域等）

〈課題・問題〉

> 把握情報はICFの観点から整理を行ったものを記載する。「できない情報」だけでなく、「できていること」「できなくなりそうなこと」などにも着目して記載する

④環境因子（住環境、地域環境等）

〈課題・問題〉

⑤個人因子（性格、生育歴、職業歴等）

〈課題・問題〉

【本人の意向】

【家族・親族の意向】

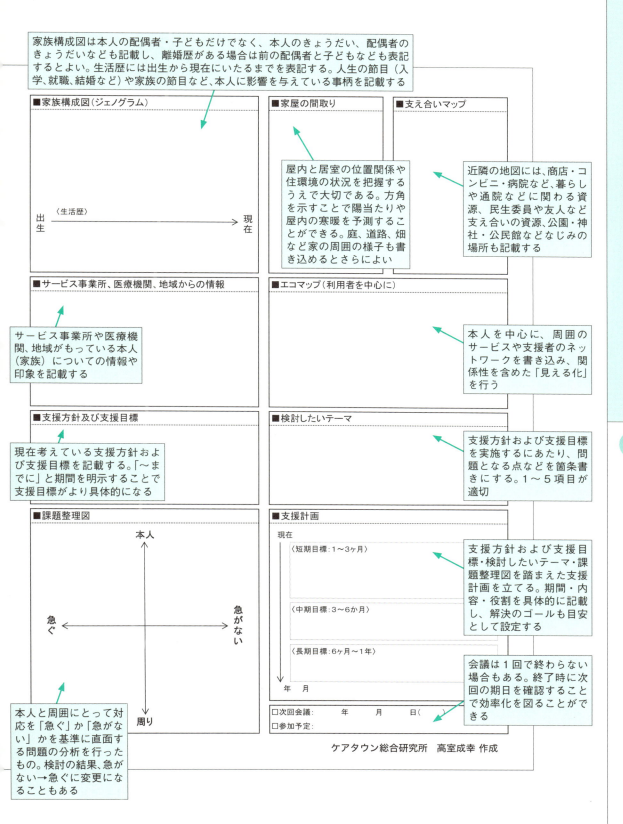

ゴミステーション（岩手県遠野市）

ゴミステーション（岩手県久慈市）

第3章

自立支援サポート会議の進め方

「自立支援サポート会議」は、主に要支援〜要介護1・2の比較的軽度の利用者を対象とした個別ケースの検討会議です。自立（自律）支援の視点に立ち、本人・家族とケアチームのモチベーションがアップする進め方を目指しましょう。

1 検討ケースの抽出とタイトル設定

　介護予防のための自立支援サポート会議で検討するケースは、主に要支援〜要介護1・2の軽度の利用者を対象とします。地域包括支援センターは検討ケースをどの居宅介護支援事業所から提出してもらうか、また、どの担当のどのケースを抽出すればよいか、市町村だけでなく居宅介護支援事業所の管理者と事前に話し合いを行いましょう。

■ 検討ケース抽出の判断基準

　自立支援サポート会議の目的は、ケアプラン点検や事例検討、スーパービジョンではありません。個別ケースの検討を通して自立支援型ケアマネジメントへの改善の方向性を明確化し、そのプロセスで次の4つの機能の課題を抽出することです。

> ①多職種連携のネットワーク構築支援　②地域課題の発見
> ③地域づくりと地域の資源開発および連携　④政策形成

　検討するケースは、地域の特性や疾病原因、ADLの改善度や生活機能の改善レベル、介護予防プランのレベルなどを基準に選び、すべてのケアマネジャーが年に1回は受けられるように取り組みましょう。

> 高齢化率50％以上の集落、冬季に豪雪で外出困難となる集落、若年性認知症の仕事復帰、70歳代脳血管障害の急性期対応、低栄養の90歳の単身要支援者

■ 検討ケースとテーマの例

　自立支援サポート会議で取り上げるケースは、**基準・テーマ**を決めて抽出しましょう。

> ・改善の成果がなかなか見えない　　・本人が意欲的に取り組んでいない
> ・サービスが自立支援型ではない　　・次の一手が見えない

　また、本人の自助の取り組みから学ぶという視点から、要支援の認定を5年以上続けている85歳以上のケースを取り上げるのもよいでしょう。

　テーマは、以下のような視点で取り上げるとよいでしょう。

> ・一人暮らし　　　　　・主たる介護者である　　・中山間地や過疎地などで暮らす
> ・閉じこもりがち　　　・居住型施設に暮らす　　・高次脳機能障害
> ・老人性うつ病や認知症　・若年性認知症　　　　・骨折・転倒

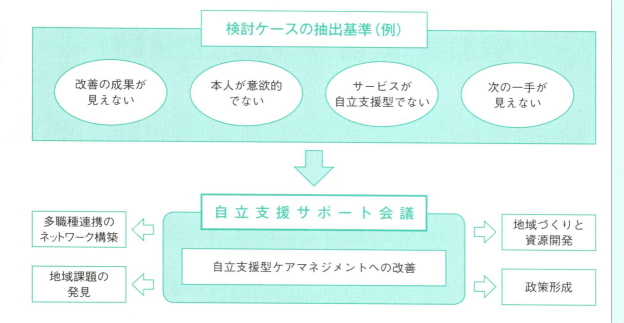

■ 検討事例のタイトル設定

　自立支援サポート会議で話し合うケースにも**タイトル**を設定するとよいでしょう。タイトルをつけることによりケースの全体像が理解され、何を話し合うのか、どのような助言をもらいたいのかがイメージしやすくなるからです。

　ただし、タイトルによっては、思い込みや決めつけを助長するリスクもあるので、ケース説明の際に十分な配慮をしましょう。タイトルは15～30文字で収め、次の7つの視点からいくつかのタイトルの候補を考えて決めるとよいでしょう。

①ＡＤＬ	：歩行、食事、排泄、着替え、入浴、睡眠など
②ＩＡＤＬ	：調理、洗濯、掃除（屋内、居室、庭）、買い物、家計管理、ゴミ出しなど
③健康管理	：服薬、認知機能、リハビリ、体操、通院、栄養、運動など
④意欲	：楽しみ（映画、ラジオ、スポーツ観戦）、趣味、仕事、やりがい、役割、孫の世話、ペットの世話、野菜づくりなど
⑤地域参加	：町内会、集い場、通い場、近所づきあい、なじみの店など
⑥人間関係	：趣味の仲間、地域の仲間、同僚、同窓会、なじみの友人など
⑦予測予見	：災害時（地震、台風、洪水、崩落、豪雪、浸水、ライフライン切断、生活道路遮断）、夏季（熱中症、脱水症）、冬季（外出困難、寒さ対策）

- 93歳の夫（要介護3）を老老介護する妻（85歳：要支援2）の予防プラン
- ○○地区の一人暮らし高齢者の買い物支援と冬季の安否確認
- 若年性認知症（58歳：要介護1）の生活改善と職場復帰支援

2 参加者・助言者の選定と依頼

　自立支援サポート会議の助言者（アドバイザー）は医療・介護の専門職だけでなく、地域づくりや地域支援、生活支援を担う生活支援コーディネーター（地域支え合い推進員）や社会福祉協議会、健康づくりならフィットネストレーナーなどを想定してもよいでしょう。また、かつて要支援高齢者で介護保険を卒業した人が当事者としてアドバイスすることも効果的です。

■ 参加者・助言者

　参加者の基本構成は、ケースの当事者（本人・家族）と関係者、そして助言者です。
　自立支援サポート会議では、特に本人（家族含む）の**自立（自律）意識**と**意欲・動機づけ**がとても大切です。それは、本人・家族に主体的に**わがこと**として改善・予防に取り組んでもらうことが必要だからです。可能な限り本人・家族に参加してもらいましょう。

当事者（本人・家族）
- 本人：自立（自律）意識と生活改善・介護予防の意識をもってもらう
- 家族（親族含む）：本人の**身近な支援者**として、できること（できそうなこと、やってみたいこと）を動機づけ、本人とともに生活改善・介護予防に取り組んでもらう

関係者
- 介護関係者：ケアマネジャー、ヘルパー、介護福祉士、福祉用具専門相談員など
- 医療関係者：主治医、歯科医師、歯科衛生士、薬剤師、看護師、理学療法士、作業療法士など
- 地域：近隣のなじみの人、生活支援コーディネーター、民生委員など

■ 助言者の選定

　助言者は、担当のケアマネジャーかケアチームのメンバーから希望を聴いて、決めましょう。地域関係者として、近隣のなじみの人、本人が通っているサークルや地域に詳しい生活支援コーディネーター、地域を担当する民生委員に参加してもらうのもよいでしょう。
　助言者の選定は、心身の機能改善や健康管理だけでなく、生活習慣や生活行為の改善、地域への社会参加や日々の生活の**生きがいづくり**に役立つアドバイスをもらえることを基準とします。したがって、助言者は感想レベルではなく、具体的なアドバイスと提案をもって参加してもらう必要があります。
　地域包括支援センターは、居宅介護支援事業所やケアチームから入手した利用者情報を事前に助言者に伝え、助言内容を一緒に検討しておきましょう。

助言者への依頼内容

助言者	依頼内容	助言者	依頼内容
医師	病状や疾患歴、障害を把握し、予測されるリスクと改善の可能性、予後予測、日常生活改善の助言	言語聴覚士	話す、聴く、摂食・嚥下などの能力の回復と維持、低下や悪化の防止に関する助言
歯科医	歯科疾患、口腔機能、口腔衛生の観点から、リスクと改善の可能性、予後予測、日常生活改善の助言	管理栄養士	栄養状態回復や維持、低下や悪化防止のための栄養指導、調理指導、適切な栄養摂取などの助言
薬剤師	処方されている薬に関する情報提供、重複投薬、服薬方法、薬の副作用、服薬管理の方法などの助言	歯科衛生士	歯科医師に代わって歯科疾患、口腔機能、口腔衛生の観点からの予後予測、日常生活改善の助言
理学療法士	基本動作能力（起き上り、立位保持、座位、歩行等）の回復・維持および低下・悪化防止に関する助言	運動系トレーナー	介護予防の観点から心身の機能や日常生活の改善を目指した運動方法などの助言
作業療法士	ADL（食事、排泄、入浴等）やIADL（料理、買い物等）、地域活動等参加の回復・維持、低下・悪化の防止への助言	福祉用具専門相談員	介護予防の観点から居住環境や介護環境における福祉用具の活用や住宅改修などの助言

〈助言者〉

- 医療：内科医、整形外科医、リハビリテーション医、精神科医、認知症専門医、歯科医師、薬剤師など
- 医療ケア：歯科衛生士、栄養士、臨床心理士など
- リハビリテーション専門職：理学療法士、作業療法士、言語聴覚士など
- 運動：機能訓練指導員、運動指導員、フィットネストレーナーなど
- 福祉用具：福祉用具専門相談員、福祉用具プランナーなど
- 住宅改修：福祉住環境コーディネーターなど
- 自動車運転：運転技術指導員など

■ 助言者に依頼するアドバイス

　助言者のアドバイスは、介護予防ケアマネジメント、自立（自律）支援型ケアマネジメントに資することです。助言・提案が**ダメ出し**でなく、次の３つのポイントを押さえてもらうことが大切です。

> ①ケアプランや個別サービス計画、介護予防プランと個別サービス計画の課題設定と目標設定の妥当性、本人を動機づけるものとなっているか
> ②心身機能の改善、生活行為・生活習慣の改善、社会参加・人間関係の改善などに効果のあるサービス内容、サービス資源・頻度となっているか。あるいは、これらが改善でなく、低下・悪化を誘因するものとなっていないか
> ③本人の取り組み（自助）、家族・地域の取り組み（互助）が適切に位置づけられているか、本人・家族、地域が取り組めるものになっているか

3 会議の事前準備

　自立支援サポート会議の準備は、定例の場合は1か月以上前から行います。助言者（アドバイザー）への依頼はテーマが決まっていれば45～30日前には依頼するようにしましょう。事前準備は作業進行管理表を使って管理します。

■ 事前準備の心得

　地域包括支援センターが自立支援サポート会議のテーマを設定し、居宅介護支援事業所にケースの提出を依頼する場合と、市町村からケースを指名する場合があります。

（1）ケースの抽出
　事前に介護予防プランと要介護1～2のケアプランについて以下の視点で居宅介護支援事業所にヒアリングを行い、話し合うケースを決めましょう。

> ①要支援、要介護1～2の状態から数か月～1年間経過しても改善が見られない
> ②このままでは心身の機能低下・悪化が予測される
> ③阻害要因（疾病、障害、資質・性格、価値観、生育歴、家族関係、生活困窮、室内・家屋内環境、家屋外環境、近隣関係、人間関係など）が明確でない
> ④本人の取り組み（自助）、家族の取り組み（互助）が自立（自律）支援になっていない
> ⑤提供している支援の内容が本人の自立（自律）支援になっていない

　ケースを抽出したら担当ケアマネジャーに、自立支援サポート会議の目的である4つの機能、ケースを話し合うことのメリット（ケアマネジメント力の向上、**多様な支援方法**の気づき、本人・家族の動機づけのポイント、機能低下・重度化予防のための対策）を十分に伝えることが大切です。

（2）資料の準備
　自立支援サポート会議に必要な資料のみ作成します。

〈共通に必要な資料〉
　利用者基本情報、基本チェックリスト、興味・関心チェックシート、課題整理総括表、主治医意見書、お薬手帳（コピー）、家の居室配置図と間取り図、周辺支え合いマップなど

〈介護予防プラン〉
　介護予防プラン、個別サービス計画

〈要介護1～2〉
　介護ケアプラン（第1表、第2表、第3表）、個別サービス計画（訪問介護計画、通所介護計画など）、評価表

自立支援サポート会議　作業進行管理表

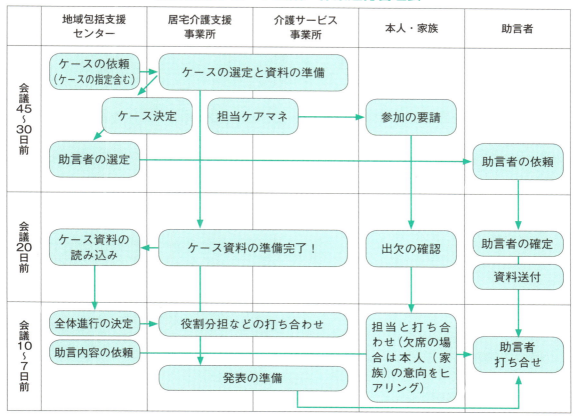

自立支援サポート会議の準備資料一覧

	資　料		プラン作成担当	介護サービス事業所
①	利用者基本情報	・利用者基本情報 ・基本チェックリスト ・興味・関心チェックシート ・その他	○	―
②	アセスメント情報	・課題整理総括表	○	―
③	ケアプラン	・介護予防プラン ・介護ケアプラン（第1表、第2表、第3表）	○	―
④	個別サービス計画など	・各事業所の個別サービス計画等	―	○
⑤	その他	・主治医意見書　　・お薬手帳のコピー	△	
		・サービス担当者会議の議事録など	△	―
		・評価表	○	

○：必ず準備するもの　△：準備したほうがよいもの

第3章　自立支援サポート会議の進め方

3　会議の事前準備

4 自立支援サポート会議の流れと進行のポイント

　自立支援サポート会議の所要時間は、1ケース40〜50分を基準にするとよいでしょう。20分〜30分では、指摘・提案のみで終わってしまい、合意をはかる協議（話し合い）が不十分になりがちです。多くの事例をこなすことが目的化し、本来の目的が形骸化しないよう注意しましょう。ただし、本人（家族）が出席しない場合は30分程度でもかまいません。

■ 自立支援サポート会議の構成

　自立支援サポート会議は4部構成となっています。どの項目にどのくらいの時間を設定するか事前に決めておきましょう。

> ①開始：自己紹介、資料の確認、グランドルール（話し合いのルール）の提示など
> ②共有：ケースの概要、プランとサービスの説明、質疑応答
> ③協議：方向性、課題と目標、支援内容（段取り）、期間、担当、予測されるリスクと対応策などの助言と提案、それを受けての意見
> ④まとめ：取り組む課題と目標、経過の共有の仕方など

■ 自立支援サポート会議の進行のポイント

　自立支援サポート会議の主催は市町村の場合であっても、進行役は地域包括支援センターが行うのがよいでしょう。進行にあたっては次のポイントをおさえましょう。

（1）進行の流れをはじめに伝える
　出席者一覧を作り、進行役が出席者一覧を読み上げ、それぞれに一礼してもらうか、**一言コメント**をもらいます。

（2）グランドルールを示す
　冒頭に伝えることで話し合いへの協力を依頼することになり、発言の仕方をコントロールすることができます。

> ・「限られた時間ですので、積極的な参加をお願いします。テーマごとに話し合いの時間を示しますので、ご協力をお願いします。発言の際は挙手をお願いします」

（3）話し合う時間を示す
　話し合いに緊張感をもたせるとともに、ダラダラと延ばさないために、**話し合う時間**を示しましょう。

自立支援サポート会議の流れ

時間	項目	ポイント
2分程度	**【はじめに】** ・グランドルール　・資料の確認 ・個人情報保護、守秘義務の件	資料は1セットに揃え、付箋を貼っておくとよい。個人情報保護だけでなくプライバシーに関する守秘義務についても述べる
3分程度	**【ケースの説明】** ・日常生活の困りごとと願い ・本人・家族の意向・願い 　※本人・家族にも話してもらう ・日常生活の変化の可能性	利用者基本情報および日常生活の困りごとを、アセスメント情報を踏まえ課題整理総括表を使って説明を行う
5分程度	**【プランの説明】** ・介護予防プラン　　・介護ケアプラン ・プランの実施状況　・改善状況と問題点 ・プラン上で困っていること（サービス内容ほか）	プランの説明は実施・改善状況と問題点、困っている点などをプラン作成担当者と介護サービス事業所が説明を行う
3分程度	**【質疑応答】**	質疑応答はプラン作成担当者だけでなく、サービス事業所や本人・家族に答えてもらう
25分程度	**【協　議】** ・支援方針の協議　　・ケアプランの協議 ・課題、目標（目安）、支援内容、期間、種別、担当、本人（自助）、家族（互助） ・チームの連絡体制 ・リスクと対応方法 　※助言・提案への意見をケアチームからもらう 　※本人・家族から希望（不安含む）や意向を聞く	課題整理総括表や興味・関心チェックシートなどをもとに、どのようにしたら「改善・維持、悪化防止→自立へ」と向かうかを、具体的に協議するなかで、適宜、助言者から専門的な意見・助言・提案をもらう
3分程度	**【まとめ】** ・新しく取り組むこと ・継続する事、検討すること ・未決定となったこと、今後時間をかけて決めること ・本人・家族の感想 　※本人・家族が欠席の場合はどのように伝えるかをまとめる	進行役は抽象的にまとめるのではなく、合意されたことを具体的に箇条書きでまとめる。ケアチーム、本人・家族から感想をもらうのもよい

- 「では、これから下肢筋力の低下をどのようにしたら改善できるかについて<u>3分間で話し合いたい</u>と思います」

（4）助言者の発言のタイミング

　助言者（アドバイザー）とは、どのタイミングでどのような質問や発言をしてもらいたいか、事前に打ち合わせておきます。

5 ケース説明の仕方

　効率的に話し合いを進めるためには、ケースについて「共通の情報と認識」をもつことが大切です。ケースの経緯や原因・背景が曖昧では、参加者は「なぜそうなったのか」がわからないまま話し合いに参加することになります。アセスメントを通じて「どのような困りごとがあり、どのようになることを本人(家族)が希望しているか」「どのような課題があり、何について話し合ってもらいたいのか」がわかると、スムーズに話し合いに入ることができます。

■ ケース説明の項目とポイント

　ケースの説明は、利用者基本情報、課題整理総括表、介護予防プランやケアプラン、さらに各種資料などを使って行います。参加者は関係者なので基本的な情報は共有できているはずですから、説明はポイントの確認のみでよいでしょう。サービス利用状況は、サービス事業所から説明をしてもらいましょう。
　助言者(アドバイザー)には、事前に資料を使って説明しておくことで話し合いを効率的に進めることができます。

(1) 現状と経緯、以前の暮らしぶりの説明

　利用者基本情報を使って、以下の項目を整理して説明します。説明時は、必ず項目を明らかにしてから詳細内容を説明します。

> - 氏名、年齢、住所、日常生活自立度、認定情報、病疾患情報、住居環境、年金情報、家族構成(主たる介護者)
> - 要支援・要介護認定を受ける前の日常生活、健康状態、社会参加など
> - 現在の1日の暮らし方、趣味・楽しみ、友人・知人関係
> - 基本チェックリスト、興味・関心チェックシート
> - 現在利用している介護予防サービス、介護サービス、インフォーマル資源など

- 「要支援(要介護)認定を受ける<u>以前の暮らしぶりと健康状態</u>を説明します」

(2) 困りごとと要因の整理、本人(家族)の受けとめ

　課題整理総括表を使って、現状(ADL、IADL、家族の介護力と就労状況など)の評価(自立、見守り、一部介助、全介助など)を説明し、次にその**阻害要因**(本人の意欲と心身の状態、疾患、地域環境など)を説明します。そして、重要な点として、本人・家族がどのように受けとめているのか、どのようにしたいのか(意向)を話します。

(3) これからの改善・維持・向上・悪化の可能性と見通し、解決すべき課題

　現状のままで進んだ場合の改善・維持・向上・悪化の可能性を話し、必要に応じて、なぜそう考えるの

かを説明します。そして今後の見通しを話し、これから取り組むべき課題を説明します。

（4）サービス事業所からの補足説明および本人・家族からの説明

　サービスの利用状況の説明はケアプラン作成者でなく、サービス事業所に直接行ってもらいましょう。地域の集い場や通い場などのインフォーマル資源を利用している場合は、その様子を紹介しましょう。

　本人・家族からは、介護予防サービス（介護サービス含む）を利用した感想や要望、日々の暮らしぶり、改善・向上、維持、低下・悪化している様子などを直接話してもらうようにしましょう。

■ わかりやすい説明の勘所

　上手な説明とはわかりやすい説明のことです。冗長な言い回し、抽象的な表現、誰のことかがわからないために、聞き手にうまく伝わらなければ同じ説明を繰り返すことになりかねません。以下に紹介する7つのポイントをおさえて話しましょう。できれば、事前に3回程度練習するとよいでしょう。

①張りぎみの大きめの声で、語尾ははっきりと言い切る
②結論を述べてから根拠、理由、背景を説明する
③箇条書き（第1に〜、第2に〜）で整理して説明する
④主語（話題の主人公：誰が〜）をはじめに言う
⑤医療情報は疾患名だけでなく「症状」からくる「生活への影響」を話す
⑥具体的に示すために「朝方に、夕方に〜」ではなく「朝7時に〜、午後4時に〜」と数字化する
⑦本人（家族）の意向はマイナス面だけでなくプラス面も話す

6 効率的な進行

　話し合いをしてよかったと参加者が思うためには、話したくなる質問、示唆的な指摘、支持的な助言、気づきを促す提案がされることです。進行役は助言者（アドバイザー）にポジティブな発言してもらえるように、事前にどのような助言をしてもらいたいのかを打ち合わせておきましょう。そのことで助言者の発言もサポーティブになり、質の高い話し合いをつくることができます。

■①発言を引き出す前フリがポイント

　自立支援サポート会議は事前に話し合うテーマも大きな流れも決まっています。助言者からどのタイミングでどのような発言を引き出すかは、進行役の仕切りにかかっています。指名されないのに話し始める人はいません。かといって「では順番で〜」のような進行では臨場感は生まれません。
　進行役がやってはいけないNGの前フリがあります。

> ✕「みなさん、何かありませんか？」

　この前フリは「さあ話し合おう！」と思っている勢いに水をさすだけです。説明が終わったらすぐに発言しようと待ち構えている人はまずいません。この問いかけでは話し合いにリズム感が生まれません。

> ○「では、今の説明について助言者の方から質問はありませんか？」

　こう切り出せば話し合いのスタートをスムーズに進めることができます。
　担当ケアマネジャーや事業所、助言者には、わかりやすい**前フリ**（はじめに名前をあげ、発言してもらいたい理由や根拠を説明する）をして、発言してもらうようにしましょう。

> ○「理学療法士の〜さんにうかがいたいのですが……この状態のAさんが3か月後に○○スーパーに15分ほど歩いて買物に行けるようになるには、デイサービスでどのような機能訓練が考えられるでしょうか？」

■②話したくなる質問・踏み込んだ質問が話を深める

　発言を引き出すには質問はとても効果的です。ところが、「なぜ〜（WHY）」ばかりを執拗に聞かれると、尋問・詰問されている、悪い点ばかりを指摘されている、疑われていると思いがちです。
　そうではなく、「どのように〜（HOW）」と質問することで、話し手は経緯や事情を話しやすくなります。

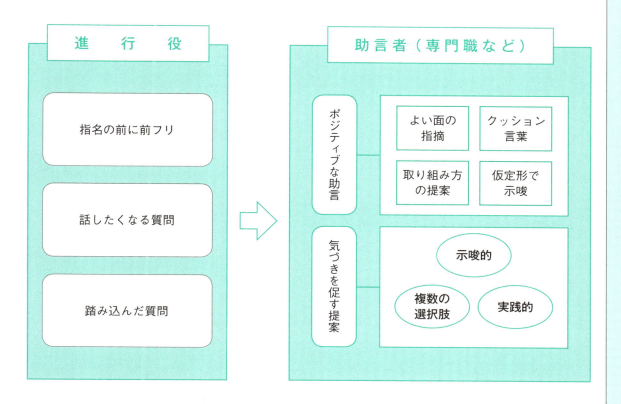

「うまくいったこと、苦労したこと」が共感してもらえる雰囲気なら、本人・家族やケアチームは語りやすくなります。そうしてから**踏み込んだ質問**をすると、さらに話し合いを深めることができます。

- 「この目標のサービス内容を話し合ううえで、先ほどのデイサービスの実践はとても参考になります。〇〇にどうやって取り組まれたか、詳しくお話しいただけますか」

- 「ご本人だったらどのようなことをやってみたいと思われますか？」

このとき、進行役に重要なことは、うなづき、あいづちなどの**リアクション**です。少し身を乗り出す、ちょっと明るめの大きな声を出すなどで**ムードづくり**をしましょう。

③ポジティブな助言をしてもらう

　人は指摘されることをあまり好みません。指摘は注意すべき点、欠点や過失、弱点などと受けとめられがちです。そのままにしておくことは心身機能の低下や生活機能の低下、さらに健康状態の悪化や介護事故などの誘発にもつながります。一方で、それらは**克服すべき目標**ともいえます。

　では、指摘をネガティブでなくポジティブに受けとめてもらえるようにするには、助言者にどのように指摘してもらえばよいでしょう。以下のポイントを打ち合わせて本番に臨みましょう。

（1）よい点を指摘する
　とかく指摘は欠点や弱点と思われがちです。まずはよい点、参考になる点などを指摘してもらって、助

言者に**好評価**をしてもらうと話し合いに前向きな雰囲気が生まれます。

- 「〇〇さんが3か月間、〇〇のリハビリテーションとご自宅で〇〇をがんばられたのは<u>とてもすばらしいことです</u>」

(2) 取り組み方を提案

　注意したいのは、「なぜ〇〇をやっていないのですか？」という**根拠や責任を問う指摘**です。これは本人・家族やケアチームのモチベーションを下げ、言い訳(弁解)、責任逃れの発言を引き出すことになります。あえて取り組み方の提案をすることでイメージもわきやすくなります。

- 「〇〇をするのが大変ということですが、たとえば～～をしてみる、というように<u>取り組んでみるのはどうでしょうか？</u>」

　取り組んでみるという提案は**未来志向**です。指示するのではなくもう**1つの選択肢**として提案する助言で本人・家族やケアチームに気づきが生まれることになります。

(3) クッション言葉(枕詞)をつける

　いきなり指摘するのでなく共感や気配りを示す**クッション言葉(枕詞)** をはじめにつけると、相手によい印象で受けとめてもらえます。

- 「<u>慣れるまではちょっと大変かと思いますが</u>、たとえば、……という方法もあると思いますが、いかがでしょうか？」

(4) 仮定質問形で示唆

　指摘をするのでなく、仮定質問形で問いかけ、相手に考えてもらう(気づいてもらう)という**示唆的な指摘の方法**もあります。

- 「<u>もし仮に・・・ということをやれていたなら</u>～～～はどうだったでしょうか？」

■ ④支援的に助言をしてもらう

　「助言」という言葉には、上の立場から下の立場に向けて行うアドバイスというイメージを抱く人がいます。助言する側の立場が上位にあるために、受ける側に「従わなければならない」という義務感が生まれてしまうと、ケアチームの主体性は弱まることになります。進行役が「ご助言をいただけますか？」などと謙譲語を使うとその印象はさらに強まります。「助言をお願いします」とサラリと言うのがよいでしょう。

　指示は命令ですが、**助言は提案**です。「支援的に助言」をしてもらえるよう、あらかじめ助言者とフレーズまで含めて打ち合わせをしておきましょう。

- ✕「～～の目標の表記は本人(家族)の意欲を引き出すためには～～と表記しましょう」
- 〇「～～の目標の表記ですが、～～と表記すると本人(家族)の意欲を引き出すことになるかもしれませんね」

■ ⑤「気づき」をうながす提案をしてもらう

　提案とは実践を前提とした具体的なアイデアです。どうすればいいかわからない本人・家族やケアチームに、助言者が具体的に助言することで、実践的に受けとめることができるようになります。
　注意しなければならないのは、助言者は本人・家族やケアチームではないので、提案の責任はとれないということです。提案には強制力をもたせず、**決定権（やるか、やらないか）**は本人・家族とケアチームに委ねる（自律の尊重）ように進行することが大切です。

（1）示唆的に提案してもらう

　課題・目標の設定、サービス内容、サービス種別、処方薬や服用方法などの提案は、あくまで示唆的であることが重要です。ある場面を想定し、どのような関わり方ができるかをシミュレーションして**具体的な提案**をしてもらいます。

> ✗「〇〇さんが〜〜になるためには、〇〇デイサービスでは△△のアクティビティ（個別機能訓練）を取り組まれたらよいと思います」
> ○「もし〇〇さんが〜〜に前向きなら、〇〇デイサービスではどのようなアクティビティ（個別機能訓練）に取り組めそうでしょうか？」

（2）複数の選択肢を提案してもらう

　提案も1種類ではほぼ指示（命令）になります。効果があった事例から抽出した取り組みを複数提示してもらい、どれを選ぶのかは、本人（家族）とケアチームに委ねるとよいでしょう。

> ✗「〇〇なら△△の個別機能訓練をやってみるのはどうでしょうか」
> ○「〇〇なら個別機能訓練で△△か◎◎をやってみるのがいいと思いますが、ご本人・家族（ケアチーム）としてどうでしょうか？」

　複数の選択肢ごとのそれぞれのメリット・デメリットも率直に話してもらうことで、現実的な会議とすることができます。

（3）実践的に提案をしてもらう

　提案が考え方、心構え、姿勢だけでは、本人・家族とケアチームは説教のように受けとめてしまいます。具体的な提案をしましょう。先進市町村の取り組み事例なども使って、どれだけメリットがあるか、どれだけデメリットがあるかを話し合うことで、実践的な提案に練りこまれることになります。

> ✗「自立支援の考え方を介護予防教室で徹底することを提案します」
> ○「〇〇市の介護予防教室で取り組まれている事例ですが、はじめの1か月間、自立支援の考え方を10分程度、ミニ講義をされてはどうでしょうか。終了後に簡単なアンケートのようなミニテストをすると、講義を熱心に聴いていただけると思います。いかがでしょう？」

7　4つの機能への展開

　自立支援サポート会議は介護予防プランおよび軽度のケアプランをチェック・検討することだけではなく、ケアプランのチェック・検討を通して自立（自律）支援の立場にある介護予防ケアマネジメントが実践されることを目指しています。
　そのために自立支援サポート会議では、個別課題の解決に向けた話し合いを通して以下の4つの機能につながる問題点と改善に向けた課題化を意識して進める必要があります。

■ 多職種連携のネットワーク構築支援

　要支援者および軽度の要介護高齢者の心身機能の改善・向上を目指し、また、低下・悪化を防ぐ（遅らせる）ためには、本人の取り組み（自助）や家族・近隣の取り組み（互助）だけでなく、関わる専門機関や医療機関、介護予防サービス事業所が情報の共有とケア方針の共有、役割分担ができていることが重要です。また、本人が関わる地域のさまざまな団体や、地域サークル、健康と増進に関わる民間企業なども大切な資源として位置づけましょう。

〈多職種連携のネットワークの構成員〉

- 医療機関および医療専門職：主治医、専門医、薬剤師、歯科医師、看護師、歯科衛生士、理学療法士、作業療法士、言語聴覚士、栄養士、臨床心理士など
- 福祉・介護専門職：社会福祉士、介護福祉士、介護支援専門員、介護予防サービス事業者など
- 行政機関：行政機関、保健センター、福祉事務所など
- 地域：町内会、自治会、マンション管理組合など
- インフォーマル資源：集い場、通い場、地域サロン（健康、生きがい、創作、スポーツ、娯楽、遊び、楽しみ）など
- 健康増進に関わる民間企業：フィットネスジム、スイミングスクールなど

■ 地域課題の発見

　要支援者および軽度の要介護高齢者となる原因に地域特性が影響していることがあります。地域特性には、地理的・季節的要素から産業商圏・交通・環境要素まであります。自立支援サポート会議を通して地域特性から生じる地域課題を発見・解決することで、要支援者および軽度の要介護高齢者が心身の機能低下や閉じこもり高齢者、低栄養、脱水などにならないための具体的な対応策につなぐことができます。

> **例**
> - 地理的特性：長い坂、急な坂、急な階段、狭い道など
> - 季節的特性：猛暑、台風、洪水、豪雪など
> - 商圏特性　：店舗の廃業、商店街のシャッター通り化、コンビニの乱立など
> - 交通特性　：バス・電車の廃線、自動車依存、交通量が多い、道路が広いなど
> - 環境特性　：大気汚染（排気ガス、PM2.5、粉塵など）、水質汚染、アスベスト（石綿）被害など

■ 地域づくりと地域の資源開発および連携

　要支援者および軽度の要介護高齢者の心身機能や生活機能の改善が進まない原因の一つに、本人の取り組み（自助）のみに頼った支援になっていた、介護予防サービスのみに偏っていた、本人を動機づけるものになっていなかった、地域のインフォーマル資源を活用できていなかったなどがあります。

　本人を支えてきた互助に着目し、集い場・通い場などの開発や地域づくり、求められる地域資源や介護予防サービス資源などをまとめてみましょう。地域資源づくりには、すでにある町内会の取り組み、公的施設などで活動する地域サークルや趣味サークルなども視野に入れましょう。

> **例**
> - 集い場・通い場：〇〇地区サロン活動、〇〇地区のカフェ、〇〇さん宅の集い場など
> - 外出支援：〇〇地区安心見守りネットワーク、シニア割引きなど
> - 健康づくり：〇〇健康教室、シニア健康ヒップホップダンス教室など
> - 趣味サークル：スポーツ、音楽、創作、園芸、カラオケなど
> - 就労支援：農作物づくり、道の駅などでの店舗販売協力など

■ 政策形成

　政策形成とは、自立支援サポート会議で明らかになった課題が、市町村の介護保険事業計画や高齢者福祉計画、地域医療計画に始まり、市町村の方針や予算、要綱および条例の策定などに反映されることです。行政関係者にとっては介護予防や高齢者の健康づくりに関わる行政課題の発見・把握の場であり、要支援・要介護高齢者の声や地域の介護予防や健康増進の声を届ける貴重な場です。

　話し合いの流れで政策化にも触れて、行政機関（介護保険課、高齢福祉課、障害福祉課、地域まちづくり課、環境衛生課、保健センターなど）や専門職能団体などにどのようなことを期待するかを明確にするのもよいでしょう。

　また、専門職能団体（医師会、薬剤師会、歯科医師会、看護協会、理学療法士会、栄養士会、社会福祉士会、介護支援専門員協会など）にも提案することを、もう一つの政策化の取り組みとして位置づけましょう。

〈政策形成の対象〉
- 介護保険事業計画、地域福祉計画、高齢者保健福祉計画、地域医療計画、健康増進計画など
- 市町村の方針や予算、地域ケア推進会議への報告など
- 市町村の条例、憲章、キャッチフレーズなど

8 検討資料の作り方

■ 利用者基本情報

利用者基本情報（例）

計画作成者氏名：＿＿＿＿＿＿＿＿＿

《基本情報》

相談日	年　月　日（　）	来所　・電話 その他（　　　）	初回 再来（前　／　）
把握経路	1．介護予防検診　2．本人からの相談　3．家族からの相談 4．非該当　5．新予防からの移行　6．関係者　7．その他（　　　）			
本人の状況	在宅・入院又は入所中（　　　　　　　　　　　　　）			
フリガナ 本人氏名		男・女　M・T・S　年　月　日生（　）歳		
住所		TEL　（　） FAX　（　）		
日常生活 自立度	障害高齢者の日常生活自立度　自立・J1・J2・A1・A2・B1・B2・C1・C2 認知症高齢者の日常生活自立度　自立・Ⅰ・Ⅱa・Ⅱb・Ⅲa・Ⅲb・Ⅳ・M			
認定情報	非該当・要支援1・要支援2 認定期限：　年　月　日～　年　月　日（前回の介護度　　）			
障害等認定	身障（　）・療養（　）・精神（　）・難病（　）・その他（　）			
本人の 住居環境	自宅・借家・一戸建て・集合住宅・自室（　有　　階・無　）・住居改修（　有　・無　） 浴室（　有　・無　）　　　　便所（　洋式　・和式　） 段差の問題（　有　・無　）　　床材、じゅうたんの状況（　　　） 照明の状況（　　　　　）　履物の状況（　　　）			
経済状況	国民年金・厚生年金・障害年金・生活保護・その他（　　　）			

来所者（相談者）		続柄		家族構成	◎＝本人、○＝女性、□＝男性 ●■＝死亡、☆＝キーパーソン 主介護者に「主」 副介護者に「副」 （同居家族等○で囲む）
住所					
緊急 連絡先	氏名	続柄	住所・連絡先		
					日中独居（　有　・無　） 家族関係等の状況

吹き出しコメント：
- どのような経緯で把握されたかは大切な情報の一つ
- 障害高齢者と認知症高齢者の日常生活自立度から本人の状況をイメージする
- 戦前・戦中・戦後世代のいずれかを知ることで価値観や生活感覚を知ることができる
- 住居環境には画像データか手書きのイラストがあるとよりイメージがしやすくアドバイスも具体的になる
- 緊急連絡先は家族の中での代理人的存在。なぜその人なのかに着目し確認する
- 家族構成は重要な要素。同居ならいつから、近距離や遠距離なら移動距離と移動時間、移動費用なども記載する。親族の関わりがあるなら必ず記載をする

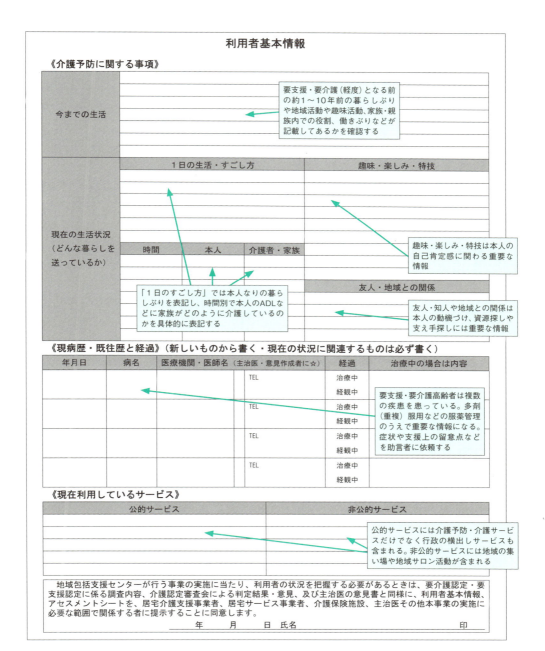

■ 基本チェックリスト

出典　厚生労働省

■ 興味・関心チェックシート

興味・関心チェックシート

氏名：＿＿＿＿＿＿＿＿＿＿　年齢：　　歳　性別（男・女）記入日：　　年　　月　　日

生活行為	している	してみたい	興味がある	生活行為	している	してみたい	興味がある
自分でトイレへ行く				生涯学習・歴史			
一人でお風呂に入る				読書			
自分で服を着る				俳句			
自分で食べる				書道・習字			
歯磨きをする				絵を描く・絵手紙			
身だしなみを整える				パソコン・ワープロ			
好きなときに眠る				写真			
掃除・整理整頓				映画・観劇・演奏会			
料理を作る				お茶・お花			
買い物				歌を歌う・カラオケ			
家や庭の手入れ・世話				音楽を聴く・楽器演奏			
洗濯・洗濯物たたみ				将棋・囲碁・麻雀・ゲームなど			
自転車・車の運転				体操・運動			
電車・バスでの外出				散歩			
孫・子供の世話				ゴルフ・グラウンドゴルフ・水泳・テニスなどのスポーツ			
動物の世話				ダンス・踊り			
友達とおしゃべり・遊ぶ				野球・相撲観戦			
家族・親戚との団らん				競馬・競輪・競艇・パチンコ			
デート・異性との交流				編み物			
居酒屋に行く				針仕事			
ボランティア				畑仕事			
地域活動（町内会・老人クラブ）				賃金を伴う仕事			
お参り・宗教活動				旅行・温泉			
その他（　　　　）				その他（　　　　）			
その他（　　　　）				その他（　　　　）			

- このシートで本人がどのようなことに興味・関心を抱いているかを見える化できる
- 評価は「している」「してみたい」「興味がある」だが、「やっていた」も聴き取る。「やっていたけどしていない」に阻害要因が関係している
- ADLとIADLが主な質問群。「してみたい」「興味がある」が○なら、なぜ今やっていないか、担当ケアマネジャーがどのように把握しているかをチェックする
- 趣味・楽しみを聞き取る質問群。1人でできるものから複数でやるものまで。本人の意欲を引き出すチャンスとなる質問
- 動物の世話やボランティアなど「役割」や人との交流に関する質問群。本人の人柄を知ることができる
- ゴルフ・水泳・ダンス・踊りから競馬・競輪まで、心身の機能改善への本人の意欲を引き出す質問群
- 針仕事や畑仕事、賃金を伴う仕事の質問は働くことが好きな人にとって意欲を引き出す質問群
- リスト以外で本人が行っている生活行為や関心ごとを記載する
- 旅行・温泉は好む人が多い娯楽の一つ。空欄は本人の意欲をさらに引き出せる質問を設定する

出典　厚生労働省
※グループ分けは著者による

■ 課題整理総括表

【課題整理総括表】

利用者名　　　　　　　　　　　　　殿

自立した日常生活の阻害要因 （心身の状態、環境等）	①		②		③	
	④		⑤		⑥	

状況の事実 ※1		現在 ※2	要因※3	改善/維持の可能性※4
移動	室内移動	自立　見守り　一部介助　全介助		改善　維持　悪化
	屋外移動	自立　見守り　一部介助　全介助		改善　維持　悪化
食事	食事内容	支障なし　支障あり		改善　維持　悪化
	食事摂取	自立　見守り　一部介助　全介助		改善　維持　悪化
	調理	自立　見守り　一部介助　全介助		改善　維持　悪化
排泄	排尿・排便	支障なし　支障あり		改善　維持　悪化
	排泄動作	自立　見守り　一部介助　全介助		改善　維持　悪化
口腔	口腔衛生	支障なし　支障あり		改善　維持　悪化
	口腔ケア	自立　見守り　一部介助　全介助		改善　維持　悪化
服薬		自立　見守り　一部介助　全介助		改善　維持　悪化
入浴		自立　見守り　一部介助　全介助		改善　維持　悪化
更衣		自立　見守り　一部介助　全介助		改善　維持　悪化
掃除		自立　見守り　一部介助　全介助		改善　維持　悪化
洗濯		自立　見守り　一部介助　全介助		改善　維持　悪化
整理・物品の管理		自立　見守り　一部介助　全介助		改善　維持　悪化
金銭管理		自立　見守り　一部介助　全介助		改善　維持　悪化
買物		自立　見守り　一部介助　全介助		改善　維持　悪化
コミュニケーション能力		支障なし　支障あり		改善　維持　悪化
認知		支障なし　支障あり		改善　維持　悪化
社会との関わり		支障なし　支障あり		改善　維持　悪化
褥瘡・皮膚の問題		支障なし　支障あり		改善　維持　悪化
行動・心理症状（BPSD）		支障なし　支障あり		改善　維持　悪化
介護力（家族関係含む）		支障なし　支障あり		改善　維持　悪化
居住環境		支障なし　支障あり		改善　維持　悪化
				改善　維持　悪化

※1　**本書式は総括表でありアセスメントツールではないため、必ず別に詳細な情報収集・分析を行うこと。**なお「状況の事実」の各項目は課題分析標準項目に準拠しているが、必要に応じて追加しましょう。
※2　介護支援専門員が収集した客観的事実を記載する。選択肢に○印を記入。
※3　現在の状況が「自立」あるいは「支障なし」以外である場合に、そのような状況をもたらしている要因を、様式上部の「要因」欄から選択し、該当する番号（丸数字）を記入する（複数の番号を記入可）。

注記：

- 阻害要因には疾患、障害だけでなく疾患の症状や服薬の管理、住環境面、本人の心理状態や家族関係などの要因が分析できているかを確認する
- この4項目の記載に整合性があるかチェックする
- 項目にはないが、
  ・立ち上がり
  ・屋内移動
  も質問する
- コミュニケーション能力には4つの種類がある。
  ・話す　　・聞く
  ・書く　　・読む
  のそれぞれに支障のレベルを確認する
- 家族の家事力（料理、洗濯、掃除など）も確認する
- 居室環境と屋内環境と周辺環境を確認する
- 阻害要因と推定される数字が記載されていても、それが適切とは限らない。なぜそう推定するのかの根拠を確認する。また、数字が未記入の項目があれば「なぜ記入していないのか」を質問し、他の項目との整合性を確認するとともに、本人の持つ強さやプラス面にも着目する
- 悪化だけでなく、「機能の低下」にも着目

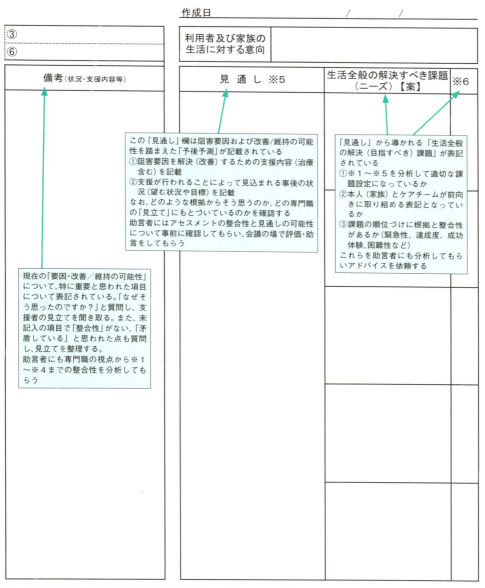

介護予防ケアプラン

【介護予防サービス・支援計画表】

NO.
利用者名　　　　　　　　　　　　様　　認定年月日　　年　月　日　　認定の有効期間
計画作成者氏名
計画作成（変更）日　　年　月　日（初回作成日　　年　月　日）

目標とする生活
1日

アセスメント領域と現在の状況	本人・家族の意欲・意向	領域における課題（背景・原因）	総合的課題	課題に対する目標と具体策の提案	具体策についての意向 本人・家族
活動・移動について		□有　□無	1.	1.	1.
日常生活（家庭生活）について		【課題】 ○○○○○○○○○○ ○○○○○○○○○○ ○○○○○○○○○○ 【背景・原因】 ○○○○○○○○○○ ○○○○○○○○○○	2.	2.	2.
社会参加、対人関係・コミュニケーションについて			3.	3.	3.
健康管理について		□有　□無			

健康状態について
□主治医意見書、生活機能評価

基本チェックリストの（該当した質問項目数）／（質
地域支援事業の場合は、必要な事業プログラム

運動不足	栄養改善	口腔内ケア	閉じこもり		

地域包括支援センター　【確認印】

左側の注釈（上から）:

- 本人にとってイメージをしやすい1日の過ごし方の目標表記になっているのかを確認する

- アセスメント領域ごとに、本人・家族がどのようなことに意欲を持っているか、そしてこれからの暮らしをどうしたいを思っているか（意向）を聴き取り、記載できているかをチェックする

- 身体的な運動面（上肢・下肢など）と居室内・居室外での移動（自立歩行、杖歩行、自動車移動など）の記載があるかをチェック。注意すべきは「行っていないこと」ばかりを記載しがち。「行っていること」の記載の有無をチェックする

- 日常生活（ADL、IADL）で困っていること、なんとか工夫してやっている、がんばってやれていることの記載があるか。できないのは何が原因かが書かれているかをチェックする

- 社会参加（町内会、地域サークル、近所付合い等）、対人関係（家族、友人、知人）コミュニケーション（話す、聞く、書く、読む）の領域でできていること、困っていること、つらくなっていることが具体的に記載されているかをチェックする

- 服薬だけでなく健康的な生活を送るために行っていること（体操、散歩、健康食品など）と行っていないために困っていること（膝痛、腰痛など）や体調不良の状況が記載できているかをチェックする

- どのようなリスクに該当しているかを数値化し、該当している場合には介護予防プランに反映しているかをチェックする

中央の注釈:

課題を書くべきなのに、できていないことばかりを表記しがち。それは現状。どのようになればよいかが課題。課題を出してから背景、原因を書く

右側の注釈（上から）:

- この欄は本人（家族）と支援者（ケアマネジャーなど）との合意（折り合い、すり合わせ）のレベルが現われる欄
  ①前向きに取り組む
  ②とりあえず取り組む
  ③やりたくない（下欄の「本来行うべき支援ができない場合」欄に記入し、将来的な取り組みとする）

- 総合的課題について、具体的な目標が提示され、具体策（取り組む内容）が、本人にわかりやすく具体的に示されたものとなっているかをチェックする
  ①自助、互助、共助、公助の4つの領域ごとに具体策として提案がされているかを確認する
  ②助言者には目標と具体策の適切性に着目してもらう

- 4つの領域の「課題」を優先化・重ね合わせ（共通化）ができているかをチェックする
  ※課題設定は次の3つがポイント
  ①単独課題：領域の課題をそのまま設定する
  ②課題を足し算化：「町内会の行事参加＋歩行移動」のように課題を足し算で設定する
  ③課題を総合化：2～4領域の課題を含みこみ、本人が意欲的に取り組める「大きな課題」を設定する
  順位づけは、
  ①緊急性（疾患治療、体調回復、心身のリハビリなど）
  ②動機づけ（本人のやる気）
  ③達成感・成功体験が得やすい
  で設定されているかを確認する

第3章 自立支援サポート会議の進め方
8 検討資料の作り方

【ケアプランチェックのポイント】
介護予防ケアプランのプランチェックは次の4つの視点を重視する
① アセスメントおよび課題整理総括表の改善の見込みと介護予防プランが連動しているかどうか
② 課題達成のための目標として整合性があるか、期間内に目標の達成が可能な支援内容となっているか
③ 本人が前向きに動機づけられる内容表記となっているか
④ 目標の設定は本人が自己肯定感を持てる「評価」ができる表記になっているか、改善・向上の実感が得られる表記となっているか

2つの表記がある。1年後に達成ができる目標なのか、1年間を通して心がける目標なのか。
抽象的な表記では本人・家族の合意は得られない

年　月　日～　年　月　日　　　初回・紹介・継続　　認定済・申請中　　要支援1 ・ 要支援2　　地域支援事業

委託の場合：計画作成事業者・事業所名及び所在地　　（連絡先）

担当地域包括支援センター：

1年	

目標	支援計画					
	目標についての支援のポイント	本人等のセルフケアや家族の支援、インフォーマルサービス	介護保険サービスまたは総合事業	サービス種別	事業所	期間
1	( )					
2						
3						

目標欄：
合意された目標が設定される。表記を次の視点でチェックする
① 主語に注意する
　主語はあくまで本人であること
② 抽象的な表現に注意する
③ 総合的な課題を反映したものとする
④ 領域の課題とバランスのとれたものとする

目標についての支援のポイント：
具体的な支援を展開するうえでの留意点を目標の数別に記載する。次の点に着目する
① 主語はケアチームとなっているか
② 本人の病疾患や体調、認知症レベルへの配慮はある
③ ほめる、評価するなどの本人の尊厳を尊重した記載はあるか

介護保険サービスまたは総合事業：
目標を目指して介護予防サービスと総合事業がどのように自立支援型の支援を行っているか確認する
〈介護予防サービス〉
通所リハビリ、訪問看護、訪問リハビリ、訪問入浴、短期入所、短期療養入所、居宅療養管理指導、福祉用具貸与・販売、特定施設
〈日常生活支援総合事業〉
① 介護予防訪問介護
② 介護予防通所介護（A型、B型、C型）

サービス種別：
〈サービス種別〉
・本人
・家族・親族
（家族・親族の誰か？）
・インフォーマル資源
・介護予防サービス
・総合事業

本人等のセルフケアや家族の支援、インフォーマルサービス：
目標に取り組むために第三者が行うことも表記されているかを確認する
① 本人などのセルフケア
　本人が取り組む（ADL、IADL、社会参加、役割、楽しみなど）
② 家族（親族）の支援
　食事介助のようにそばでできることと離れていてもできること（電話での声がけ・服薬確認など）
③ インフォーマルサービス（ボランティア、地域等）
　集い場や通い場、地域サークルやボランティアなどの支援

総合的な方針：生活不活発病の改善・予防のポイント

【本来行うべき支援が実施できない場合】
妥当な支援の実施に向けた方針

計画に関する同意

上記計画について、同意いたします。

　　　　平成　年　月　日　氏名　　　　　　　印

要介護1〜2 ケアプラン

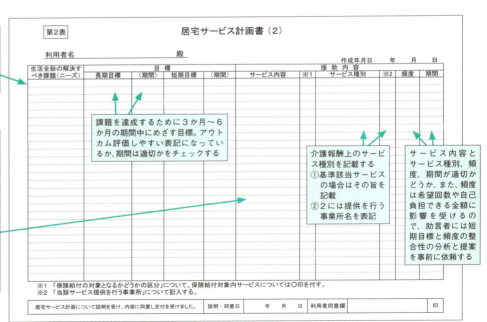

第3章 自立支援サポート会議の進め方

8 検討資料の作り方

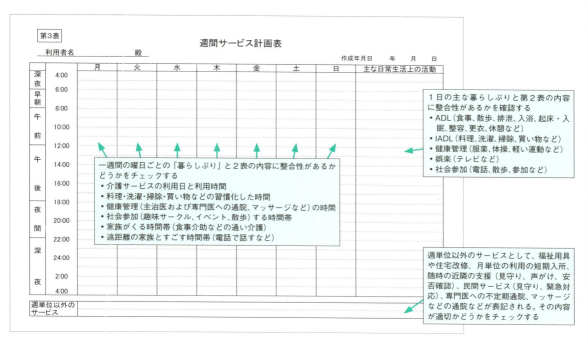

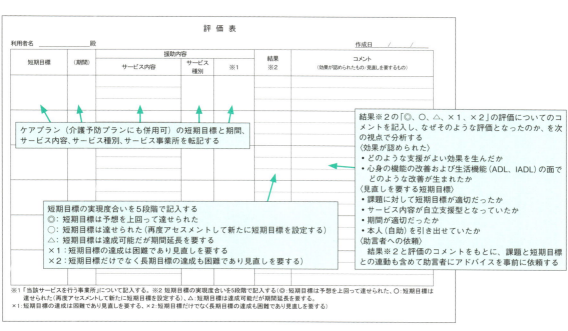

105

デマンドバス(東京都武蔵野市)

デマンドバス(長野県松本市)

第4章

地域ケア推進会議の進め方

「地域ケア推進会議」は、地域包括ケアシステムの舵取り役です。地域ケア個別会議と自立支援サポート会議で話し合われ抽出された4つの機能ごとのニーズを整理・分析し、地域包括ケアシステムの実現に向けて市町村レベルで展開させることを目指します。

1　地域ケア推進会議の目的と機能

　地域ケア推進会議は地域包括ケアシステム構築の拠点の一つであり、実質的な作戦本部ともいえます。主催は市町村ですが、進行は地域包括支援センターが行う場合もあります。開催は年2～4回が目安となっています。地域ケア推進会議は会議を開くことを目的とするのではなく、地域ケア個別会議と自立支援サポート会議の2つの地域ケア会議で話し合われた内容を地域包括ケアシステム構築に具体的に反映させるための会議体です。

■ 地域ケア推進会議の目的

　地域ケア推進会議は介護・医療・福祉関係者、地域・団体・民間の関係者、行政関係機関（市町村・消防署・警察署など）で構成されます。
　地域ケア推進会議では、地域ケア個別会議と自立支援サポート会議で抽出された現状と地域特性、および個別課題解決機能ほか4つの機能の課題を整理・分析・共有化し、市町村が目指す地域包括ケアシステム構築の**グランドデザイン**（地域包括ケアシステムのゴール）にどのように取り組めばよいかを話し合う場です。

■ 地域ケア推進会議の4つの機能

　地域ケア推進会議は次の4つの機能をもちます。
（1）集約・抽出する
　地域包括支援センターは、日常生活圏域の地域ケア個別会議と自立支援サポート会議での個別課題の解決のための話し合いを通して、現状と地域特性、ニーズと課題を浮き彫りにします。1ケースごとに4つの機能の課題を箇条書きにしたものを集約し、一覧表を作成し地域ケア推進会議に提出します。
（2）整理・分析する
　個別のケースだけでは地域や資源ネットワークの課題などは見えてきません。一覧表をもとに複数のケースごとに共通するニーズ、サービス事業所や諸機関などや地域資源が抱える問題点を、4つの機能の視点から共通性と関連性で整理・分析し共有化します。
（3）予測する
　現状を把握することだけが地域ケア推進会議の目的ではありません。対策を立てるためには**ゴールの姿**が一致していなくてはなりません。個別ケースが現状のままで進んだ場合、5～10年後どのようになるのか予測を立てて話し合ってみましょう。そして3～10年後、私たちの市町村はどのようになっていればよいか、そのグランドデザインを話し合いましょう。ゴールイメージが一致していないと、目の前の問題解決に終始するだけの当座の話し合いになりがちで、改善のアクションに一貫性が生まれないことになり

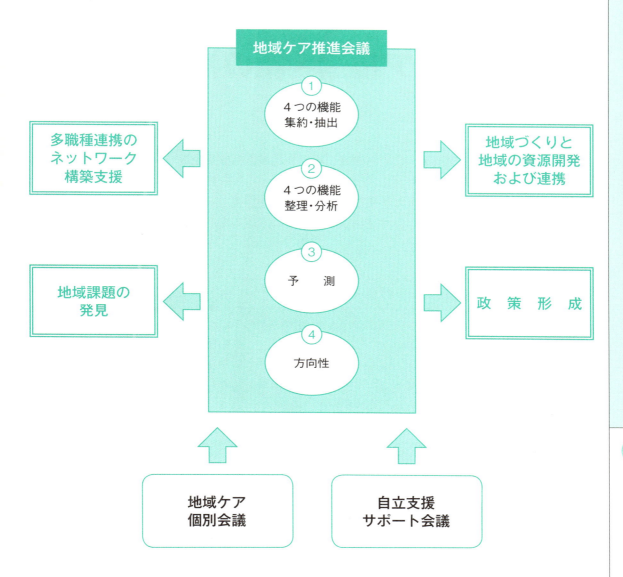

ます。
(4) 対策の方向性を話し合う
　地域ケア個別会議と自立支援サポート会議の目的は課題解決です。話し合いのプロセスで4つの機能の課題が浮き彫りになったとしても、その解決に向かって2つの会議だけでは取り組むことはできません。
　これらを地域ケア推進会議の中で情報共有するだけでなく、方向性の合意形成を図るためにたたき台を作り提案することで効率的な話し合いを行うことができます。地域ケア推進会議で話された内容を、介護保険事業計画や高齢者福祉計画および地域福祉計画、市町村が取り組むさまざまな計画や方針や予算、条例や要綱、各部局間の業務や連携に活かすことができます。
　また、地域ケア推進会議には介護・医療・福祉関係者、地域・団体・民間の関係者、行政関係機関がそろっています。2つの会議で浮き彫りになった課題を全員で確認できれば、各自がその課題を持ち帰ってそれぞれの団体や関係部局や立場で改善に向かって取り組むことが可能になります。

2 地域ケア推進会議の構成

　地域ケア推進会議の構成は、市町村の人口規模や地域包括支援センターの設置数、地域包括ケアシステムの構築イメージなどによって多様なスタイルが採用されています。市町村の地域包括ケアシステムの到達レベルは多様です。介護・医療・福祉・地域それぞれの力量やネットワーク化、参画意識にも配慮し、介護保険事業計画の策定周期に合わせて３年を単位に進化・発展することが望まれます。

■ 地域ケア推進会議の３つのタイプ

　地域ケア推進会議は介護・医療・福祉関係者、地域・団体・民間の関係者、行政関係機関（市町村、消防署、警察署など）で構成されますが、地域ケア推進会議のみを単一で行う市町村もあれば、それに加えてワーキンググループ（委員会）を設置する市町村もあります。また、人口規模が大きい政令指定都市では各区でブロック制をとり地域ケア個別会議と自立支援サポート会議と地域ケア推進会議の**中間的会議**（○○区地域ケア連携会議など）を設置する場合もあります。

■ 単一型の地域ケア推進会議

　小規模自治体（人口規模が数千～５万人）では単一型の地域ケア推進会議のスタイルが多く見られます。小規模自治体では、地域包括支援センターのほとんどが行政の直営１か所のみです。地域ケア会議も地域ケア個別会議と自立支援サポート会議を別々に開く場合と、１回の地域ケア会議で２種類の会議を行うこともあり、頻度も定期と不定期（随時）に分かれます。

　これまで開かれていた多職種連携会議と地域ケア推進会議を合同で行っている自治体もありますが、目的が異なるので合同開催は避けるようにしましょう。ただし、参加者の顔ぶれが重複する場合は、同じ日の第１部に多職種連携会議、第２部で地域ケア推進会議を開く方法を採ってもよいでしょう。

■ ワーキンググループを置く地域ケア推進会議

　地域ケア推進会議を一つの構成体と位置づけ、その下部組織としてワーキンググループ（あるいは委員会）を設置する方法を採っている自治体があります。特に人口規模が約５万～30万人の市で多く行われています。

　ワーキンググループは分野別（介護、医療、地域福祉など）グループ、もしくはテーマ別（移動支援、買い物支援、介護予防支援など）グループに分かれ、それらに地域包括ケアシステムを構成する多職種が参加し構成されます。

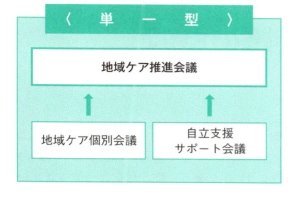

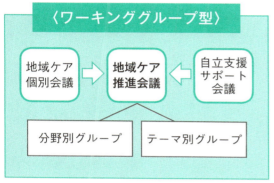

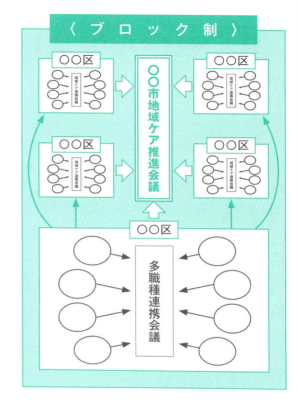

ワーキンググループの役割として次の3つが想定されます。

- 地域ケア推進会議で決まった方向性や内容をより具体化する
- 地域ケア個別会議と自立支援サポート会議に助言者（アドバイザー）として協力する
- ワーキンググループで浮き彫りになった課題を地域ケア推進会議に提案する

　地域ケア推進会議の開催頻度が年2～4回のため、地域ケア推進会議の機能を補完する立ち位置でワーキンググループが活躍します。

■ ブロック（区）制で中間的な〇〇区地域ケア連携会議を設置

　多くの政令指定都市や中核市では人口規模は約20～100万人となり、地域包括支援センターは20～40か所程度になります。多くが**区割り**され、その中に5～8か所の地域包括支援センターがあります。

　これら複数の地域包括支援センターの地域ケア会議の内容をとりまとめ、かつ地域ケア推進会議との中間的位置に設定されるのが〇〇区地域ケア連携会議です。ブロック（区）ごとに商業地、住宅地、工業地域、地場産業地区、畑作地域、中山間地域などの地域特性があり、高齢化や認定率が異なり、地域資源（町内会、老人会、ボランティア、サロン活動など）の活発さにも地域差があります。

　このような大都市型の地域包括ケアシステムでは地域ケア推進会議の規模が大きくなり、動きも遅くなりがちなので、柔軟に動ける**中間的地域ケア会議**をもつことが重要です。

3　地域ケア推進会議の準備

　地域ケア推進会議は市町村によって開催回数（年2～4回）、参加者の顔ぶれ、内容は異なります。地域ケア推進会議で話し合われた内容は介護保険事業計画や高齢者福祉計画、行政の他の事業計画や関係部署の活動に大きく反映されるように進めます。数か月前から準備を始めて質の高い丁寧な会議を目指しましょう。

■ 地域ケア推進会議の準備

　地域ケア推進会議は、日程の調整から参加召集まで組織を通じて行うので、慎重かつ配慮のある準備を進めましょう。

（1）日程の調整
　年間の日程は、年度始めの4～5月のうちに調整しておくことが理想です。前年度の3月までに次年度の開催日程の件で組織・団体に調整したい旨を予告しておきます。4月に入ってから候補日を複数提示し、5月までを目安に決定しましょう。ただし、組織・団体によっては、年間のスケジュールが決められないこともあります。まずは年度の前半を決めておき、後半の日程は8月頃調整するのもよいでしょう。

（2）組織・団体への参加招集依頼
　日程の調整はできていても、組織・団体への参加依頼状は必ず2か月前には送りましょう。参加の有無は依頼状発行後3週間以内にもらうようにします。先方の仕事の調整がつかず、担当者が参加できない場合は代理をたててもらうよう、参加招集依頼時にお願いしましょう。

（3）組織・団体への事前の依頼
　依頼状を送る際に主に話し合うテーマを示し、事前に組織内で話し合ってもらうことで協議を活発に行うことができます。

- 高齢者の買い物に関わる困難についてどのようなケースを把握しているか
- 高齢者の訪問販売被害やオレオレ詐欺防止のどのような対策に協力できるか

（4）欠席への対応
　欠席の場合は代理人を立ててもらうよう依頼しましょう。なお、欠席者には後日、当日の資料と議事録を送るようにしましょう。合わせて電話で送付した旨を伝えるなどして次回は出席してもらえるよう、依頼しましょう。

■ 地域ケア推進会議の資料づくり

　資料づくりは地域ケア個別会議、自立支援サポート会議、ワーキンググループ（分野別・テーマ別委員

会)、中間的地域ケア会議ごとに作りましょう。

(1) 地域ケア個別会議

地域包括支援センターが行った地域ケア個別会議の活動をまとめた資料を一覧表にしましょう。

- 日時、エリア、テーマ(タイトル)、参加者、協議時間
- 状況、原因、支援の方向性、支援後の状況の変化、支援の課題など
- 個別ケースから浮き彫りになった4つの機能の課題の分析および提案

(2) 自立支援サポート会議

地域包括支援センターが行った自立支援サポート会議の活動をまとめた資料を一覧表にしましょう。

- 日時、エリア、テーマ(タイトル)、参加者、協議時間
- 状況、原因、支援の方向性、支援後の状況の改善・維持・悪化、支援の課題など
- 個別ケースから浮き彫りになった4つの機能の課題の分析および提案

(3) ワーキンググループ

ワーキンググループ(○○委員会含む)が行った活動をまとめた資料を一覧表にします。専門用語には注意し、わかりやすさを大切にしましょう。

- 日時、テーマ(タイトル)、参加専門職、協議時間
- 状況、原因、支援の方向性、支援後の状況の改善・維持・悪化、支援の課題など
- 個別ケースから浮き彫りになった4つの機能の課題の分析および提案

(4) 中間的地域ケア会議

ブロック(区)の中間的地域ケア会議で話し合った内容を一覧表にします。ブロック(区)ごとの地域特性や5つの機能の内容に配慮しましょう。

- 日時、テーマ(タイトル)、構成する地域包括支援センター、協議時間
- 日常生活圏域レベルの地域ケア個別会議と自立支援サポート会議の内容
- 個別ケースから浮き彫りになった5つの機能の課題の分析および提案

4 地域ケア推進会議の流れと進行のポイント

　地域ケア推進会議の所要時間は、90〜120分が目安となります。時間を効率的に使うために全体の流れを把握し進めましょう。

■ 地域ケア推進会議の構成

　地域ケア推進会議は5つの流れで構成されます。どの項目にどれくらいの時間を設定するかを事前に決め、進行レジュメをもとに冒頭で説明しましょう。

> ①はじめに：参加者紹介、資料の確認、グランドルール（話し合いのルール）の提示など
> ②実施報告：地域ケア個別会議・自立支援サポート会議の実施概況、2つの地域ケア会議から浮き彫りになった地域課題、多職種連携のネットワーク構築支援、地域づくりと地域の資源開発および連携、政策形成の現状についての課題と提案、懸案事項など
> ③質疑応答
> ④協　議：4つの機能ごとの情報交換、課題や提案への対応、懸案事項への対応、関係団体・行政機関などを含めた今後の取り組みなど
> ⑤まとめ：決定したこと、次回の地域ケア推進会議へ持ち越しすること、別の話し合いの場に移す事項の確認など

■ 地域ケア推進会議の進行のポイント

　地域ケア推進会議は所属組織の代表（代理含む）が顔を合わせます。公的な顔が前面に出るので独特のぎこちない雰囲気になることがあります。進行にあたり、次のポイントをしっかりとおさえましょう。

（1）初対面同士には事務局が名刺交換のサポートを行う

　参加者には顔見知りの人もいれば初対面の人もいます。初対面の人のぎこちなさが発言にも影響します。参加者には開始時間よりも早めに来てもらい、始まる前に名刺交換をサポートしましょう。

（2）話し合いの流れを伝え、話し合いの前に持ち時間を示す

　会議の冒頭にグランドルールを伝えるだけでなく、会議の大きな流れを時間の目安も含めて説明します。話し合いの前に持ち時間を示すことで、様子見の沈黙や長くなりがちな発言を抑えることもできます。

> ・「〇〇のことについて<u>5分ほどご意見をいただけますか</u>」

（3）発言にタグ付けをする

　発言にタグ付け（質問、提案、意見、情報提供、感想などの分類）をすると、どういう内容の発言かが

地域ケア推進会議の流れ

時間	項目・内容	ポイント
5分程度	**【はじめに】** ・挨拶 ・参加者の紹介	・定時に開催すること ・出席者の一覧を作る ・進行役が一括紹介すると早い
5分程度	・グランドルール（話し合いのルール） ・資料の確認 ・個人情報保護、守秘義務のお願い	・グランドルールの提示は手短にする ・資料はあらかじめクリップ留め
10分程度	**【地域ケア個別会議の実施報告】** ・開催件数、内容、支援の変化など ・4つの機能ごとの課題と提案	・実績一覧表をもとに報告する ・支援の前と後の変化の報告 ・4機能の課題・提案を説明
10分程度	**【自立支援サポート会議の実施報告】** ・開催件数、内容、改善状況など ・4つの機能ごとの課題と提案	・実績一覧表をもとに報告する ・支援の前と後の効果を話す ・4機能の課題・提案を説明
10分程度	**【ワーキンググループの実施報告】** ・開催件数、内容、参加者 ・ワーキングテーマごとの課題と提案	・実施一覧表をもとに報告する ・ワーキンググループの構成図 ・課題と提案は図解で見える化
5分程度	**【質疑応答】**	・回答は担当者が行う
40〜70分程度	**【協議】** ・地域課題に関する課題と提案 ・多職種連携のネットワークに関する課題と提案 ・地域づくりと地域の資源開発および連携に関する課題と提案 ・政策形成に関する課題と提案 ・各関係部署、関係団体への提案	・協議する課題を決めておき参加者に確認をとる ・参加者より追加協議のテーマがあれば提示を促す ・常に地域包括ケアシステム構築にどのように連動するかを意識する ・参加した関係部署、関係団体での検討を促す（依頼する）
5分程度	**【まとめ】**	・決定、未決、継続協議、持ち越し案件等の確認 ・次回の開催の確認

共有でき、話し合いにメリハリが生まれます。

・「ただいまの発言は質問と考えてよいでしょうか？　○○さん、いかがでしょうか？」

5 多様な立場の参加者への配慮

　地域ケア推進会議は決定の場ではなく、地域包括ケアシステム構築のための話し合いの場です。この会議には介護・医療・福祉をはじめ、地域・民間など多様な機関や団体が参加します。また、地域包括ケアシステム構築のための装置として、アウトプットの方向は2つあります。1つは介護保険事業計画や各種の事業計画などの政策への反映であり、もう1つはそれぞれの関係諸機関が連携（ネットワーク）をとり個別ケースの解決に関わることを通して地域課題の解決と支援ネットワークの強化、地域資源の開発に取り組むための共通認識とアクションを起こすことです。

■ 多様な組織や団体の立場への配慮

　会議を構成する各組織や団体の代表は**公的な立場（顔）**で参加をしていますので、その場で明確な判断や意見、賛否を言えないことがあります。また、方向性や具体的な取り組みが話し合われても、実行することに強制力はありません。進行役はその点を配慮した進行を心がけましょう。

- 「〇〇地区の地域課題について△△団体では話題になったことはありますか？」
- 「〇〇について専門的な立場として意見を参考にうかがいたいのですが……」
- 「〇〇の対策は△△の事業者団体としてどのような取り組みが可能でしょうか？」
- 「〇〇の対策について、みなさんの団体（部署、機関）に持ち帰ってどのような取り組みができるか、話し合っていただくことは可能でしょうか？」

（1）介護サービス事業者団体

　介護サービス事業者は居宅系の介護サービス事業者連絡会と介護施設連絡会からの参加になります。地域の介護資源の量や質の現状と問題点、介護人材の状況、介護と医療の連携とネットワークの現状と今後の予測などを情報提供してもらいます。現場は厳しい状況のため、「できない」というマイナスの意見に終始しがちです。**建設的な視点**（どのようにすればよいか）で発言してもらうようにしましょう。

（2）医師会、歯科医師会、薬剤師会、看護協会等

　市町村の規模によって単一の医師会もあれば市町村合併前のままの複数の医師会に要請する場合もあります。政令指定都市・中核市ならば歯科医師会、薬剤師会、看護協会、栄養士会、理学療法士会などから参加してもらう場合もあります。地域医療・在宅医療の現状と課題、医療と介護の連携の課題、病院と診療所・訪問看護との連携の課題、看取り（病院、在宅、介護施設、居住施設）や難病対応、認知症連携パスなどの現状と今後の予測などについて意見・提案をしてもらいましょう。

（3）障害者施設および団体

　地域ケア推進会議に障害者施設および障害者団体が参加している例はまだ多くはありません。今後は障

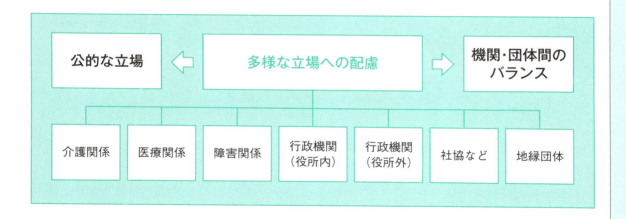

害者の高齢化や共生型サービス事業所の増加、介護施設における障害者就労など、地域福祉計画や障害者支援にも大きく影響する地域包括ケアシステム構築のため、参加を依頼することはますます重要になってきます。施設・団体以外に在宅の障害者支援を担っている相談支援専門員協会にも依頼を行うことで、在宅障害者支援のあり方を実践的に話し合うことができます。

(4) 行政機関（介護・福祉・障害等関係課など）

行政機関の介護・福祉・障害者等関係課にとって地域ケア推進会議の場は地域包括ケアシステム構築の現場そのものです。行政への批判的意見や指摘があっても受け身になることなく、むしろ地域包括ケアシステム構築の課題として前向きにとらえる姿勢を示しましょう。

(5) 行政機関（消防署・警察署など）

高齢者や障害者が抱える問題（悪質訪問販売、オレオレ詐欺、失火、不審火、高齢者ドライバー事故など）や民間の店舗などが抱える問題（万引き、過剰なクレームなど）の対応を話し合ううえで、警察署や消防署などから参加は必須です。所轄管内の現状と防止（予防）について情報提供してもらうだけでなく、高齢者や障害者などの生活の現状と問題を知ってもらうとともに、ネットワークづくり・連携の場となるように配慮しましょう。

(6) 社会福祉協議会、民生委員児童委員協議会、ボランティア団体など

地域福祉の立場から社会福祉協議会、民生委員児童委員協議会、ボランティア団体の参加で、地域の高齢者や障害者、生活困窮者の現状を具体的に発言してもらうことが可能です。ただし、現状の厳しさばかりが強調されると、これからどうするかの話し合いの展開が難しくなります。どのような協力があればよいか、5～10年先を見据えて今から取り組めることはどのようなことかなど、**建設的な問いかけ**をすることで前向きな話し合いを進めることが可能です。

(7) 地縁団体（町内会連合会、老人会連合会、婦人会連合会など）

地域ケア推進会議の中でもっとも住民に近い立場にあるのは町内会連合会や老人会連合会、婦人会連合会などです。その代表として参加する人は60代～80代の地域住民です。地域住民の視点はとても貴重なので、積極的に参加してもらいましょう。ただし、介護・医療の専門用語、行政用語に慣れていないことが多いので、進行役はできるだけわかりやすい表現で話したり、言い換えたりするようにします。また、発言が未整理で主観的な発言をする人もいるので、適切な言い換え・要約などにより、話し合いがかみ合うように配慮しましょう。

6 発言の引き出し方・ブレない進行の仕方

　地域ケア推進会議では関係各団体からの代表者（代理含む）が参加します。それぞれの社会的立場が影響するため、発言も慎重になりがちで、口火を切る人がなかなかいないまま沈黙が流れることがあります。質問や発言が出ないと、進行役はついNGフレーズの「何かありませんか？」を言ってしまいがちです。それに加え、いきなり団体を指名したり、順番に発言をお願いして、さらに空気がギクシャクしてしまいます。

　指名して発言させるのではなく、思わず発言したくなる、現状を知りたくなるムードを進行役がいかにつくるかがポイントです。事前に決めた流れ通りに会議を進めつつ、そこでしか話せない・聞けないライブ感を大切にしましょう。

■ 発言を引き出す6つのステップ

　関係機関の代表者が集まる会議は活発な話し合いにならないことがよくあります。進行役が発言を引き出すステップを踏まずに、すぐに具体的な意見や提案を求めたり、対策を話し合うような流れにもっていってしまうことが原因です。6つのステップを使いこなし、活発な**ライブ感のある話し合い**をしましょう。

（1）共有：情報の共有を行う

　どのような会議でもまずは**手持ち情報**（客観的な事実・状況・経緯など）から発言してもらうことから始めるとよいでしょう。2つの地域ケア会議から抽出された4つの機能の課題について話し合うためにも、まずは情報を提供してもらい、次にそれぞれの関係諸機関や団体がもっている情報の共有を図りましょう。このプロセスを通して**意識・認識の一致**と**目線合わせ**を行うことになります。なお、参加者には質問する項目をあらかじめ伝え、準備をしておいてもらうのもよいでしょう。

> ・「まずは〇〇の課題について、それぞれの関係機関や団体のみなさんがもっている**手持ち情報**を出し合うことから始めたいと思います」

（2）共有：現状の問題点と原因を共有する

　情報は事実です。現状の問題点と原因は分析した結果です。それがなぜ問題なのか、なぜそれが原因と思えるのかの説明を行い、参加者には一歩踏み込んで次のような質問をしましょう。

> ・「これらの問題がそちらの関係機関で話題になる<u>こと</u>はありますか？」
> ・「<u>なぜ</u>問題になってしまっていると思われますか？」
> ・「これまでこのような問題には<u>どのように</u>対応されてきましたか？」

　地域ケア推進会議では正しい原因を求めるより**多様な見立て**を引き出すことが大切です。どこに問題の原因があるのかを話し合いで深め、その解決のためにどのような地域課題の発見、多職種連携のネットワー

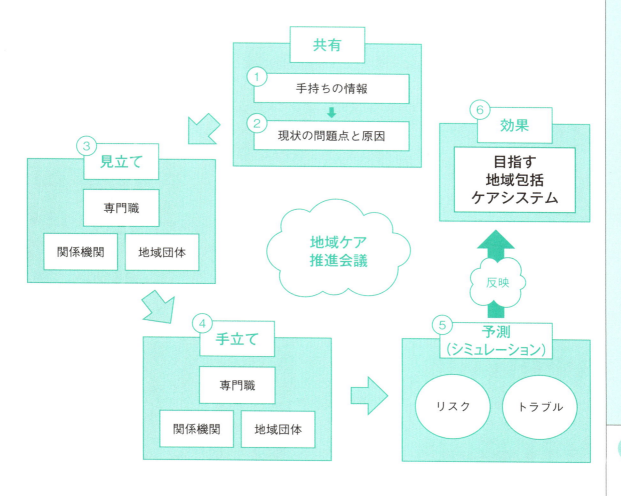

ク構築支援、地域づくりと地域の資源開発および連携機能、政策形成が必要なのか、の流れで話し合いを展開します。

- 原因の特定「○○はどのような原因から起こっていると考えられますか？」
- 共通の原因の特定「○○と〜〜で共通する原因をあげるとしたらどのようなことでしょうか？」
- 複数の解決手段「○○の原因に対応するためにはどのような支援ネットワーク（地域資源・サービス資源、政策）があればよいでしょうか？」

なお、なかなか考えがまとまらない人には「どのように推測されますか？」「どのような印象をもたれますか？」のように、推測や印象などの用語に言い換えると発言がしやすくなる場合があります。

（3）見立て：専門職・関係機関・地域団体としての見立てを話してもらう

地域の困った問題も専門性や関係機関・所属団体によって見立て（アセスメント）は異なります。違いをお互いに話し合うことで多面的で多様なアプローチの可能性を見つけることができます。

> 例
> - 高齢者ドライバーの事故が急増している
> - ○○集落で買い物弱者が増えている

以下を参照に、それぞれの専門的な視点からの見立てを話し合いましょう。

> ● 医療：高齢者の心身・運動機能の低下、認知機能の低下、服薬の影響など
> ● 介護：老老介護、独居生活、買い物・通院への影響など
> ● 地域：危険道路、地域の道路事情、移動手段、過疎化など
> ● 警察：交通事情、運転技能、高齢者事故、免許返納の影響など
> ● 民間：スーパー、コンビニ、パチンコ店などの駐車場でのトラブルなど
> ● 行政：役所への手続き、市町村合併による出張所の減少など

これらの見立てから、次のような問いかけが効果的です。

> - 「どのような地域課題が町内会・集落レベルで生まれているでしょうか？」
> - 「どの機関や民間でどのような支援ネットワークを組めばよいでしょうか？」
> - 「どのような地域資源・サービス資源を生み出していけばよいでしょうか？」
> - 「行政としてどのような施策があればよいでしょうか？」

（4）手立て：専門職・関係機関・地域団体としてできる手立て・やってみたい手立てを引き出す

　地域ケア推進会議は見立てを話し合うだけでなく、参加する機関・団体として、数か月後〜1年以内に**できる手立て**について話し合うことで、解決の可能性が見えることになります。

　また、すぐにできなくても**やってみたい・やれそうかもしれない**という視点で手立てを話し合うのも可能性に広がりが生まれ、効果的です。その際に、参加者から、やってみたい手立ての発言があれば、それに対して他の機関や団体、専門職がどのように協力ができるかを問いかけ、連携のきっかけを作りましょう。

> - 行　政「行政（福祉事務所、警察署、消防署、社会福祉協議会など）の立場としてどのような手立てが考えられますか？」
> - 専門職「医療職（主治医、認知症専門医など）の立場から高齢者ドライバーにどのような支援が考えられますか？」
> - 地　域「町内会として高齢者ドライバーにどのような関わり方が可能でしょうか？」
> - 民　間「大型スーパーやコンビニ、パチンコ店などでは高齢者ドライバーにどのような支援ができるでしょうか？」

（5）予測（シミュレーション）：リスクとトラブルを予測する

　地域ケア推進会議の話し合いで先送りされがちなことは先々起こる可能性のあるリスクとトラブルです。短い時間であってもこれらを予測し、そのための予防策と対応をシミュレーションしておくことで速やかな対応が可能となります。

　予測には**予知予見**と**予後予測**の2つがあります。2つの問いかけをすることでより深い話し合いにすることができます。

> - 予知予見「〇〇の状態がこのまま続くと、△△地区は3年後どうなっていると思われますか？」
> - 予後予測「〜〜のかかわりを行ったらどのような成果（効果）が期待できるでしょうか？」
>   「〜〜のアプローチを行っても〇〇のようになった場合（トラブル）を想定したら、リスクマネジメントとしてどのような支援ネットワーク（資源開発、政策）を作っておけばよいでしょうか？」

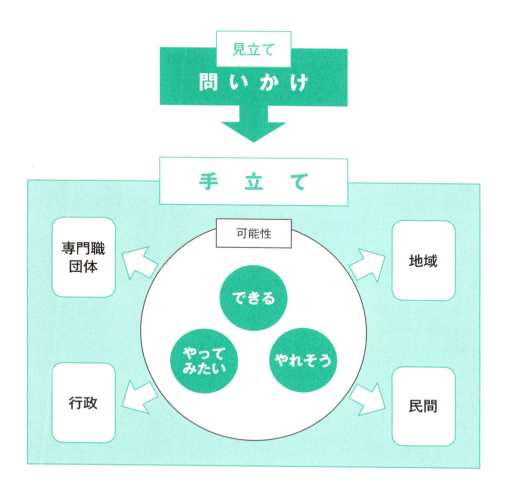

(6) 効果：地域包括ケアシステム構築にどのような効果が生まれるかを引き出す

　地域ケア推進会議は地域包括ケアシステム構築の**インキュベーションの場（創業を育成すること）**です。2つの地域ケア会議から抽出された4つの機能の課題に取り組むことにより、市町村が目指す地域包括ケアシステム構築にどのような効果があるかを引き出しましょう。

- 「○○を取り組むことで3年後（あえて数字で示す）、△△市の地域包括ケアシステム構築にどのような効果を生み出す（影響がある）と考えられますか？」

■ 話し合いをグッと深める4つの勘所

　地域ケア推進会議は開催される回数が少ないため、毎回、より成果のある話し合いにすることが求められます。しかし、他の行政関連や地域福祉関連の会議ですでになじみの顔ぶれの人もいれば、まったく初対面の場合もあるので、話し合いに微妙なパワーバランスが働くことになります。
　不完全燃焼に終わらせないために次の4つの勘所を押さえて会議に臨むことで、話し合いをグッと深めることができます。

（1）相乗り発言を使って発言を促し、本人の発言を引き出す

　どのような会議でも、はじめに発言する人、流れに合わせて発言する人、違った視点で切り込む人、問題指摘型の発言をする人、思いばかりを話す人の5つに分かれます。ポジティブな発言・ネガティブな発言いずれであっても自ら挙手をして発言する人はそう多くはありません。むしろそのような人は、地域ケア推進会議に限らずどのような会議でも積極的に発言するタイプです。

　進行役として配慮しなければいけないのは、発言が少ない人・発言を控えている人です。そのような人は機関・所属団体を代表として参加しているわけですから意見がないわけではありません。もともと発言を苦手としている場合もあれば新顔なので遠慮をしている場合もあります。

　その場合に**相乗り手法**を使いこなすとスムーズに発言を引き出すことができます。ある人の発言を受けて、それに対してどのように思うのか発言してもらい、次に本人なりの発言を引き出す有効な手法です。

> • 相乗り「いま発言された〇〇さんの考え（感想、意見、提案、エピソード）についてどう思われますか？　では、ご自分なり（△△団体として）にどのように考えられますか？」

（2）同感・共感するために事実やエピソードを話し合う

　地域ケア推進会議でやりがちなのが思いの一致ばかりに終始する話し合いです。思いの一致は大切ですが、参加者の立場はさまざまなため思いを一致させることは簡単ではありません。やりすぎると「思いの押し売り」になってしまいます。このことだけに時間を割くことは効率的ではないので、**同感・共感できる事実やエピソードを共有し、認識を一致させることが大切**です。

> • 同感と共感「それぞれに思いをお持ちですが、認識を一致させるために〇〇の件についていくつかエピソードをお話しいただけますか？」

（3）考えの違いを尊重し行動で一致できることを話し合う

　思いが一致せずとも何に取り組めるか（行動）で一致させることはできます。その際には思いは一致していないことを敢えて伝え、しかし違いを尊重することの大切さを進行役が強調することで、具体的な話し合いを進めることができます。

> • 違いを尊重「みなさんそれぞれに〇〇の件についてはいろいろなお考え（思い）があることがわかりました。それを踏まえ、今からは、どのような支援ネットワーク（資源開発、政策）を構築していけばよいか、そのために何ができるかの話し合いに移りたいと思います」

（4）悪循環となる発言の切り抜け方

　どのような話し合いにも悪循環となる発言をする人がいます。発言そのものの真意は尊重できても具体的なアクションにつながらないことも多く、なんのための会議なのかという**葛藤（ジレンマ）**を参加者が抱えることになります。その代表格が前例主義、形式主義、横並び主義、持ち返り主義の人です。

前例主義

　この傾向の人は前例の有無に固執する発言をします。しかし前例の有無を基準にしても、地域包括ケアシステムの構築はまさに前例のない事業です。その点を確認し、あえて問いかけることで雰囲気を変え、モチベーションを高めましょう。進行役が話すより事務局か参加者から発言してもらうのが効果的です。

話し合いをグッと深める4つの勘所

- ① 相乗り発言
- ② 事実・エピソードで同感・共感
- ③ 思いの一致ではなく行動の一致
- ④ 悪循環となる4つの発言の切り抜け方

（中央：進行役の奥の手）

- ・意味の再確認「おっしゃるように私たちの〇〇市では前例はありません。前例がないことはチャレンジしていないということにもなります。みなさんはこの点をどうお考えになるでしょうか？」

形式主義

会議がとん挫する理由の一つが、形式にのっとっていないことを指摘することで話し合いが中断することです。たとえば、資料が形式通りではない、責任者に話が通っていない、介護保険事業計画に盛り込んでいないなどです。不備を指摘する発言があってもあわてることなく話し合いを次のように進めましょう。

- ●資料の不備：謝罪し口頭で説明を行う
- ●手順の不備：謝罪し、今後起こらないように努力する旨を伝える
- ●計画未記載：話し合いの内容によっては記載を検討している旨を話す

横並び主義

横並び主義の人は**同調意識**が高く、どんなリスクも回避したがる傾向があります。他の市町村の取り組み、他の市町村の機関や団体の取り組みなどを具体的に例示できるように準備をしておきましょう。

- ・促し「他の自治体や事業所で、〇〇についてどのように取り組まれているかを事務局より紹介させていただきます」

持ち帰り主義

質問されても「それについては私の一存では答えられない。協議会（団体、所属機関）に持ち帰って検討させていただきたい」と発言を控える人がいます。このような態度をとる人の立場を尊重しつつ、次のように発言を引き出しましょう。

- ・範囲「今答えられる範囲でけっこうなので、いかがでしょうか？」
- ・個人「立場的に難しいのはわかります。では個人としてどのようにお考えになるかお話をいただけないでしょうか？」

第4章 地域ケア推進会議の進め方

6 発言の引き出し方・ブレない進行の仕方

7 多職種連携のネットワーク構築支援機能への展開

　地域ケア推進会議では、日常生活圏域レベル、市町村レベルで地域包括ケアシステムの支援ネットワークの現状と課題を把握することができます。そのために多職種連携のネットワークが日常生活圏域レベル、町内会レベル、集落レベル（班レベル）でどのように具体化されているかを把握し、抱える問題点と課題を分析しなければなりません。ネットワークの範囲は介護・医療だけでなく、地域団体、ボランティア団体、地縁団体、地元の民間企業なども含まれます。そして、そのなかにゆるやかな地域コミュニティも視野に入れることがポイントとなります。地域ケア推進会議を通じて参加する支援ネットワークの連携が強まることを目指します。

■ 多職種連携のネットワーク構築のための話し合い

　2つの地域ケア会議のレベルでは、地域包括ケアシステムの多職種連携のネットワークが抱える問題点と課題を解決するには限界があります。そのため、地域ケア推進会議では、2つの地域ケア会議で浮き彫りになった支援ネットワークへの要望やアイデアを実現するための**ロードマップ**を話し合いましょう。
　話し合いのポイントとして以下の3つが挙げられます。

（1）顔の見える関係になる
　信頼関係は顔の見える関係になることから始まります。地域ケア推進会議のメンバーも常時同じ顔ぶれが集まるわけではありません。代理の人が出席する場合もあります。面識のない人がいるだけで緊張感が生まれるため、**場の雰囲気**を変えるためにも、会議が始まる前に名刺交換をしてもらうことや、毎回、参加者全員簡単な紹介の時間を必ず持つことを習慣化しましょう。

> ・「では、本日の出席者のご紹介を致します。なお〇〇医師会ですが、本日は代理の〇〇先生にご出席いただいております。では右側から紹介させていただきます。お名前を呼びましたらご起立をお願いします」

（2）話し合いのテーブルを作る
　ネットワークづくりのポイントは単なる情報交換だけでなく、取り組みの**話し合いのテーブル（場）**がこれまであったかどうかです。どのような人や団体が集まり、どのようなレベルの話し合いや取り組みがされてきたかどうかを把握し、市町村が目指す地域包括ケアシステムの構築に連動するテーブルになることの可能性を話し合います。そのためには、以下の3点をポイントに進めていきます。

①現状を共有化する
　医療・介護・福祉などの多職種と地縁団体や地域団体が現在どのようにネットワークがとれているか、関係を作ることができているかを共有化します。**通常業務における連携**（サービス担当者会議、病院・老健の入院入所カンファレンスと退院退所カンファレンス、看取り時など）と**合同企画による連携**（合同研

修会、事例検討会など）の取り組みなどを利用者（患者）レベル、日常生活圏域レベル、市町村レベルで共有化します。

② **問題を課題として共通化する**

多職種連携の現状を共有化できたら、次に、それぞれでネットワークを組むうえで困っている問題を、どのような共通点があるかという視点で整理し、課題として共通化します。また共通する原因が見つかれば、どのような状況や問題を生み出しているのかを分析し整理します。共通化により**共通のメリット**が浮き彫りになり、ネットワーク化にはとても効果的です。

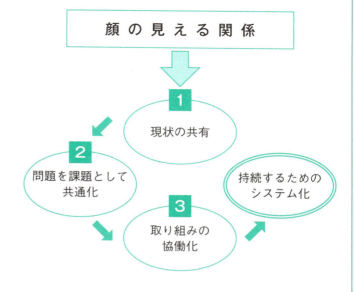

- 「ネットワークを組む上でどのような問題（原因）が共通しているかを今から話し合いたいと思います」

③ **取り組みを協働化する**

共通するメリットを整理できたら、これを形にするための取り組み（何を行えばよいか）を話し合います。次の2つの視点で業務を整理すると、さらにネットワークでの取り組み（**協働化**）を改善させることができます。

- ●専門職能団体、事業所団体、施設等団体、地域団体、地縁団体など、それぞれの団体で何が行えるか、どのように行えるか
- ●連携することで行えることは何か、どのようなことが行えるのか

例 医療・介護の連携レセプトシートの作成、認知症連携ケアパスの作成、看取りパスの作成など

（3）持続するためのシステム（ルール、マニュアル）を作る

ネットワークが共通のシステムとして定着するには1～3年はかかるといわれます。時間をかけて丁寧に取り組むことにより持続性が保証されます。

システムとして動くためにはルールを決める必要があります。それを運営するためには現場レベルですぐに取り組むための**実行マニュアル**が必要となります。マニュアルがあることにより業務の一貫性と統一性が守られ、業務の質の向上を図ることが可能となります。

地域ケア推進会議では仕組みを作る合意と目的（役割）と全体像およびイメージの話し合いまで行うことができればよいでしょう。具体的な仕組みを作るためには**ワーキングチーム**を発足させ、細かい実務作業はチームにまかせ、最終的な決定を地域ケア推進会議で行うと効率的です。

なお、ワーキングチームのメンバーは事前に事務局で原案を作り、地域ケア推進会議に諮り承認を取るとよいでしょう。

8 地域課題の発見機能への展開

　地域ケア推進会議では、2つの地域ケア会議で集約された地域課題（集落レベル、町内会レベル、日常生活圏域レベル、旧市町村レベル、区レベルなど）の共通性と個別性の整理を行いましょう。そして、地域課題をどのように解決すればよいか、その方向性や解決のための多職種連携のネットワーク構築支援、地域づくりと地域の資源開発および連携、政策形成に向けてどのようなアクションを起こせばよいかを話し合いましょう。

■ 地域課題の発見のための話し合い

　地域課題を発見するために、個別のケアチームやインフォーマル資源が関わるだけでは限界があります。市町村が目指す地域包括ケアシステムの構築と重ねて課題解決の方向性を話し合いましょう。

（1）地域の特性を話し合う

　地域（集落）を特徴づける要因には地域コミュニティの歴史、地域の産業（農業、漁業、小売業など）、人口分布（高齢化率）、地元気質、環境（地形、地理、気候）などがあります。これらがどのように地域の課題に影響しているかを話し合いましょう。

①**地域の歴史**：対象とする地域（集落）のコミュニティの歴史に着目

- 「〇〇地域でこのようなことが問題になってきたのは、地域のつながりにどのような要因があると思われますか？」

②**地域の産業**：これまで盛んだった産業などに着目

- 「〇〇地域で△△のような問題が深刻化しているのは、地域の産業がどのように影響していると思われますか？」

③**人口分布**：高齢化率、地元住民と新住民の分布、近隣の家とのつきあいの度合などに着目

- 「〇〇地域の支え合いに高齢化率や近隣の家とのつきあいの度合の変化がどのように影響していると思われますか？」

④**地元気質**：地域活動、地域の支え合い、地域行事の活発度などに着目

- 「〇〇地域の〇〇気質の人たちに、どのようにアプローチするのがよいでしょうか？」

⑤**環境**：地形・地理（山林、峠、坂、河川、道路など）、気候（降水量、積雪量、気温など）に着目

- 「〇〇地域の環境が高齢化した地域住民の暮らしにどのような影響を及ぼしているでしょうか？」

（2）共通の困りごと（課題）を解決する話し合い

　日常生活圏域や市町村レベルで、共通する地域の困りごと・心配ごとを抱える住民の実数を集計し、どのようにしたら解決（軽減、抑制、予防）に結びつくか、その可能性があるかを話し合います。

　買い物をする店舗がない、公共交通（移動手段）がない、災害時（地震、火事など）の避難場所が遠い（ない）、猛暑で室内でも熱中症になる、街灯が少なく夜間が暗いため高齢者には危険、出かける手段が自動車しかなく道路に信号が少なく横断時が危険、高齢者ドライバーの運転が危険など

- 「○○の困りごとを抱えている高齢者はこの地域にどれくらいいるでしょう？」
- 「災害時、地域の住民のみなさんはどのようなことに困るのでしょうか？」

（3）地域課題の発見のために他の機能ごとに何に取り組めばよいか

　地域の課題を発見し、解決（軽減、予防）するためには現状を整理し、解決するための不足している資源を浮き彫りにし、他の領域ごとに何に取り組んでいけばよいかを参加者に問いかけて話し合いを展開します。

　大型店舗の参入で商店街の店舗がシャッター通り化、買物難民の高齢化、高齢者ドライバーの事故の増加など

①多職種連携のネットワーク支援機能

- 「地域の買い物難民となった高齢者支援にはどのような関係機関や民間が連携をすればよいでしょうか？」

②地域づくりと地域の資源開発および連携機能

- 「中山間地域の買い物難民となった高齢者の方々の買物の支援をするには、どのような支え合いの仕組みがあればよいでしょうか？」

③政策形成機能

- 「買い物支援のために行政としてどのようなことに予算を組めばよいと思われますか？」

（4）地域課題の発見のために関係機関・団体で何が取り組めるか

　地域課題の発見のアイデアや提案をすべて行うことができるわけではありません。また、取り組むまでには時間も予算もかかるため、話し合いが抽象的なりがちです。介護保険事業計画や行政の施策に盛り込まなくても、すぐに取り組めることがあるかどうかを問いかけましょう。

- 「みなさんが所属する組織（機関、立場）で、すぐに取り組めることは何でしょうか？」

　この問いかけは、とかく行政頼みになりがちな姿勢を「**まず取り組めることから始める**」という**わがことへの発想転換**を迫ることになります。この発想が地域包括ケアシステム構築の**瞬発力**を生み出すこととなります。

9 地域づくりと地域の資源開発および連携機能への展開

　地域ケア推進会議では、地域ケア個別会議と自立支援サポート会議を通して、介護・医療・福祉・地域・民間の社会資源と地域資源のニーズを日常生活圏域レベルだけでなく、市町村レベルで把握することができます。とりわけ、社会資源は2025～2045年にかけて急激に進む人口の減少と高齢化、人口の偏在化により大きな影響を受けると懸念されています。地域ケア推進会議では、社会資源・地域資源へのニーズを整理・分析し、市町村において社会資源・地域資源をどのように開発していくのかを構想し、介護保険事業計画や高齢者福祉計画、行政の予算や事業計画に反映するための提案を行います。

■ 社会資源・地域資源の現状を把握、シミュレーション

　地域包括ケアシステムは**地方分権のバロメーター**といわれるように、市町村（首長含む）の先見性と行政能力の経験と質によって、その到達レベルに差が生まれています。そして、社会資源・地域資源の**種類と量と使い勝手**にも影響しています。

- ●社会資源・地域資源の現状を整理する（地域診断をする）
- ●どのような社会資源・地域資源があればよいか（構想を描く）
- ●どのように社会資源・地域資源の開発を進めていくか（プランニングする）

（1）社会資源・地域資源の現状を整理する

　人口規模が同じであっても高齢者や障害者を支える社会資源・地域資源の種類や量、仕組みは同じレベルとは限りません。地域ケア推進会議では次の社会資源・地域資源の量を把握しましょう。

介護・医療・障害福祉に関わる社会資源	介護事業所／施設／病院・診療所／薬局等／障害者就労支援事業所／障害者施設等／地域包括支援センター（在宅介護支援センター含む）／障害者相談支援センター／職能団体など
インフォーマルな地域資源	地縁型組織（町内会など）／ボランティアサークルなど／地域サロン／通い場・集い場など
生活に関わる地域資源	商店街／飲食店／コンビニ／大型スーパー／中小スーパー／移動店舗／家電店／衣料品店／ガソリンスタンド／娯楽施設／公共交通機関など
建物など	公民館／集会所／図書館／体育館／運動場／公園／交番など

（2）どのような社会資源・地域資源があればよいか

　2つの地域ケア会議から提出された「どのような社会資源・地域資源があればよいか」の提案を整理します。そして、市町村が目指す地域包括ケアシステムの視点に立ち、日常生活圏域の視点からどのような社会資源・地域資源を新たに開発すればよいかを話し合います。また、既存および他の分野の社会資源・

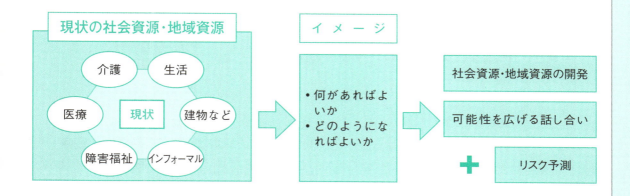

地域資源をどのように活用・転用すればよいかを検討します。話し合いを効率的に進めるために、社会資源・地域資源を事前にグルーピングし、見える化しておくとよいでしょう。

- 「地域ケア会議のなかで〜〜のような社会資源・地域資源があればよいという希望が出ています。ほかにどのような資源があればよいとみなさんの立場からお考えになるでしょうか?」
- 「今ある社会資源・地域資源をどのように工夫・改善したら地域の希望に応えることができるでしょうか?」

(3) どのようにして社会資源・地域資源の開発を進めていくか

　社会資源・地域資源はすぐに作ることができるものではありません。介護保険事業計画に位置づけるだけで3年程度かかる場合もあります。しかし、地域ケア推進会議には市町村の介護・医療・福祉・地域関係者や行政関係者などが参加しているので、新たに開発していきたい社会資源・地域資源を行政部局の計画や介護保険事業計画にも反映させやすい立場にあります。また、関係団体で新たな取り組みを始めるにも合意が取りやすい場でもあります。

　どのように開発を進めていけばよいか、シミュレーションを行いましょう。

① 可能性を広げる話し合い

　困難性ばかりを強調する話し合いになりがちです。地域ケア推進会議では、参加者がもっているアイデアや人脈・ノウハウなどを進行役が引き出し、可能性をつなげることです。できるといい、それならやれそうだとなるように未来形で話し合いを進めましょう。

- 「どのようにすれば可能となるか、みなさんの人脈やノウハウを出し合っていきたいと思います」
- 「〇〇の資源が〇年後に〇〇の地域で確保できれば、どのようなよい影響が生まれるでしょうか?」

② リスクを予想する話し合い

　シミュレーションで大切なのは「どのようなリスクがあるか」を予測・共有しておくことです。リスクを予測することは予防することにつながります。いかに防ぐか、いかに最小限で抑えるかを話し合っておくことで、社会資源・地域資源の開発の実現に一歩近づくことができます。

- 「〇〇を進めるうえでどのようなリスクがあるかを話し合いたいと思います」

10　政策形成への展開

　地域ケア推進会議の重要な役割は政策への展開です。その理由は市町村内の介護・医療・福祉・地域の関係者と行政関係者が一堂に参加しているからです。地域ケア推進会議はいわば、作戦本部であり、市町村行政に影響をもつ「地域包括ケアの諮問会議」ともいえます。話し合われた内容が市町村の政策形成に積極的に反映されることが期待されます。

■ 政策形成のための話し合い

　地域ケア推進会議で行う政策形成機能には2つあります。一つは市町村による、地域に必要な政策の立案・実施につなげる機能です。具体的には、介護保険事業計画、高齢者福祉計画、地域福祉計画をはじめとした各種事業計画や要綱、条例、予算への反映があります。もう一つは、市町村以外の関係機関・団体等による各種の事業等の実施につなげる機能です。具体的には、まちづくり計画などの各種市町村計画や関係機関・団体の年間業務への反映があります。

(1) 介護保険事業計画・高齢者福祉計画による政策化

　介護保険事業計画と高齢者福祉計画は、地域包括ケアシステムの構築を目指して3年ごとに策定されます。取り組んだ計画の総括と次期計画の基本理念と重点課題を策定し、それを実現するための介護保険サービスなどの見込み量と介護保険料を決めます。

　地域ケア推進会議の参加者と介護保険事業計画策定委員会の委員が重複することが多いので、地域ケア推進会議で話し合われた内容を両計画に反映させること（政策形成）が可能となります。

> - 「○○と○○の地域課題はとても重要です。仮に次期介護保険事業計画に反映させるとしたら、どのように反映させればよいでしょうか？」
> - 「日常生活圏域の○○地区は介護サービス過疎です。どのような地域密着型サービス（基準該当サービス含む）があればよいか、ご意見をいただけますか？」
> - 「団塊世代が75歳になる2025年に向けて、どの地域にどれくらいのサロン活動や集いの場を作ればよいか、今から話し合いたいと思います」

(2) 市町村の各種事業計画や、条例などへの提案および反映

　2つの地域ケア会議から抽出される地域課題や地域づくりと地域の資源開発および連携の課題は介護保険事業計画や高齢者福祉計画だけでは解決できません。市町村が策定する各種事業計画や、条例などへの提案および反映を想定した話し合いを進めます。

> - 「○○の地域課題（個別ケースの課題）を解決するためには、市町村が取り組むどのような事業計画や制度、条例などに反映させればよいでしょうか？」

各種計画、事業、条例などの例
- ●ゴミ出し支援
  環境基本条例、地域環境計画、廃棄物処理計画、リサイクル条例　など
- ●買い物弱者支援
  買い物弱者支援制度、高齢者買い物支援協力店事業、ふれ愛宅配サービス事業、高齢者等買物代行事業、安心お助け隊事業、移動販売事業　など
- ●移動困難支援
  デマンド型乗合タクシー運行事業、市民バス事業、デマンド交通運営事業、地方バス路線等支援事業、安心安全な生活道路・幹線道路整備事業　など
- ●災害弱者支援
  非常災害対策計画、災害時避難マニュアル、被災住宅復興支援事業　など
- ●中心市街地活性化
  空店舗活用事業、まちづくり条例、地域商業活性化総合対策事業　など
- ●空き家対策・活用
  空き家条例、空き家対策制度、空き家バンク事業　など

政策形成

① 介護保険事業計画　高齢者福祉計画
② 各種事業計画　条例　など
③ 年度予算　行政業務　運営要綱
④ 諸機関・団体への提案

（3）市町村行政における年度予算や他の行政業務への反映

　市町村行政の業務に反映させるには、市町村の予算に反映させることが必要です。関係する行政部局の業務や運営要綱に反映させることで適切な対応ができるかを検討します。

- ・「〇〇の地域課題を解決するために、予算にどのような内容で組み込むとよいでしょうか？」
- ・「〇〇の地域課題に対応するにあたり、どの行政部局と連携すればよいでしょうか？」

- ●予算の策定：9月〜12月（次年度予算の策定時期）
- ●関係する行政部局（市町村により呼称は異なる）：環境リサイクル課、生活安全課、商工課、建設・土木課、都市計画課、消防署、警察署　など

（4）関係機関・団体への提案

　地域課題解決や社会資源開発・地域資源開発などの取り組みは、地域ケア推進会議に参加する介護・医療・福祉・地域の関係機関や団体が自主的な取り組みを行うことで改善・解決の道を探ることもできます。取り組みにあたり関係機関や団体が協力・協働することも提案してみましょう。

- ・「本日参加していただいている団体で〇〇の解決に向けてどのような取り組みが可能でしょうか？」
- ・「〇〇の取り組みにあたりどちらの機関や団体とどのような連携が取れるとよいでしょうか？」

話し合いの「見える化」

　地域ケア推進会議は限られた時間の中で進行する必要があります。そして話し合いを進めるうえで難しいのは意識と認識の一致です。これを文字や数字だけの資料と口頭説明で行うと時間ばかり費やすことになります。説明が短いと参加者の専門性やリテラシーに差があるため誤解やまちがった解釈も生まれます。資料の「見える化」は理解を促す効果的な方法です。

■ 話し合いは「見える化」でスピードアップできる

　現状の把握には、数字の一覧表や口頭での説明だけでなく図解や画像・動画を用いることはとても効果的な手法です。模造紙に描いてホワイトボードに貼るのもよいのですが、プレゼンテーションソフト（パワーポイントなど）を使うと図解の作成・修正も容易で、画像・動画・音声も使用することができます。資料として印刷しても見やすくなります。

　図解や画像・動画による「見える化」で何を伝えたいかかが明確になり、参加者も共通の認識をもつことが可能になります。特に画像はリアリティがあり、動画は動きと音声があるため、参加者の目を引きつけることができます。

（1）グラフ表示法で「見える化」

　棒グラフや円グラフはいろいろな数値を面積でわかるように示してくれます。折れ線グラフは数値の変化（経緯）を線で示してくれます。また、グラフを使って10～30年後の**予測推移**を「見える化」することもできます。

 高齢化率、高齢者数、要介護認定率、要介護認定者数、家庭内事故、空き家率など

（2）クロス分析表示法で「見える化」

　クロス表示は原因因子、環境因子、影響因子などをグルーピングして、影響が大きい・小さい、周囲が取り組む・本人が取り組むなどをタテ軸とヨコ軸で4つの象現に分けマッピングすることで全体像を把握する方法です。マッピング位置により要素の傾向がわかるのでとても便利です。

 高齢化と空き家率、支援ニーズと生活困窮、介護負担と介護スタイルなど

（3）ビジュアル表示法で「見える化」

　中山間地や危険地域、ゴミ屋敷の状況などの理解には画像が効果的です。健康教室の様子や心身機能の改善の比較などは動画がとても効果的です。

 屋内・屋外の状況、交通道路事情、健康教室、心身の機能改善の比較など

グラフ表示法

我が国の0～10歳の男子人口
(2016年10月／総務省資料)

年齢	人数
0	514,000
1	490,000
2	499,000
3	517,000
4	520,000
5	535,000
6	537,000
7	543,000
8	553,000
9	549,000
10	544,000

資料：総務省統計局「人口推計（平成28年10月1日現在）」（総人口）

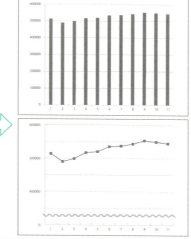

タテ・ヨコの棒グラフは項目別の「数値」の差異や変化を「面積」で表示します。折れ線グラフは数値の位置を線で結ぶことにより経過や差異などを表示します。いずれも数値の「見える化」には適した方法です

クロス分析表示法

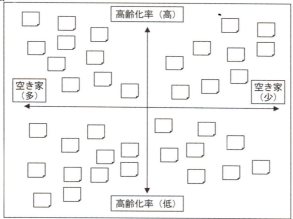

4つの象現で表示するマトリクス表です。領域の項目を整理する簡易なものから、タテ軸に「高齢化率（高）、高齢化率（低）」、横軸に「空き家（多）、空き家（少）」のように軸に意味づけを行い項目の重みづけを整理する方法などがあります。KJ法やブレインストーミング法で自由に項目出しを行った後の整理法として効果的です

ビジュアル表示法（画像、動画）

健康体操

雪に埋もれる空き家

沿岸部の集落

老舗

自宅や地域での暮らしぶり、急坂や危険地域（川、道路など）を写真で見せる、機能訓練の前後を動画で見せて改善の状況を見せる方法です。PCにプロジェクターをセッティングすることで見ることができます

ボランティア紹介（岩手県大船渡市）

地域ボランティア（東京都三鷹市）

第5章

地域ケア会議の展開
─30のテーマ─

「地域ケア会議」をより効率的に進めるために、個別課題の解決機能を通して話し合いの視点を決め、4つの機能への展開を意識して進めます。あらかじめ、助言者と助言内容や提案内容を相談して、中身のある会議を目指しましょう。

〈支援困難〉
1. 老老介護
2. サービス拒否
3. 遠距離介護
4. 男性介護者
5. 苦情・クレーム
6. 介護離職
7. 障害児・者と同居している高齢者
8. 移動困難
9. 買い物弱者
10. 高齢者ドライバー
11. 交通トラブル
12. 近隣トラブル
13. ゴミ屋敷
14. 認知症
15. 若年性認知症
16. 精神疾患
17. ひきこもり
18. 生活困窮世帯
19. 介護虐待
20. 消費者トラブル
21. 軽犯罪高齢者
22. 矯正施設出所者
23. 過疎地域
24. 災害弱者
25. 居住系施設

〈介護予防〉
26. 転倒・骨折、関節疾患
27. 低栄養・脱水
28. 高次脳機能障害
29. 軽度認知障害・認知症
30. 閉じこもり高齢者

本章の活用の仕方

> 支援困難ケース（介護予防含む）が抱える30のテーマを取り上げています。どのケースも複数のテーマが絡み個別の困難さを抱えています。事前準備の段階からしっかりと読み込みましょう

1 老老介護

> どのテーマにも原因と背景があります。なぜ解決・改善されずに問題化するのでしょうか。総合的な視点から原因と背景に迫ります

ケースの背景にあるもの

これまでの介護世帯は夫婦型が一般的でしたが、長寿化により親子型（90代の親を70代の子どもが介護するなど）も含め、老老介護の世帯が今後急増します。老老介護世帯が日常生活圏域でどのように分布しているのかを把握し、困りごとの地域性を浮き彫りにするとともに、5～10年先を予測することが大切です。問題解決のためには、介護サービスや医療だけでなく、生活支援サービスや地域資源、民間資源などの地域の力を包括的に位置づけた支援が必要です。

話し合いの視点

> 話し合いを進めるための「3つの視点」を示しています。どのような視点で話し合いを進めるかを事前に話し合って本番に臨みましょう

① 老老介護で起こりがちな生活面と介護面での困りごとが、どのように生じているかを整理する

老老介護で起こる問題群を次の視点で整理しましょう。
- 生活行為：料理、買い物、掃除、洗濯など
- 看護：医療的処置（痰の吸引）、服薬管理など
- 近隣：町内会、近隣とのつきあいなど
- 介護：食事、入浴、排泄、移乗、移動など
- 体調：老化、疲れ、腰痛、肩こり、疾患など
- 災害時：火事、地震、豪雨、豪雪、猛暑など

デジタル写真（本人・家族の了解が必要）や間取り図を見ながら行うとより具体的にイメージできます。また、周辺地図を使うと地域資源の有無や地域の課題も浮き彫りにできます。

② 老老介護での困りごとを本人目線と介護者目線の両面から話し合う

本人の願いと困りごとと、介護者の介護力と介護への意欲および本人との関係性がポイントになります。本人目線と介護者目線を話し合う際は年齢差、身長・体重などの体格差、心理面を含めた健康度と体力と日々の体調と、就労状況などがポイントです。日中の生活ぶりと家事力のレベル、近隣や家族・親族などとのつきあい、介護の頻度（同居、通い、遠距離）の現状を踏まえて、これまでの経緯を話し合いましょう。

③ 現在の支援だけでなく、数か月～5年先の支援をシミュレーションする

今起こっている問題の解決だけに注力してしまわず、数か月～5年先を想定した問題の発生をシミュレーションして、そのための課題設定と対応を計画化しましょう。
また一人暮らし予備軍でもあるのが老老介護です。被介護者の死亡だけでなく施設への入所・入院後も想定したその後の介護者の生活についての話し合いも行いましょう。

> テーマによって話し合いの視点は多様です。個別課題解決に向けた話し合い（情報の把握と認識の共有、改善・解決に向けた課題化、計画化と役割分担、シミュレーションとリスク予測など）という機能を通して、4つの機能（地域課題の発見、ネットワーク構築支援、地域づくり資源開発、政策形成）へと展開させます

第5章 地域ケア会議の展開

本章の活用の仕方

助言者の顔ぶれはさまざまです。医療・介護・福祉の専門職から法務・教育・行政機関、地域・民間まで多様な視点から発言をしてをもらいます。助言者には、事前に「どのような助言（指摘、質問、意見、提案含む）をしてもらいたいか」を具体的に打ち合わせしましょう。そのことで効率的に話し合いを進めることができます

テーマによって助言者（アドバイザー）を選出します

地域ケア会議の目的は個別課題解決機能を通して4つの機能に話を展開することです。そのための展開のヒントを示しました。領域ごとにどのような話し合いに展開するかを事前にシミュレーションしておくとよいでしょう

助言者（アドバイザー）

- **医師**: 老老介護における疾患の管理や口腔ケアのポイント、緊急時（発熱、転倒、嚥下困難）の対応などについての助言を依頼する
- **薬剤師**: 多剤服用の怖さや薬別の服薬の仕方、飲み忘れをしないための工夫など「薬とのつきあい方」の助言を依頼する
- **栄養士**: 低栄養になりがちな老老世帯の食事で注意する点や治療食の作り方などの助言を依頼する
- **介護士等**: 家族介護者に介護（食事、入浴、移動、移乗等）の方法とコツ、注意点のほかに認知症の特徴とコミュニケーションの取り方などの助言を依頼する
- **PT OT ST**: 自宅でできるリハビリや、介護者が起こしやすい身体トラブル（腰痛、ぎっくり腰など）解消法、料理の仕方の工夫などの助言を依頼する
- **主任ケアマネ**: 老いた介護者や認知症のある家族介護者への支援を想定したケアマネジメントの提案を依頼する

地域の課題は地理的特徴や住民気質、地場産業、地元の生活習慣、歴史が生み出すものから、地域住民の共通の困りごとまであります。また、地域の課題を発見するための調査なども大切な取り組みです

4つの機能へ展開するヒント

〈ネットワーク構築支援〉
- ケア手法の共有化など、老老介護世帯への介護チーム間の連携上の課題を整理する
- 老老介護世帯への医療チーム間の連携上の課題を整理する
- 生活支援サービスやなじみの店舗、近隣のネットワーク上の課題を整理する
- 老老介護世帯の安否確認や緊急時の対応のためのネットワークの課題を整理する

〈地域課題の発見〉
- 老老介護世帯にどのような共通の困りごと（介護負担、家事負担、ストレス、近隣と疎遠など）があるかを把握する
- 5～10年先の世帯変化を予想し、老老介護予備軍の世帯数が日常生活圏域にどれくらいあり、どのような問題が発生するかを整理する
- 日常生活圏域ごとにどのくらいの地域の支え合い（町内会、老人会、地域サロン）があるかを把握する

〈地域づくり・資源の開発〉
- 介護サービス資源の種類と量、送迎範囲拡大の可能性などを話し合う
- 老老介護世帯の暮らしを支える店舗などの生活支援サービスをどのようにすれば作ることができるかを話し合う
- 地域のサロンやゆるやかな集い場・通い場をどこにどのように作っていくかを話し合う
- 小規模多機能型居宅介護などの地域密着型サービスを検討する

〈政策形成〉
- 移動の困難解消のために自宅近くで停車してくれるデマンドバスの運行やタクシー券の発行などの予算化を話し合う
- 介護用品の買い出しや通院などの買い物・移動支援の補助金の可能性について話し合う
- 緊急時の発見と見守りのシステム化、それにかかる町内会への委託費の予算化などについて話し合う

政策形成には事業計画への提案、方針や予算（補助金、助成金含む）、要綱・条例策定などがあります。政策化することにより自治体全体の取り組みになります。全国で取り組まれている実践も参考に示しました

医療・介護・福祉の機関・事業所から法務・教育・行政機関、地域・民間などがどのように地域支援ネットワークを構築していけばよいか、そのための課題や取り組み例を示しました

地域資源には医療・介護・行政などの専門職が担うフォーマル資源から、地域が担う集い場、サロン、見守りなどのインフォーマル資源、スーパーや商店街などの民間資源まであります。3～10年先を見据え、リアリティのある話し合いを目指します

1 老老介護

 ケースの背景にあるもの

　これまでの介護世帯は夫婦型が一般的でしたが、長寿化により親子型（90代の親を70代の子どもが介護するなど）も含め、老老介護の世帯が今後急増します。老老介護世帯が日常生活圏域でどのように分布しているのかを把握し、困りごとの地域性を浮き彫りにするとともに、5～10年先を予測することが大切です。問題解決のためには、介護サービスや医療だけでなく、生活支援サービスや地域資源、民間資源などの地域の力を包括的に位置づけた支援が必要です。

 話し合いの視点

① 老老介護で起こりがちな生活面と介護面での困りごとが、どのように生じているかを整理する

老老介護で起こる問題群を次の視点で整理しましょう。
- 生活行為：料理、買い物、掃除、洗濯など
- 介護：食事、入浴、排泄、移乗、移動など
- 看護：医療的処置（痰の吸引）、服薬管理など
- 体調：老化、疲れ、腰痛、肩こり、疾患など
- 近隣：町内会、近隣とのつきあいなど
- 災害時：火事、地震、豪雨、豪雪、猛暑など

デジタル写真（本人・家族の了解が必要）や**間取り図**を見ながら行うとより具体的にイメージできます。また、**周辺地図**を使うと地域資源の有無や地域の課題も浮き彫りにできます。

② 老老介護での困りごとを本人目線と介護者目線の両面から話し合う

　本人の願いと困りごとと、介護者の介護力と介護への意欲および**本人との関係性**がポイントになります。本人目線と介護者目線を話し合う際は年齢差、身長・体重などの体格差、心理面を含めた健康度と体力と日々の体調と、就労状況などがポイントです。日中の生活ぶりと家事力のレベル、近隣や家族・親族などとのつきあい、介護の頻度（同居、通い、遠距離）の現状を踏まえて、これまでの経緯を話し合いましょう。

③ 現在の支援だけでなく、数か月～5年先の支援をシミュレーションする

　今起こっている問題の解決だけに注力してしまわず、数か月～5年先を想定した問題の発生をシミュレーションして、そのための課題設定と対応を計画化しましょう。
　また**一人暮らし予備軍**でもあるのが老老介護です。被介護者の死亡だけでなく施設への入所・入院後も想定したその後の介護者の生活についての話し合いも行いましょう。

助言者（アドバイザー）

医師：老老介護における疾患の管理や口腔ケアのポイント、緊急時（発熱、転倒、嚥下困難）の対応などについての助言を依頼する

薬剤師：多剤服用の怖さや薬別の服薬の仕方、飲み忘れをしないための工夫など「薬とのつきあい方」の助言を依頼する

栄養士：低栄養になりがちな老老世帯の食事で注意する点や治療食の作り方などの助言を依頼する

介護士等：家族介護者に介護（食事、入浴、移動、移乗等）の方法とコツ、注意点のほかに認知症の特徴とコミュニケーションの取り方などの助言を依頼する

PT OT ST：自宅でできるリハビリや、介護者が起こしやすい身体トラブル（腰痛、ぎっくり腰など）解消法、料理の仕方の工夫などの助言を依頼する

主任ケアマネ：老いた介護者や認知症状のある家族介護者への支援を想定したケアマネジメントの提案を依頼する

4つの機能へ展開するヒント

〈ネットワーク構築支援〉
- ケア手法の共有化など、老老介護世帯への介護チーム間の連携上の課題を整理する
- 老老介護世帯への医療チーム間の連携上の課題を整理する
- 生活支援サービスやなじみの店舗、近隣のネットワーク上の課題を整理する
- 老老介護世帯の安否確認や緊急時の対応のためのネットワークの課題を整理する

〈地域課題の発見〉
- 老老介護世帯にどのような共通の困りごと（介護負担、家事負担、ストレス、近隣と疎遠など）があるかを把握する
- 5～10年先の世帯変化を予想し、老老介護予備軍の世帯数が日常生活圏域にどれくらいあり、どのような問題が発生するかを整理する
- 日常生活圏域ごとにどのくらいの地域の支え合い（町内会、老人会、地域サロン）があるかを把握する

〈地域づくり・資源の開発〉
- 介護サービス資源の種類と量、送迎範囲拡大の可能性などを話し合う
- 老老介護世帯の暮らしを支える店舗などの生活支援サービスをどのようにすれば作ることができるかを話し合う
- 地域のサロンやゆるやかな集い場・通い場をどこにどのように作っていくかを話し合う
- 小規模多機能型居宅介護などの地域密着型サービスを検討する

〈政策形成〉
- 移動の困難解消のために自宅近くで停車してくれるデマンドバスの運行やタクシー券の発行などの予算化を話し合う
- 介護用品の買い出しや通院などの買い物・移動支援の補助金の可能性について話し合う
- 緊急時の発見と見守りのシステム化、それにかかる町内会への委託費の予算化などについて話し合う

2 サービス拒否

ケースの背景にあるもの

　要介護認定は受けたものの介護サービスを拒否されることがあります。また、そもそも支援や関わりなどの介入を拒否するケースもあります。背景には援助されることへの心理的抵抗感や周囲とうまく折り合えないための孤立、精神障害者や認知症、さらに元々世話好きだったり、成功体験が多いなどで「世話をされる立場」になることに屈辱感を抱くなどが考えられます。要介護状態になった自分の生活の変化に向き合うこと（障害受容）ができていないことがサービス拒否という言動にあらわれることもあります。

話し合いの視点

① 本人・家族がどうしてサービス拒否をするのかを探る

　サービス拒否は一つの**意思の表明**でもあります。先に述べた背景以外に、介護は嫁や家族がするものという意識や、他人を家に入れたくないなどの理由もあると考えられます。また、男性介護者のなかには「自分でないとダメ」というような**過度な責任感**から拒否する人もいます。サービス拒否の理由がどこにあるか、話し合いましょう。

② 本人・家族の意向を尊重しつつ、どのような支援（介護サービス、家族支援、医療、地域）があれば本人らしい生活を地域で続けていけるか

　介護サービスを利用することだけが自立（自律）支援ではありません。体調不良の改善のために医療サポートから始めるのもよいでしょうし、家族介護を第一に希望するなら、家族に介護方法を教えるというサポートもあります。まずは、本人や家族が「これならやってみたい」と思える資源や支援の方法（新たな手立て）をシミュレーションしましょう。

③ サービス拒否のために起こるリスクを予測し、そのときの介入をシミュレーションし、そうなった時の動き方を決める話し合いをする

　サービスを拒否する人を強引にサービスにつなぐことは自己決定の原則からも正しくありません。サービス拒否により起こるリスク（心身機能のさらなる低下、認知症の進行、転倒など家庭内事故による通院や入院、家族の体調不良など）を予測し、その際のチームの動き方をシミュレーションしておくことで介入の**初動対応**をスムーズに行うことができます。

助言者(アドバイザー)

医師
サービス拒否の人にどのような医療的アプローチができるか、また精神疾患や認知症の人へのアプローチのポイントについて助言を依頼する

社会福祉士・生活支援コーディネーター
拒否する本人・家族との距離の縮め方や地域の支え合いづくりのポイント、地域サロンへの誘い出し方などの助言を依頼する

生活困窮者相談員
家賃や市民税などの滞納、必要な治療を控える生活困窮者へのアウトリーチについての助言を依頼する

社会福祉協議会
地域の多様な趣味サークルや話し相手ボランティア、地域サロンなどの紹介・助言を依頼する

精神保健福祉士
精神疾患や認知症の人との関係づくりについての助言を依頼する

主任ケアマネ
介護サービスの提案の仕方や民間サービスの利用など、ケアマネジメントの助言を依頼する

4つの機能へ展開するヒント

〈ネットワーク構築支援〉
- どのサービス資源ならアウトリーチしやすいかを話し合う
- 医療チームによるアプローチから介護サービスにつなぐ連携の流れを話し合う
- サービス拒否をしているケースの事例検討会の必要性を話し合う
- 介護・医療だけでなく町内会や民生委員を含めた「関わりを避ける家へのアウトリーチ」をテーマにした研修会について話し合う

〈地域課題の発見〉
- 地域の介護サービスへの理解と偏見を把握する
- 「関わりを避ける世帯」など孤立化傾向の世帯の実態把握の方法について町内会単位で話し合う
- サービス拒否をする世帯がどのような地域課題をもっているかを話し合う
- 本人が気軽に通える集い場・通い場や人間関係が地域にどれほどあるかを把握する

〈地域づくり・資源の開発〉
- 介護サービスを拒否しても、本人が気軽に足を向けられる地域の集いの場、なじみの店などはどこかについて話し合う
- 高齢者も気軽に通えるフィットネスジム、カルチャー教室などの必要性を話し合う
- ケアされる側だけでなく、担い手(支え手)として参加できる場をどのようにして作ればよいかを話し合う

〈政策形成〉
- サービス拒否、関わりを避ける家の実態調査(年1回)を自治体で実施することを提案する
- 条例で高齢者にやさしい店を指定し、マップを作って配布する
- 介護予防や心身機能低下予防のために参加するジムや、暮らしを楽しむカルチャー教室に参加しやすいように補助金の予算化を提案する

3 遠距離介護

 ケースの背景にあるもの

　遠距離介護は高度経済成長の中で、多くの子ども世代の人たちが都会で就労・結婚したことにより現代的な介護スタイルとして生まれ、その傾向はますます加速化しています。移動手段も自家用車だけでなく飛行機などを使うことも多く、費用的にも大きな負担となります。介護の長期化とともに出費もかさみ、認知症の発症、徘徊や失火、近隣とのトラブルなどで遠距離介護が限界に達して、介護離職による同居介護や施設入所という状況を招くことになります。

 話し合いの視点

① 遠距離介護となった経緯はどのようなものだろうか

　遠距離介護は一人暮らしの親や老親の老老介護が限界にきているために始める場合があります。遠距離介護がなぜ問題を**複雑化・深刻化**させてしまったのか、それまでの経緯を時系列で明らかにします。なぜ遠距離介護にならざるを得なかったのか、主たる介護者は納得しているのか、本人はそれを望んでいるのか、**家族・親族間の関係や葛藤**などにも着目し、背景や事情を明らかにしましょう。

② 遠距離介護のためにどのような負担が介護者（家族含む）にかかっているだろうか

　遠距離介護にはさまざまな負担があります。体力的な負担、経済的な負担、精神的な負担、家族・親族関係の負担、近隣との関係、仕事関係の6つの視点で整理するとよいでしょう。そのために移動距離、移動手段、費用、頻度などを具体的に把握しましょう。

③ 遠距離介護による精神的なストレスはどのようなものがあるだろうか

　遠距離介護が長く続くと経済的な負担が重くのしかかります。仕事との兼ね合いに悩み、職場の理解も得られにくくなり、いつまで続くのかという終わりの見えなさで精神的に追いつめられることもあります。さらに遠距離のため、主たる介護者の不在時における**危機管理**が不十分となり、常に、失火や急病、徘徊などが気になり気の休まることがなくなります。それらを家族・親族間で共有できないと、介護者はさらに追いつめられることになります。主たる介護者の精神的な孤立感やストレスに着目し、どのように支援を行えばよいかを話し合いましょう。

助言者（アドバイザー）

医師	一人暮らし高齢者の疾患別に注意すべき点や体調管理のポイント、緊急時の対応の仕方について助言を依頼する
薬剤師	一人暮らし高齢者の薬の管理や服薬の方法の工夫など、実践的な助言を依頼する
栄養師	一人暮らし高齢者のリスクである低栄養と脱水について説明してもらい、食事の作り置きの工夫や低栄養・脱水予防の助言を依頼する
社会保険労務士	有給休暇をやりくりしながら遠距離介護をする人への介護休業制度の有効的な使い方、有休の部分消化の方法など実践的な助言を依頼する
遠距離介護経験者	経験者として遠距離で可能な移動の工夫、近隣とのつきあい方、緊急時の対応など実践的な経験談や助言を依頼する
主任ケアマネ	うまくいっているケースを数例紹介してもらい、どのように工夫すれば可能となるのか、具体的なアイデアの提供を依頼する

4つの機能へ展開するヒント

〈ネットワーク構築支援〉
- 遠距離介護をテーマとした事例検討会の必要性について話し合う
- ケアチームや医療チーム間でインターネットやIT技術を使って利用者の情報を共有できる仕組みの可能性について話し合う
- 遠距離介護の会など、遠距離介護者同士が支え合うネットワークを作る必要性について話し合う

〈地域課題の発見〉
- 家族の遠距離介護を受けている要介護高齢者が町内会レベルでどのくらいいるかを調査する
- 電車・バスなどの公共交通機関、自家用車など、介護のための移動の問題点を話し合う
- 季節（夏季、冬季）によって遠距離介護の負担がどのように変わるかを把握する
- 災害時、家族への連絡や要介護高齢者の避難生活を支援する方法を調べる

〈地域づくり・資源の開発〉
- 遠距離介護をする世帯を支える地域の資源をどのように作ればよいか話し合う
- 町内会・自治会の見守りルールについて話し合う
- 日常的に通える集い場・通い場を地域でどのように作るかを話し合う
- 介護サービス事業者による遠距離介護家族への情報提供を検討する
- 郵便局の見守りサービスなど民間のサービスの活用を検討する

〈政策形成〉
- 緊急時に対応できる安否確認ツールの作成を予算化し配布する
- 遠距離介護の家族の会を作ることを介護保険事業計画に位置づける
- 遠距離介護の家族向けのアンケートを行政として行う
- 遠距離介護をする家族向けにふるさと納税で見守り券や介護サービス（横出し）チケットを提供する

④ 男性介護者

ケースの背景にあるもの

　急増する男性介護者の中で支援困難化するケースが増えています。男性介護者は責任感や我慢することを信条とする完璧型や無理をするタイプが多く、悩みを周囲に相談しない傾向があります。慣れない介護と家事が長期間続くことでストレスが深刻化し、うつ状態になる危険性や、被介護者（妻、父、母）への暴言や暴力などの虐待が起こるリスクが高まります。息子のパラサイト的な暮らしぶりが家族・親族間のトラブルともなりがちなため、近隣や友人関係にも着目した多様な支援方法を話し合いましょう。

話し合いの視点

① どのような価値観やこだわり、家族間トラブルをもっているだろうか

　男性は一般的に責任感ややりとげることに執着するあまり、ひたむきで**柔軟性（融通性）に欠ける面**があります。また仕事を通して得た価値観やこだわり、仕事習慣を介護にもち込んでしまい、被介護者や家族との関係に歪みが生まれてしまうこともあります。さらに、これまでの暮らしの中での**家族間トラブル**（夫婦、親子）が介護を通じて表面化することもあります。

② 男性介護者のストレスとなる「介護力と家事力」はどのレベルだろうか

　男性介護者のストレスの多くは慣れないことをやらなければいけないという意識から生まれます。食事、排泄、移動、入浴などのうち、どの介護を負担に感じるのか、誰がどのようにノウハウを伝えれば負担が軽減するのかを話し合います。食事づくりや洗濯や掃除、整理整頓は、介護というより**家事力**なので、どうすれば効率的に行うことができるかを話し合います。老老介護における男性介護者は本人も要支援・要介護の場合があるので、介護サービスの活用も想定した対応を話し合いましょう。

③ 男性介護者が親族や近隣、友人・知人とどのような関係になっているか

　男性介護者のリスクの一つが**人間関係の減少**です。グチや悩みごとを吐露する機会がないと自分の中で抱え込むことになり、そのストレスが怒りの感情となり暴言や暴力、近隣の人への嫌がらせなどに至る場合があります。また、家族・親族、近隣の人や友人・知人が**頼れる資源**になる可能性があるのに、男性介護者本人が関係を避ける傾向もあります。どのくらいの期間をかけてどのようなプロセスを踏みながら関わっていけばよいかを話し合いましょう。

助言者（アドバイザー）

カウンセラー 男性が抱える悩みの特徴や、男性ならではの介護ストレスの解消方法などの助言の依頼をする	**ヘルパー** 男性にできる介護の工夫、家事の実践的アドバイスを依頼する。訪問先の男性介護者でうまくやりくりしているケースの紹介を依頼する
栄養士 料理が苦手な介護者向けに、脱水や低栄養の予防や治療食の作り方、効率的な食事の作り置きの方法など助言を依頼する	**男性の介護経験者** どのような悩みがあり、どのように克服してきたのかについての情報提供を依頼する。男性介護者の相談相手となるきっかけとする
PT OT ST 男性はリハビリに熱心で、スパルタ介護になりがちなので、日常的に行える生活リハビリや口腔ケアの方法などの助言を依頼する	**主任ケアマネ** 介護サービスの上手な使い方とともに民間サービス（家事代行、配食、清掃など）の活用などの助言を依頼する

4つの機能へ展開するヒント

〈ネットワーク構築支援〉
- テーマを男性介護者支援に特化した事例検討会を行う
- 通所介護サービス事業所の中に「男性介護者の集い」を作る
- 商工会議所主催で男性介護者への理解と支援のためのシンポジウムを行ってもらう

〈地域課題の発見〉
- 男性介護者はどのようなことに困っているかを地域特性の面から把握する
- 男性介護者のうち夫婦型と親子型の実数の把握を行う
- 男性介護者向けの困りごと・悩みごとにアンケートを行う
- 男性介護者のストレス解消として通える場所が日常生活圏域にあるかを調査する
- 地域で男性介護者の就労の可能性を話し合う

〈地域づくり・資源の開発〉
- 市町村レベル、日常生活圏域レベルで男性介護者の会を作ることを話し合う
- 地域で男性介護者向けの「介護教室」「料理教室」を開くことを話し合う
- 男性介護者を支援する地域の店舗を増やすためにはどこから取りかかればよいかを検討する
- 40〜50代の無職の男性介護者が就労できる職場を開発する必要性を話し合う

〈政策形成〉
- 男性介護者向けの介護パンフレット、家事パンフレットの配布を検討する
- 男性介護者向けの介護教室の義務化を検討する
- 男性介護者サポーター育成を年間で予算化することを検討する
- 市町村として男性介護者の認知と応援のために「男性介護者の日」を条例で定めて表彰することを検討する

5 苦情・クレーム

 ケースの背景にあるもの

　介護サービスへの苦情・クレームのケースを検討する場合、苦情を申し立てる側と申し立てられる事業者・施設側の両面の立場から検討する必要があります。さらに、申し立てる側がこれ以外にどのような苦情を申し立てているか、申し立てられる側にほかの利用者から苦情・クレームが起こっていないかを情報収集し、契約違反や権利侵害などの視点も含めて、改善の方向性を見出す話し合いにしましょう。

 話し合いの視点

① 苦情・クレームが起こった事実と経緯・背景・状況を具体的に把握する

　苦情・クレームは**申し立てる側の主観**が入りやすいので、具体的な事実による経緯を時系列に整理しましょう。そして、苦情・クレームに至った原因や条件、これまでどうして解決されなかったのかについて話し合いましょう。またリスクマネジメントの視点から、これが今回問題化しなければどのような事態を招いていたのかについて話し合うことも大切です。

② 苦情を申し立てる側が何を問題としているかを切り口に話し合う

　苦情・クレームは文句や非難ではありません。理不尽と思える訴えに苦慮するところですが、**クレーマー的言動**をする背景には援助を必要とするニーズや深刻な問題が隠れている場合があります。苦情を申し立てる側が何に困り、何を問題としているのか、こじれた原因と経緯、何に怒っているのかを明らかにしましょう。問題があきらかになった後は、どうなればよいか（**解決のゴール**）を話し合い、そこに至る取り組みのプロセスを話し合います。

③ 同様の苦情がほかで起こっていないかを切り口に話し合う

　苦情の例として重要事項説明書の内容の理解、言葉づかい、接遇、サービス内容、病気・緊急時の対応、介護事故時の対応などがありますが、原因は一つとは限りません。いくつか想定しながら話を進めます。また同様の苦情を当事者がほかの事業所で起こしていないか、同様の苦情がほかの事業所に利用者から寄せられていないかを調査します。発生していた場合は、その対応策についても話し合います。

助言者（アドバイザー）

弁護士	クレームを言う人の傾向と、受付時の心得、適切な対応策について法律的視点から助言を依頼する
介護事業者	介護現場に寄せられる苦情の傾向と原因、対応について助言を依頼する
医療職	医療機関に届く苦情・クレームと医療上のリスクに関わる問題の指摘と対応の助言を依頼する
消費生活センター	介護サービスや施設介護に関してセンターに寄せられる苦情の傾向について情報提供を依頼する
施設	施設に寄せられる苦情の傾向と介護トラブル、それらへの対応について助言を依頼する
主任ケアマネ	ケアマネジメントにおける苦情の傾向と原因、対応の事例と方法の助言を依頼する

4つの機能へ展開するヒント

〈ネットワーク構築支援〉
- 情報の共有や役割分担、引き継ぎなどの連携の不備が苦情の原因となっていないか話し合う
- サービス担当者会議や入院・退院対処会議の話し合いの不備が苦情・クレームに影響していないか検討する
- 医療と介護、行政と介護、地域と行政など制度の狭間で苦情が起こっていないか話し合う
- 苦情・クレームになる前にネットワークとしてどのように対応しておけばよいか検討する

〈地域課題の発見〉
- 共通する苦情・クレームが他の日常生活圏域や町内などのエリアで発生していないか調べる
- 苦情・クレームの発生に地域の認知症発生率や高齢化率が影響していないか調べる
- 苦情の発生の原因にどのように地域の特性（中山間地、沿岸部、国道沿い、廃線など）が影響しているか把握する
- 5～10年先を想定し、地域別にどのような苦情が予想されるか話し合う

〈地域づくり・資源の開発〉
- 苦情の原因を分析し、どのように介護サービスや医療の提供の改善につなぐか話し合う
- どの地域やどの時間帯に、どのような地域資源（民間資源含む）があれば苦情の改善・解決に有効か話し合う
- 介護や医療、民間サービスで苦情を予防するためどのような資源の開発を行えばよいかを話し合う
- 苦情・クレームからどのような地域資源が求められているかを話し合う

〈政策形成〉
- 利用者（家族）にとって身近な存在になるための相談窓口を設置し、周知する
- 苦情対応のためのリスクマネジメントを保険者として取り組むことを提案する
- 介護・医療への苦情・クレーム、セクハラ・パワハラへの対応のノウハウを学ぶ機会を自治体として作ることを提案する

6 介護離職

 ケースの背景にあるもの

　介護離職は介護と仕事の両立の限界から生じます。介護離職は経済的困窮による親の年金にパラサイトした生活スタイルだけでなく、介護の閉鎖性によるストレスの過多、人間関係・つきあいの減少、将来を悲観した心中や虐待などを招きかねません。きっかけは、認知症の発症や病気・障害の重度化、リストラなどによる失業、遠距離介護の限界から同居介護を始めるなどさまざまです。再就職支援などの視点からも検討することが重要です。

 話し合いのテーマ

① **介護離職となるまでに、どのような環境、経緯と理由があったのだろうか**

　介護離職以前の**就労環境**（職種、勤務地、勤務状況、福利厚生、正規・非正規、転職回数など）、介護離職に至った経緯と理由（遠距離介護、転勤・異動、体力・体調の不安、退職勧告、倒産、身内からの示唆など）ときっかけ（認知症の重度化、失火、徘徊、緊急の入院など）を把握し、会社や職場、家族・親族間でどのようなサポートが行われ、どのような点が不足していたのかを話し合い、整理しましょう。

② **介護離職によりどのような困難を抱えることになったのだろうか**

　介護離職により介護に専念できる反面、さまざまな困難に直面します。収入がなくなることで親の年金に頼る**パラサイト的な生活**が常態化したり、同居介護に近い状態となることの介護ストレスから暴言や暴力が日常化する危険があります。失職・失業が続くと本人の自己肯定感が下がり（男性に多い傾向がある）人との交流を避ける傾向があります。精神的孤立が怒りの感情となって**虐待的な関わり**（暴言、暴力、無視、乱暴な介護など）を生む可能性もあります。

③ **復職の意思の確認とどのように就労支援を行えばよいだろうか**

　介護離職後、環境を整えて再び就労の意思をもつ人もいれば、これまでの経験を活かせる職種がない、希望年収に届かない、介護をしているため勤務条件が合わない、数十社から断わられたなどの理由から就業そのものをあきらめる人もいます。どのような職種・職場なら働くことができるか、どのような条件（勤務地、勤務シフトなど）や会社のサポートがあれば復職（非正規就労含む）できるのか、どのくらいの期間の後に就労の検討が可能になるのかを具体的に話し合いましょう。

助言者（アドバイザー）

 就職アドバイザー
最近の募集職種と条件、50〜60代で再就職できているケースなどの情報提供と助言を依頼する

 商工会議所の就職支援担当者
地元企業の人手不足の状況と募集状況、どのような人材を求めているかなどの情報提供を依頼する

 就労支援員
生活困窮者自立支援法に基づく就労支援員から、制度の活用方法や求人開拓の流れ、中間的就労などの助言を依頼する

 シルバー人材センター担当者
60歳以上の高齢者がどのような就労モデルで活動しているかの情報提供を依頼する

 生活支援コーディネーター
地域の集い場や通い場の活動紹介、どのようなボランティアが求められているかなど、就労だけでない活躍の場があることを情報提供してもらう

 主任ケアマネ
働きながら介護しているケースの紹介を依頼する。介護サービスの使い方や介護施設入居までの手続きなどの情報提供を依頼する

4つの機能へ展開するヒント

〈ネットワーク構築支援〉
- 介護離職せざるを得ない職場の困難さをネットワーク間で共有する
- 介護・医療・福祉関係の多職種が連携し、どのような支援を行えば復職の可能性があるのかをプランニングする事例検討会を行う
- 介護離職しないで介護を続けられるケースをシミュレーションする事例検討会を行う

〈地域課題の発見〉
- 介護離職して同居介護している息子・娘たちの世帯数を把握し地域特性を分析する
- 一度離職してしまうと復職しづらい地域の問題（仕事がない、募集がない、募集に偏りがある、職場が遠いなど）を整理する
- 介護離職中（失職中）の介護者がどのような職種・働き方なら復職できるかを数年後の可能性も視野に入れて話し合う
- 地場産業や介護現場でどのような人材なら働けるかを調査する

〈地域づくり・資源の開発〉
- ハローワークなどで、介護離職をした人の就労を支援する仕組みを話し合う
- 地元企業や介護事業所・施設などで介護しながら就労できる勤務条件や勤務環境などの可能性を話し合う
- 介護離職せざるを得なかった人たちの集いの場づくりを行う
- 介護者の条件に合った就労スタイル（短時間、在宅勤務など）のモデル事業を行う

〈政策形成〉
- 介護離職した人の就労を応援する民間企業などへの支援（助成金、補助金など）の予算化を提案する
- 介護離職した人の就労支援をする地元企業などを表彰する
- 親の実家へUターン、近隣にJターンした人への就労支援・生活支援の予算化を提案する
- 介護をする50〜60代の人が働ける就労環境づくりを行政で取り組む

7 障害児・者と同居している高齢者

 ケースの背景にあるもの

　障害をもつ家族（親、子ども、孫、きょうだい）との同居が本人への支援を困難にしていることがあります。多くは複数の生活課題や社会的ニーズを抱えており、特に地域ケア個別会議で取り上げるケースは深刻な生活状況や虐待状況にあります。家族・親族の理解レベルとサポートの有無、近隣の理解レベル、医療の緊急性、行政の介入のレベル、虐待や権利侵害の緊急性、法的・措置的緊急介入の有無などの視点から解決の糸口を探ります。

 話し合いの視点

① 障害をもつ家族がこれまでどのような支援を受け、どのような生活状況となってきたのか

　障害特性（身体、知的、精神、発達）と生活上の自立・一部介助・全介助を具体的に把握します。どの時期からどのような支援を受けてきたのか（幼少期、未就学期、就学期〜）を把握します。なお障害が**境界域（ボーダー）**のために支援申請をせずに生活をしてきたケースもあるので注意しましょう。

　現在の生活状況（食事、掃除、洗濯、外出、買い物、娯楽など）と近隣との交流や親族とのつきあいレベルなどの全体像を把握し、問題解決の糸口を話し合います。

② 支援困難化した原因を本人・家族はどのように受けとめているか

　障害児・者と同居していることで支援が困難化するのではありません。これまでの暮らしをさかのぼり、何がきっかけ（老親の認知症など）で困難化したのかを整理し、本人と障害児・者の気持ち（改善を希望、現状を希望、介入の拒否など）を尊重しながら、真のニーズは何か、強みは何かを話し合います。地域の誤解と偏見からくる孤立、外出困難やひきこもりなどがケースをさらに複雑にしている場合もあります。

③ 虐待や権利侵害などが想定され緊急介入の必要性はあるのか

　懸念される虐待は意図した虐待でなく、老親が障害児・者のケアができずに虐待的状況になる場合と、高齢になった親を障害児・者が理解できず、**不適切（虐待的）な関わり**をしてしまう場合です。また、悪質な訪問販売や身内や近隣から財産を詐取されるトラブルも起こりがちです。成年後見制度や**措置的介入**が必要かどうか、また、どのような介入方法がよいかを話し合いましょう。

助言者（アドバイザー）

相談支援専門員	多様な生活課題に応える障害サービスの内容や利用方法の助言とともに日常生活でのアドバイスを依頼する	**弁護士**	障害者の権利侵害の実情とともに成年後見制度の利用についてのアドバイスを依頼する
社会福祉士	行政の公的制度、市町村の独自サービス、地域のボランティアや地域の見守りなどを活用する助言を依頼する	**作業療法士**	障害があっても行える日常生活改善の工夫や就労にあたってのアドバイスを依頼する
障害者就労支援事業所の運営責任者	経済的な生活の確立のために就労支援事業所の就労内容や賃金などを含め実践的にアドバイスを依頼する	**社会福祉協議会**	日常生活圏域別のインフォーマル資源や生活福祉基金の活用などについて助言を依頼する

4つの機能へ展開するヒント

〈ネットワーク構築支援〉
- 介護サービスと障害サービスの事業所間でどのように情報共有を行っていくか話し合う
- 介護支援専門員と相談支援専門員の連携の仕組みをどう作っていくか話し合う
- 権利侵害や消費者被害に遭った際の対応の仕組みをネットワーク化する
- 虐待など措置的介入をする際にどのように専門機関がネットワークを図っていくか話し合う

〈地域課題の発見〉
- 障害児・者家族への意識（無関心、偏見など）に地域性はないか話し合う
- 障害児・者の外出や買い物などについて地域別にどのような困難さがあるか把握する
- 災害（火事、地震、浸水、台風）などの緊急時の避難救助体制はどうなっているか把握する
- 中山間地などの地域特性が暮らしの困難さにどのように影響しているか把握する

〈地域づくり・資源の開発〉
- 障害児・者と同居する家族を支援するボランティア資源をつなぐ・作る
- 障害児・者と同居する家族が話せる場を作る
- 介護サービスや障害サービスで家族のニーズに応えるサービスを工夫する
- 障害児・者と家族が買い物・移動などが気軽にできる民間資源（スーパー、道の駅など）のサポート実践例のモデル事業を作る
- 冬季の除雪や灯油の補充など季節別の困りごとに対応できる民間資源を作る

〈政策形成〉
- 介護保険事業計画に障害児・者をもつ要介護者支援を位置づける
- 障害児・者と同居する高齢者世帯の実態把握を行い、地域福祉計画に老親を介護する障害児・者への支援を位置づける
- 65歳以上の障害者への具体的支援を介護保険事業計画と地域福祉計画に位置づける
- 障害児・者と同居する要介護高齢者に市町村独自のサービス創設を提案する

8 移動困難

 ケースの背景にあるもの

　地方都市は自家用車への依存度が高く、車の利用を前提とした生活スタイルとなっています。鉄道・バスの廃止、高齢化による徒歩移動の困難化が中山間地や都市部の団地群、かつての新興住宅地などで深刻化しています。さらに、高齢者ドライバーに対する免許返納の動きもあり、移動の困難は買い物、通院、人間関係などに支障を来すだけでなく、運動不足による心身機能の低下などを招きます。日中および夜間や天候の影響を想定した移動対策は、生活の継続を見極める基準として緊急のテーマとなっています。

 話し合いの視点

① 移動困難がどのような原因で生まれているかを整理する

　移動困難になっている原因（心身機能低下による歩行困難、免許の返納、認知症の発症、バス・電車の廃止、タクシー代の負担など）を地域性と地理も考慮に入れて整理しましょう。さらに、**季節による困難性**（猛暑、梅雨、台風、積雪量など）についても具体的に話し合いましょう。また、同じ地域でも移動困難となっていない人にはどのような工夫やサポートがされているのかも話し合いましょう。

② 移動が困難となることで本人の生活にどのような影響が生まれているか

　移動できないことがどのように生活に影響しているかを地域性も考慮して整理し、グルーピングしましょう。生活への影響として買い物、知人・友人との交流、町内会活動などがあり、農作業や仕事への影響も想定されます。また、通院や緊急時の入院などにもすぐに対応できない、防犯上の危険などもあるでしょう。特に、災害時に避難する際にどのような困難が生じるのかを具体的に話し合いましょう。

③ 移動困難となった本人を地域、介護、医療、民間、行政などでどのようにサポートしていくか

　移動が困難となっている本人に自助（タクシーの利用など）を求めるには限界があります。互助（近隣・ボランティアの送迎支援、家族・親族の送迎支援など）、共助（介護施設・病院所有の送迎車、運転代行の活用、買い物バスの運行、タクシー料金の補助など）などを具体的に話し合います。

助言者（アドバイザー）

 移動支援ボランティア
地域のNPO法人などがどのエリアにどのような支援を行っているかを紹介してもらい具体的な助言を依頼する

 タクシー会社
買い物や通院時、短距離の乗車や乗り合いタクシーの上手な使い方、乗車時の支援について情報提供を依頼する

 介護サービス事業者
介護事業者としてできる買い物や行事などの送迎支援、日中の未使用時の車両の活用などについての発言を依頼する

 町内会・自治会等
町内会・自治会として移動が困難な人への支援（乗り合い、買い物代行など）でどのようなことができるかの提案を依頼する

 バス会社
バス会社としてどのような支援ができるか（運行ダイヤの改定、停留所の場所の変更・追加、乗降時の支援など）についての発言を依頼する

 スーパー、商店街組合
買い物支援のための店舗への送迎車の運行、無店舗エリアへの移動販売車の可能性などの助言を依頼する

4つの機能へ展開するヒント

〈ネットワーク構築支援〉
- 地域の移動支援を行うボランティアグループを作り、ネットワーク化を図る
- 地域のタクシー会社やバス会社、運転代行会社などが情報共有と連携をするために、事業者連絡会の組織化を話し合う
- 地域包括ケアシステムとして、介護・医療・地域のネットワークで解決できることを検討する

〈地域課題の発見〉
- 日常生活圏域別に高齢者にとって移動困難となる地域のエリアマップを作り、課題を発見する
- 商店街のシャッター通り化、なじみの店舗の閉店、医療機関の閉院などで移動が困難な高齢者がどれほど生まれているか把握する
- 季節別・天候別に移動困難なエリアと人がどれほど発生するかを調査する

〈地域づくり・資源の開発〉
- 地域で移動支援を行うボランティアの育成（元気な高齢者の活用など）を行う
- 町内会などで移動支援が必要なとき（お祭り、運動会など）に介護事業者などによる送迎ボランティアの仕組みを作る
- 地域のスーパーや商店街、病院などに定期的な送迎車の運行依頼をする
- 介護施設や介護事業所で日中使っていない送迎車の活用を話し合う

〈政策形成〉
- 移動困難となっている高齢者・障害者の実態調査を日常生活圏域を対象に3年ごとに行うよう提案する
- 介護保険事業計画や地域福祉計画に移動困難高齢者・障害者への支援を位置づける
- 移動支援のための補助金（タクシー代、燃料費、有償ボランティア代など）の予算化を提案する
- コミュニティバス、乗り合いタクシーなどの予算化を提案する

9 買い物弱者

ケースの背景にあるもの

　買い物弱者は、地域の過疎化、郊外型ショッピングモールの進出で小規模商店や商店街、スーパーが撤退・廃業した、高齢になったため行動範囲が狭くなった、認知症になって金銭のやり取りができなくなったなどの理由で食料品や生活必需品の買い物に困る人々です。これらは大都市圏でも起こっています。問題解決のためには、地域（集落）ごとのニーズを拾い上げた多様な取り組みを話し合いましょう。

話し合いの視点

① 生活必需品をどのように買っているのか、買えないとどのような問題が起こっているか

　生活スタイルによって購入品目に個人差があります。定期的に購入しなければいけない物品は何か、購入できないための困りごとは何か（**ニーズの発見**）、誰に頼んでいるのか・いたのか（**支援者の発見**）、購入できない原因は何か（体調不良、生活意欲の低下、身体機能の低下・悪化、生活困窮、認知症など）を明らかにしましょう。

② 20～30年前と現在で地域住民の消費行動にどのような変化が起こっているか

　買い物弱者の問題は地域住民全体が抱える課題です。現在だけを見るのでなく20～30年前から時系列で店舗の減少を把握し、地域住民の**消費行動の変化**（自動車を使った買い物の日常化など）とこれから10～20年先に予想される店舗の減少に伴って生じる問題をシミュレーションしましょう。また季節別の消費行動の困難さにも配慮しましょう。

③ 買い物弱者解決のために地域、行政、民間をあげてどのような対策をとることができるか

　今後は大都市圏でも要介護高齢者や老老世帯の増加に伴って、買い物弱者が増えると予想されます。問題解決のため、移動販売、商品の宅配、買い物代行、買い物バス、店舗誘致、朝市開催、店内での買い物サポーターなど、地域、行政、民間でどのような取り組みができるかを話し合います。

助言者（アドバイザー）

 買い物支援ボランティア
NPO法人やシルバー人材センターなどが取り組む買い物支援ボランティアがどのエリアでどのような支援を行っているか、情報提供を依頼する

 障害者
これまでどのような工夫をしながら買い物をしてきているか、どのような支援があればよいかについての情報提供や助言を依頼する

 タクシー会社
タクシーを使った買い物（近所との乗り合いなど）の情報提供とともに、タクシー会社ができるサービスの情報提供を依頼する

 スーパー、商店街組合
ここ20年間の消費者の変化とともに、移動販売・商品宅配・店内買い物支援についての情報提供や買物の工夫の助言を依頼する

 老人会、民生委員
地区・町内会レベルで買い物弱者となっている高齢者の状況についての情報提供を依頼する

 認知症家族の会
認知症の人が買い物時に支援してもらいたいこと（品物選び、支払い、購入品の配送など）についての提案を依頼する

4つの機能へ展開するヒント

〈ネットワーク構築支援〉
- 買い物支援ボランティアなどの連絡ネットワークを作る
- 店舗やスーパーの買い物弱者支援の話し合いの場を作る
- 介護サービス事業者と店舗や買い物支援ボランティアの合同事例検討会を行う
- 介護事業者や医療機関がどのような連携すれば買い物弱者支援ができるか話し合う

〈地域課題の発見〉
- 買い物弱者となっている高齢者世帯などを日常生活圏域レベルで把握し、困りごとと原因（移動困難、店舗の閉店など）を整理する
- 後継者難や来店者不足など店舗側の悩みを把握し、継続できるために何ができるか、対策を話し合う
- 10～20年先の地域をシミュレーションし、買い物弱者対策を話し合う

〈地域づくり・資源の開発〉
- 日常生活圏域レベルに「移動の足」支援を担ってくれるボランティアを作る
- 近隣レベルで乗り合い支援の支え手づくりを行う
- お届け支援、移動販売、送迎支援、買い物サポーター支援を行う店舗や事業者を増やす
- 理美容などで自宅に出張サービスを行う店舗を増やす

〈政策形成〉
- 地域の移動支援ボランティアへの燃料代などの補助の予算化を提案する
- 買い物支援店舗マップを作り、パンフレットと行政の公式ホームページで広報する
- 介護保険事業計画などで買い物支援の項目を位置づける
- 「高齢者・障害者にやさしいお店」などを行政で指定し、周知する

10 高齢者ドライバー

 ケースの背景にあるもの

　地域のひっ迫した問題の一つが高齢者ドライバーの急増です。高齢者ドライバーが認知機能の低下＋判断の遅れとミス＋誤操作で加害者になる危険が増加しています。地域によっては、車は生活の足のため免許返納が進まず、90歳で運転を続ける人もいます。高速道路の逆走の約7割が高齢者ドライバーというデータもあります。高齢者ドライバー事故を未然に防ぐ対策だけでなく、自動車を運転しなくても生活できる（困らない）まちづくりの視点が重要です。

 話し合いの視点

① 本人がどのような運転状況（レベル）で何が不安なのかを整理する

　本人が高齢になっても**自動車運転にこだわる理由**（ほかに移動手段がない、自分はまだ大丈夫だ、車の運転が好き、元運転手だったなど）があります。また、事故の原因になりがちな踏み間違い、誤操作、判断ミスなどは認知機能（視力・聴力など）、身体機能（腕や指・足さばきなど）、判断機能（発進・減速・停止など）などが影響します。本人がどのような不安を抱いているか（横断者や道路標識の視認、交差点の右折・左折、駐車場の幅寄せ、子どもの飛び出しなど）を具体的に整理しましょう。

② 運転する目的と移動距離や交通事情を整理し支援する内容を決める

　運転する目的はさまざまです。生活用品や食料の買い出し、趣味仲間や友人宅への訪問、病院への通院など運転する目的を整理します。移動距離と移動時間を地図で確認して交通事情（車の通行量、混雑状況、冬季ならば道路の凍結など）を考慮に入れて、道路別にどのような危険があり事故のリスクが高いのかを明らかにしましょう。自動車は社会参加の大切な道具の一つです。免許の返納を第一義にするのではなく、いかに安全に走行できるか、そのための支援を話し合います。

③ 先々予測される事故と事故発生時の対応および免許の返納について話し合う

　高齢者ドライバー対策は地域の重要な課題です。日常生活圏域での高齢者ドライバーの総数をおおよその年齢ごとに把握し、事故発生率の高い場所や運転状況を地図を広げて話し合います。また心身機能の低下や服薬がどのように運転に影響するかも医療専門職の助言をもらい明らかにします。交通事故を起こさないための教習所でのトレーニングや事故発生時の対応、どの時点で免許の返納を促すかを話し合います。

助言者(アドバイザー)

警察署 交通安全課
市町村内の高齢者ドライバーの交通事故の現状(場所、時間帯、特徴、被害)、自動車による徘徊ケースなどの情報提供と対策の提案を依頼する

タクシー・バス会社
高齢者ドライバーの危険運転の発見と危険回避の方法、高齢者ドライバーへの注意点などの提案を依頼する

自動車整備工場
高齢者ドライバーがやりがちな自損事故の傾向やトラブル、修理にかかる費用、損害保険の補償基準などの情報提供を依頼する

自動車学校
高齢者ドライバーの特徴と注意点、免許更新研修で注意喚起している点、軽度認知症の危険性、安全運転の心得などの提案を依頼する

交通安全協会
高齢者ドライバー向けの安全教室や安全運転の心得、青色安全パトロール隊(青色回転灯装備車)の活動などの情報提供案を依頼する

医療専門職
老化や服薬による自動車運転への影響と心身機能改善のための方法、運転免許返納を判断する基準などの助言と提案を依頼する

4つの機能へ展開するヒント

〈ネットワーク構築支援〉
- 行政機関と民間などで自動車運転と交通安全に関わる対応や対策が話し合える場を作る
- ケアマネジャー、地域包括支援センターと認知症専門医、警察署(交通安全課)や自動車学校などで合同事例検討会を行う
- 元自動車学校の指導教官や警察の元白バイ隊員による運転支援ボランティアなどの連絡ネットワークを作る

〈地域課題の発見〉
- 高齢者ドライバーが安全に運転できるためにどのような道路標識や道路整備がどの場所に必要かを整理する
- 高齢者や障害者、子どもたちにとってどのような場所(国道、県道、市道、私道、交差点、カーブのある道路など)、時間帯(朝夕、児童の登下校時など)、季節に危険を感じるのかを整理する
- 地域別に高齢者ドライバーが危険を感じる場所を整理する

〈地域づくり・資源の開発〉
- 高齢者運転講習を随時実施する機関(自動車学校、元運転指導員など)を作る
- 安全運転に特化した心身の機能低下や認知機能低下を予防するための安全運転体操などを作る
- 事故が多い大型スーパーやコンビニの駐車場に交通誘導員を配置する
- 定期的に同乗し安全運転指導をしてくれる運転支援ボランティアを育成する

〈政策形成〉
- 高齢者ドライバーにやさしい道路標識や道路整備、運転指導にかかる費用の予算化を提案する
- 高齢者や障害者、子どもたちが安全に歩ける(自転車含む)ための交通条例の策定や安全運転ステッカーなどを作る
- 免許の自主返納を周知する条例の策定やポスターによる周知を行う
- 免許返納の人へのタクシー代やバス代の割引チケットなどの補助金の予算化を提案する

11 交通トラブル

 ## ケースの背景にあるもの

　高齢者は老化とともに心身の機能が低下し、自動車や自転車との接触などの交通トラブルに遭う機会が増化します。交通事故死者数も65歳以上の高齢者が約6割を占めています。歩行中・自転車乗用中の交通事故で亡くなった人の5割が自宅から500m以内（買い物、散歩中など）で事故に遭っています。事故で転倒し要介護状態となる高齢者も増えています。高齢者の社会参加や、認知症でも安心して暮らせるまちづくりをめざす意味でも交通トラブルへの対策は地域ケア個別会議の大切なテーマの一つです。

 ## 話し合いの視点

① 日常生活圏域内のどの場所でどのような交通トラブルが起こっているのか

　高齢者の交通トラブルの原因の多くは本人の**交通ルール違反**（横断歩道以外の横断、走行車両の直前・直後の横断、信号無視など）です。また青信号の時間内に渡り切れないことによる事故も増えています。一方、カーナビなどの普及で抜け道として道幅の狭い生活道路を走る車が増えたことによる接触事故も急増しています。地図を見ながら、事故が多い場所、時間帯、歩行者用信号機の時間の長さを分析し、どの場所でどのような事故が起こっているかを話し合います。

② 高齢者の交通トラブルがきっかけでどのような問題が生じているのだろうか

　交通トラブルは家庭内事故と比較して深刻な影響を身体に与えます。特に、高齢者は筋力が低下し骨がもろくなっているため骨折することが多く、慢性疾患の重度化や寝たきりで要介護状態になる可能性があります。また、老老介護で主たる介護者が事故に遭うと在宅生活が困難になるだけでなく、日々の生活にかなりの負担が生じることになります。生活するうえで、どのような問題が生じているかを話し合います。

③ 高齢者の交通トラブルを防ぐためにはどのような取り組みを行えばよいだろうか

　高齢者の交通トラブルを防ぐために、高齢者本人が取り組むこと（心身の機能改善、交通ルールの厳守、横断時の安全確認、**夜間外出時の反射材の着用**など）、ドライバーが取り組むこと（高齢者・児童がいたら減速・一時停止、日中・夕方時の早めのライト点灯など）だけでなく、道路環境の整備（標識の設置、歩道用信号機の時間延長、**スクランブル交差点化**など）、高齢者への啓発（交通安全教室など）など、多面的に話し合いましょう。

助言者（アドバイザー）

警察署 交通安全課 市町村内の高齢者の交通トラブルの現状（事故数・場所・時間帯・事故のパターン・事故原因など）と対策の提案を依頼する	**学校関係者** 学童の登下校コースの困りごとと工夫などの情報提供、交通ボランティアへの提案などを依頼する
タクシー・バス会社 季節別・時間帯別の高齢者の交通トラブルおよびヒヤリハットなどの危険事例の情報提供と危険回避の提案を依頼する	**交通安全協会** 高齢者が交通トラブルに遭わないための交通安全防止の心得などの提案を依頼する
店舗関係者 高齢者の買い物の行き帰りや駐車場などでの交通トラブルの実態と事故防止策をともに考える	**医師・理学療法士** 老化や服薬による歩行や自動車および自転車の運転やシルバーカーの操作などへの影響と心身機能改善のための方法などの提案を依頼する

4つの機能へ展開するヒント

〈ネットワーク構築支援〉
- 警察署・交通安全協会、小中学校と介護支援専門員や相談支援専門員が連携して交通安全ネットワークを作る
- 行政機関と民間、介護・医療関係者などで高齢者や子どもの交通安全に関わる対策が話し合える場を作る

〈地域課題の発見〉
- 日常生活圏域、町内会で交通トラブルが多発している場所を調査する
- 交通トラブル多発の原因を高齢者から聴き取るアンケートを行う
- 店舗、スーパー、コンビニなどで交通トラブルのヒヤリハットを聴き取り、分析し、対策を検討する
- どうすれば高齢者の交通トラブルを減らすことができるか、対策を検討する

〈地域づくり・資源の開発〉
- 高齢者、障害児・者、子どもや親それぞれを対象とした交通安全教室を町内会レベルで開く
- 運送会社やタクシー会社、バス会社など業務用自動車を扱う民間会社で高齢者や子どもにやさしい運転教室を行う
- 学校の登下校時の交通ボランティアを学校と連携して作る

〈政策形成〉
- 高齢者や子どもにとって安全な道路環境とするための道路整備費用の予算化を提案する
- 交差点のスクランブル化、歩行者用信号機の時間間隔の延長などを都道府県に申し入れる
- 夜間歩行用の反射材やワッペンなどの作成費用の予算化を提案する
- 高齢者・子どもたちを守る交通安全キャンペーンを行う

12 近隣トラブル

 ケースの背景にあるもの

　高齢者が原因となる近隣トラブルには、テレビや洗濯機の騒音、ベランダでの喫煙、ゴミの分別や撒き散らし、放尿や怒声、ペットの糞、すれ違ったときの挨拶などがあります。近隣とのトラブルがこじれると、さらに関係が悪化して傷害事件となることもあります。過度なストレス、精神疾患、認知症、軽度の知的障害や発達障害などが影響していることもあり、地域ケア個別会議で専門機関や医療・介護の専門職が総合的にアプローチすることが必要となります。

 話し合いの視点

① **近隣トラブルの経緯と近隣への影響、加害者と被害者間で起こっている対立の中味、なぜこれまで解決されてこなかったのかを話し合う**

　近隣トラブルの難しさは**それぞれの言い分**がある点です。数か月～数年にわたっているケースも多く、**善意のお世話**がお節介と受け取られてしまうなど、**こじれ方**も複雑です。対立のきっかけと中味を整理し、解決されなかった理由や、どの時点で問題が深刻化し、誰の提案で地域ケア個別会議で話し合うことになったのかも含めて話し合いましょう。

② **地域で暮らしていくために、どこで折り合いをつけることができるか話し合う**

　近隣トラブル解決の難しさは原因の**排除**に傾きがちななかで、共存の可能性を見出さなければならないことです。賃貸物件なら引越しという選択肢もありますが、土地・家屋が個人所有のものではそうはいきません。当事者と近隣の双方がどのような条件なら折り合えるか、専門家や専門職の助言を含めて話し合いを進めます。賃貸物件なら大家（持ち主）や**マンション管理組合**の提案も参考にしましょう。

③ **近隣トラブルを未然に防ぐため、専門機関や行政は当事者と近隣の人に今後どのようなサポートを行っていけばよいか**

　戸建ての密集化と集合住宅の乱立により、近隣トラブルは増加傾向にあります。多様な世代や世帯が住むマンションなどが乱立する一方で、空き家の増加も新たなトラブルの原因となっています。今後さらに深刻化する近隣トラブルを日常生活圏域や町内会レベルで整理し、専門機関や行政、町内会、社会福祉協議会、さらには業界団体や民間サービスがどのようなサポートを行う必要があるかを話し合いましょう。

助言者（アドバイザー）

精神科医	近隣トラブルの当事者に認知症や精神疾患などの人がいる場合に、どのような関わり方や距離のとり方がよいか提案してもらう	**社会福祉士**	近隣トラブルで住民意識に対立関係が生まれる地域における合意形成や住民意識の調整の仕方についての提案を依頼する
警察署生活安全課	警察が関わる近隣トラブルの傾向と警察でできる対応、緊急時の判断の目安などについての説明を依頼する	**社会福祉協議会**	近隣住民に排除の意識でなく、共存の意識をどのようにしたらもってもらえるか、地域福祉の視点から助言を依頼する
弁護士	近隣トラブルなど民事訴訟に関わる法的解釈の説明と法律上可能な対応についての提案を依頼する	**不動産管理組合等**	戸建てや集合住宅などで発生する近隣トラブルの傾向と対応方法の情報提供を依頼する

4つの機能へ展開するヒント

〈ネットワーク構築支援〉
- 近隣トラブルを早期に発見できる町内会や民生委員、不動産会社やマンション管理会社などでネットワークを作る
- 近隣トラブルをテーマにした事例検討会を多職種で行う
- 精神障害者の自立支援を行う相談支援専門員などと連携し地域とのネットワークを作る

〈地域課題の発見〉
- 日常生活圏域内で町内会、集合住宅（マンション、アパート）別にどのような近隣トラブルが起こっているかを調査する
- 高齢化率が30％以上のエリアにおける高齢者が関わる近隣トラブルの特徴と課題を整理する
- 一人暮らし高齢者世帯を日常生活圏域・町内会レベルで抽出し、困りごと訪問を定期的に行う

〈地域づくり・資源の開発〉
- 近隣トラブルの原因の一つであるゴミの分別・戸別収集を支援するボランティアを育成する
- 近隣で交流する集いの場を作り、ほどよい距離感のある近所づきあいを生み出す
- 町内会・老人会などによる訪問活動や安否確認のための声かけを地域で始める

〈政策形成〉
- 近隣トラブルに関わる広報用パンフレット作成の予算化を提案する
- 身体・精神障害者、65歳以上の要介護高齢者、妊娠中の女性向けゴミ出しサポート（戸別収集、粗大ゴミ収集など）の予算化を提案する
- 自治体の生活課に、近隣トラブル相談窓口を設置し、周知する

13 ゴミ屋敷

 ケースの背景にあるもの

　ゴミ屋敷が問題になる理由には、風景・景観の悪化、害虫・悪臭の発生、不法投棄などの誘発、失火・放火・火事の心配などがあります。ゴミが放置される理由は、行政が介入する法的根拠がない、本人がゴミと認めない、片付けられない、処理費用がないなどです。原因には一人暮らしや心身機能の低下、認知症や精神疾患、近隣からの孤立、これまでの生活への執着などがあります。ゴミの除去や不衛生環境の改善のみを目的にするのでなく、医療や介護サービスにつなぐ、地域の理解と孤立化を解消するなど総合的な視点で対応策を話し合います。

 話し合いの視点

① ゴミ屋敷となってしまった原因と経緯、本人・近隣の困りごとを整理する

　ゴミ屋敷化する原因には、本人だけでは片付けられない、片付ける意思がない（ゴミの認識がない）、過去の人生への執着などだけでなく、近隣からの指摘に反発して新たに集める、行政の介入を拒否するなどがあります。心身の機能低下や認知症の発症、精神疾患の影響、さらに孤独・孤立、近隣とのトラブルなどにも視野に入れ、**本人の希望（困りごと）**と**近隣の希望（困りごと）**を整理し、対応策を検討します。

② 大量のゴミをどのタイミングでどのように除去すればよいか

　周辺住民にとってゴミ屋敷の異臭や外観は地域の衛生環境を壊す元凶です。一刻も早い対応が求められますが、介入の法的根拠がないため、本人が片付ける意思をもたない限り根本的な解決はありません。ゴミを捨てるタイミングをただひたすら待つのではなく、本人がゴミに向き合い片付けたいと思えるためにどのような関わり方があるかを話し合います。本人の気がかりや思い出、生活歴、孤独感の延長線上にゴミ問題を位置づけましょう。

③ ゴミ屋敷の実態を整理し、今後、いかにしてゴミ屋敷化を防ぐかを話し合う

　一人暮らし高齢者や要介護高齢者、認知症や精神疾患の高齢者の増加だけでなく、空き家の急増も無視できません。また発見が遅れがちな高層化するマンションにおけるゴミ屋敷（**ゴミ部屋**）も懸念されます。ゴミ屋敷の実態を把握するだけでなく、**ゴミ屋敷予備軍**をいかに早期に発見し、どのような対策をとるかを話し合いましょう。また法的根拠を作るために市町村条例などの制定も検討しましょう。

助言者（アドバイザー）

精神科医 ゴミを溜め込む人の心理や精神病理の視点からの分析と説明、ゴミ屋敷にしてしまう人との関わり方のポイントを助言してもらう	**行政の環境課** 高齢世帯や高齢化した団地から出るゴミの特徴、行政にできるゴミ処理の範囲と費用と手順、ゴミ回収の工夫を依頼する
清掃専門業者 ゴミ屋敷の清掃依頼の傾向とタイミング、ゴミの傾向と処理にあたっての注意点などの説明を依頼する	**保健師** ゴミ屋敷にしてしまう人の傾向とゴミ屋敷にしないための関わり方、ゴミ処理をする際の勘所などの助言を依頼する
社会福祉協議会 これまで関わったゴミ屋敷対策の成功事例や失敗事例について具体的な情報提供を依頼する	**不動産協同組合** 地域のゴミ屋敷や空き家の現状と周辺住民に与える影響、今後予測される問題などの情報提供を依頼する

4つの機能へ展開するヒント

〈ネットワーク構築支援〉

- 行政（福祉課、環境課、保健所、福祉事務所など）、地域包括支援センター、医療機関、社会福祉協議会、町内会、民生委員、清掃専門業者などで合同セミナーを行う
- 多職種連携でゴミ屋敷対応の事例検討会を行う
- ゴミ屋敷解決の成功事例・失敗事例を収集し、関係者全体で共有する

〈地域課題の発見〉

- 日常生活圏域、町内会ごとにゴミ屋敷（戸建て、居室）の実数を把握し、起こっている苦情を整理する
- 町内会や近隣とゴミ屋敷の住人との関わり方の経緯をたどり、問題点を整理する
- ゴミ屋敷化する家とならない家を比較し、地域の支え合いの意識レベル、支え合いの資源や習慣の有無などを検討する

〈地域づくり・資源の開発〉

- 町内会や民生委員の見守り・声かけの機能を強化してゴミ屋敷問題の早期発見、解決を図る
- セミナーを通して、地域のゴミ屋敷解決のボランティアを育成する
- シルバー人材センターにゴミ屋敷化した空き家の清掃に取り組んでもらう
- ゴミステーションの設置場所とゴミ捨てボランティアを増やす

〈政策形成〉

- ゴミ屋敷専用の苦情相談窓口を設置する
- 行政のゴミ収集など既存の行政サービスを見直し拡充を図る
- ゴミ屋敷の対処および認定などの条例を制定し、附属機関（生活環境審査会）を設置する
- ゴミ屋敷処理費用の予算化を提案する
- 介護保険事業計画や地域福祉計画にゴミ捨て屋敷対策を位置づける

14 認知症

 ケースの背景にあるもの

　認知症がきっかけで支援困難化するケースが増えています。本人だけでなく家族にも認知症の意識がないことや、また家族に認知症ケアの知識とスキルがないために、BPSD（幻覚、物盗られ妄想、失禁など）の症状に対して叱責したり戸惑うばかりで治療（受診）が遅れ、状況がより深刻化します。また、周辺地域では徘徊や放尿などによる異臭のする衣服での入店や万引きなどが苦情となって地域包括支援センターに届きます。地域ケア個別会議では原因を整理し、家族・地域・介護・医療・行政・民間でどのような連携をとり対応するかを話し合います

 話し合いの視点

① 認知症の症状を本人・家族がどのように受けとめ、周囲が関わっているのか

　支援困難ケースでは本人が認知症専門医を受診せず、認定も受けていない場合があります。また家族も認知症の知識がないと放置しがちになり、「ちょっとおかしい」程度の認識しかないことがあります。どのような中核症状（記憶障害、実行機能障害など）が本人を苦しめ、どのようなBPSDが家族など関わる人を困らせているかだけでなく、本人のできている面（強み）にも着目し可能性を探りましょう。

② どのような支援につなげればよいか、どのような支援を生み出せばよいか

　認知症支援には本人支援、家族支援、地域支援の3つがあります。本人には医療支援と介護サービスによる支援、家族には認知症ケアの知識と手法、ストレスケアの方法を学ぶ支援、地域には認知症の理解と関わり方支援などがあります。今ある資源をつなげるだけでなく未来志向で、どのような支援があればよいか、どのように支援の質を上げていくかを話し合いましょう。

③ 認知症になる前にどのような準備を本人・家族、介護・医療、地域はしておけばよいのか

　認知症ケアでの問題は**事後対応**になってしまっていることです。誰もが認知症になる可能性があることを前提に、事前に**本人らしさ**（食や服の好み、好きな話題、本人の癖・こだわり、生活歴など）を本人・家族、介護サービスの現場が**私らしさノート**のようなものにまとめておくとよいでしょう。これを元に認知症初期集中支援チームと、ケアチームで早期の段階でどのように共有すればよいか（引き継げばよいか）を話し合いましょう。

助言者（アドバイザー）

精神科医 認知症の原因別にそれぞれの特徴と関わり方、進行を遅らせる方法、慢性疾患との関係や薬との関係などの説明を依頼する	**認知症ケア専門職** 本人とどのように関わればよいか、家族や地域の人にわかるようにアドバイスを依頼する
認知症家族の会 認知症の家族と暮らす工夫や介護ストレスの解消法、進行レベルごとの関わり方の工夫についての助言を依頼する	**認知症対応施設** 認知症の人とのコミュニケーションや介護のポイントなどの実践的な助言を依頼する
作業療法士 認知症が進んでも在宅生活を続け、本人が役割を担えるような工夫・提案を依頼する	**主任ケアマネ** 認知症の人へのケアマネジメントのポイント、成功事例、施設入所を検討するタイミングなどを含めた助言を依頼する

4つの機能へ展開するヒント

〈ネットワーク構築支援〉
- 認知症初期集中支援チームとケアマネジャー、介護サービス事業所などで合同事例検討会を開き、アセスメント視点などを共有する
- 認知症初期集中支援チームになじみの店舗やタクシー会社なども加わってもらう
- グループホームや介護施設に入ったときに在宅のケアチームがもつケア情報を引き継ぐ
- 認知症初期集中支援チームが早期から関わる認知症ケアパスのルールづくりをする

〈地域課題の発見〉
- 認知症の本人・家族が外出すると困ってしまうこと（道に迷う、バスに乗れないなど）を整理する
- 認知症の人とのやりとりで店舗側が困っていること（かみ合わない会話、異臭のする衣服、激高、代金のやり取りなど）を整理する
- 地域住民が認知症の人の安否確認や関わり方で困っていることを整理する
- 認知症の人の一人暮らしの困りごとを整理する

〈地域づくり・資源の開発〉
- 多様な認知症レベルに対応できる介護事業所を育成する
- 町内会レベルや地元の企業で認知症サポーター養成講座を行い、支え手を育成する
- 認知症カフェを通じて、市民ボランティアを育成する
- 認知症の人が安心して利用できる、認知症にやさしい店を地域に作る

〈政策形成〉
- 軽度認知障害（MCI）や認知症予防の教室を地域展開するための予算化を提案する
- 認知症の人を支える条例や市民スローガンなどを作る
- 認知症グループホームや小規模多機能型居宅介護を計画的に設置する
- 私らしさノート製作費の予算化を提案する

15 若年性認知症

 ## ケースの背景にあるもの

　若年性認知症の支援の難しさは、働き盛り・子育て真っ最中である、仕事の継続が難しく家計が困窮化する、40～60代前半の人に合う介護サービスがない、の3点です。若年性認知症になったことを本人・家族が受容するためには認知症の知識だけでなく、生活の工夫、職場における理解と就労できる環境づくり、そして認知症となった親と子どもとのコミュニケーションの取り方などを支援していくことが重要です。

 ## 話し合いの視点

① 本人・家族はどれくらい受容できているだろうか

　高齢者の認知症は、比較的早めに受診につながるのですが、若年性認知症は「なにか変だな」と思ってから受診するまでに数年かかることもあります。発症から受診、現在に至るまでの経緯をたどり、本人・家族が医師からの告知を受容できているか、認知症と向き合って生きていく姿勢になっているかなどを把握します。そして職場や親族、地域の理解（偏見含む）と協力がどのレベルにあるのかを把握し、支援の方向性と課題を浮き彫りにしましょう。

② どのような困りごとが生まれているか

　若年性認知症となった原因（脳血管性、アルツハイマー型、高次脳機能障害など）を把握し、どのような中核症状とBPSDが、ADLやIADL、コミュニケーションに影響し、**仕事**（職場の人間関係含む）や**子育て**（子どもたちの認知症への理解含む）、**家計**にどのように深刻な影響を与えているか、また今後どのような影響が生じるかを把握します。

③ 本人、家族、職場・地域への支援をどのように組み立てていくか

　若年性認知症への支援は4つの方向性（本人、家族、職場、地域）で話し合います。**本人支援**の基本は生活習慣の見直しや医療的支援による進行・重度化の予防です。また仕事の継続による家計支援、必要に応じて運転免許返納も検討しましょう。**家族支援**は介護力をアセスメントし、認知症ケアのノウハウを専門職の知恵も含めて実践的に提供しましょう。**職場支援**では職場の理解と働き方の検討、**地域支援**では近隣やなじみの店などの理解と協力をどのように得ていくかを話し合います。

助言者（アドバイザー）

 社会保険労務士
介護休業制度など仕事を続けるために活用できる制度などのポイントと助言を依頼する

 認知症専門医
若年性認知症の特徴と進行、また他の疾患の再発・進行の予防のための生活習慣の改善方法の助言を依頼する

 作業療法士
若年性認知症が進行してもできる仕事のやり方や担える役割についての助言を依頼する

 主任ケアマネ
若年性認知症の人へのケアマネジメントのポイントや職場復帰、障害者枠での採用など事例の紹介を含めた助言を依頼する

 認知症ケア専門職
子どもたちも含めて家族ができる原因別の若年性認知症ケアのノウハウを事例などを紹介しつつ実践的な助言を依頼する

 認知症家族の会
若年性認知症の家族のつらさや介護ストレスの解消法に関する助言を依頼する

4つの機能へ展開するヒント

〈ネットワーク構築支援〉
- 医療、介護、認知症家族の会、商工会議所、地元企業などの多職種で、若年性認知症を支えるネットワークを作る
- 多職種と行政で若年性認知症の人の就労継続と就労復帰、転職による就労支援などをテーマとした事例検討会を行う
- ネットワークを広げるために若年性認知症を扱った映画やテレビ番組の上映会などを行う

〈地域課題の発見〉
- 若年性認知症の本人・家族が相談できる窓口を作る
- 若年性認知症の本人・家族が安心して暮らせるための地域の理解と協力体制を日常生活圏域レベルで作る
- 若年性認知症の人と家族を町内会で支える仕組みを作る

〈地域づくり・資源の開発〉
- 若年性認知症の人が利用したくなるデイサービスでのアクティビティを話し合う
- 若年性認知症の人が就労ができる企業（障害者就労枠を含む）を増やす
- 若年性認知症の人が子育てしやすい環境を作る
- 若年性認知症の人が安心して出かけられる店舗や地域のルールを作る

〈政策形成〉
- 市町村として若年性認知症の実数および世帯状況、就労状況を日常生活圏域別、産業別、従業員規模別で調査を行うことを提案する
- 企業における若年性認知症の就労支援と介護者支援のマニュアル作成予算化の提案をする
- 介護保険事業計画に若年性認知症支援を位置づけることを提案する
- 若年性認知症の人と本人・家族を支える条例を作ることを提案する

16 精神疾患

ケースの背景にあるもの

　本人・家族の誰が精神疾患なのかでアプローチは異なります。精神疾患には統合失調症、双極性障害、うつ病、摂食障害、強迫性障害、依存症（アルコール、薬物、ギャンブル）などがあり、症状として、幻覚・妄想、幻聴、躁うつ症状、神経過敏、衝動的行動、不眠などがあります。精神疾患は家庭生活だけでなく、近隣との関係や地域生活にも深刻な影響を及ぼします。病識がなく未受診、通院拒否で未治療という例もあり、医療支援と福祉支援だけでなく、家族・地域が疾患の理解とケアの方法を学ぶことで地域での生活を支えることを目指します。

話し合いの視点

① 本人・家族の病識と治療の有無、支援の経緯を把握する

　本人・家族の誰が精神疾患の当事者か、当事者に**病識**があるか、またこれまで精神科や心療内科などで通院・治療をした経歴があるか、現在も通院・治療中かなど、これまでの支援の経緯と現状をジェノグラムなどで全体的に把握します。本人の生きづらさと、家族・親族間や地域の人間関係においての困りごとや葛藤を具体的に把握しましょう。

② 当事者の短所や弱点、問題点だけでなく強さに着目し、担える役割を話し合う

　支援側が手詰まりになると、本人ができることさえ安全・安心という名の下に奪ってしまうこともあります。ICFの視点から本人を取り巻く環境因子と本人らしさ（個別性・個人因子）と**本人の強さ**（能力、体力、特技、友人関係など）に着目し、どのような役割や環境ならモチベーションをもって取り組めるか、どのような医療支援やケア支援、地域支援、家族や友人などの支援があればよいかを検討し、役割分担します。

③ 緊急事態を予測して医療チームやケアチーム、家族・地域で関わりのシミュレーションを行う

　精神疾患ケースの話し合いで介入の機会が見えない場合があります。しかし介入の大きなタイミングとして当事者の**緊急事態**（失火、交通トラブル、暴力沙汰など）があります。それらの事態をシミュレーションし、医療チームやケアチーム、また家族・地域、さらに警察や消防署がどのように動くのかを話し合いましょう。そうすることで継続的な連携が維持され、早期の対応も可能となります。

助言者（アドバイザー）

精神科医 精神疾患別の症状と治療方法、生活習慣の改善方法、家族や地域がどのように関わればよいか、助言を依頼する	**作業療法士** 疾患別に生活習慣の改善方法や仕事、地域で担える役割についての助言を依頼する
保健所等 地域の精神保健に関する情報や利用できる社会資源・地域資源の情報提供と助言を依頼する	**相談支援専門員** 精神障害者の地域生活支援に関わる助言、活用できる各種制度や社会資源・地域資源の情報提供を依頼する
臨床心理士 各種の心理療法やその人を囲む環境への働きかけの手法についての助言を依頼する	**家族の会** 精神疾患の家族との関わり方や日常生活の向き合い方などについての助言を依頼する

4つの機能へ展開するヒント

〈ネットワーク構築支援〉
- 精神科治療チーム、在宅サービスチーム、行政チーム、就労支援チームなどが定期的に事例検討会を行う
- 就労支援企業や地域移行支援事業所などが定期的に会合をもち、情報交換を行う
- 精神疾患の人への理解と関係者のネットワーク化のためのシンポジウムなどを企画する

〈地域課題の発見〉
- 地域における精神疾患の家族と同居する世帯の生活実態を把握する
- 地域における精神疾患への理解と支援体制を把握する
- 精神疾患の当事者が安心して暮らせる地域の合意形成を行う
- 地域の中で精神疾患の人がサポートがあれば担える役割を作る

〈地域づくり・資源の開発〉
- 当事者を支援するサービス（訪問看護、訪問介護など）を作る
- 気軽に相談できる場所（地域活動支援センターなど）を作る
- 地域に当事者や家族が集える場（ピアカウンセリングなど）を作る
- 精神疾患の当事者の就労を支援する作業所や障害者枠などを活用して就労を受け入れる協力民間企業を増やす

〈政策形成〉
- 介護保険事業計画、地域福祉計画において精神疾患の当事者および家族支援を位置づける
- 精神疾患の当事者や家族が集う会の運営費への補助や公的場所（廃校となった小中学校、旧役場など）の提供などを行政計画として位置づける
- 精神疾患がある当事者の就労を受け入れる店舗や企業への助成金・補助金などの予算化を提案する

17 ひきこもり

 ケースの背景にあるもの

　ひきこもりは長期化する傾向があります（特に男性が多い）。30代〜50代になると国や自治体・NPO法人の支援対象からも外れて支援が切れる、仕事上の失敗や失職などをきっかけにうつ病などの精神疾患を発病する、近隣との関係を断ち地域から孤立するなどが問題になっています。原因として中高年のひきこもりを支援する資源や機関がない、老親への依存（8050問題）を抱え込み・あきらめ、何らかの発達障害（自閉症、学習障害、ADHDなど）があり、自己肯定感が極端に低いなどが考えられます。ひきこもり支援には本人への教育支援、就労支援、家族支援などが必要です。

 話し合いの視点

① ひきこもりになったきっかけと支援の経緯をたどり課題を整理する

　ひきこもりとなったきっかけ（いじめ、不登校、進学・就職の失敗、仕事上の失敗や失職など）とこれまでどのような支援を受けてきたのか、本人は家族や支援者にどのように向き合ってきたのか、その経緯をたどり、中高年期まで続いた原因と環境、これからの課題について話し合います。ジェノグラムなどを使い、**家族・親族間の力関係**なども含め全体像を把握します。

② 本人の強みや可能性に着目し、社会参加への可能性を探る

　ひきこもり支援で注意しなければいけないのは、**急ぎすぎる社会復帰や就労支援**です。当事者の不安や悩み（老いた親の介護、親が亡くなった後の生活、対人関係への自信喪失や焦り・苦悶、低い自己評価など）に寄り添い、原因分析だけでなく、**本人がもつ強み**（ある領域における深い知識や技術、強い関心）や得意とすること（才能、能力）に着目しましょう。そして、どのような地域資源なら社会参加できるか、どのようなタイミングが適切かを具体的に話し合います。

③ ひきこもり家族への多様な支援のあり方をシミュレーションする

　ひきこもり家族支援で注意すべきことの一つが**親のあきらめ**です。ひきこもりの長期化とともに親自身が高齢化し、立ち向かう気力・体力をなくした結果、**親子の逆転現象**が生じてしまい、親に暴力をふるう（家族への攻撃性）危険も生まれます。行政・地域・専門職や民間企業、医療機関、福祉施設などがどのような連携を取り、どのような支援をすればよいか、多様な支援パターンをシミュレーションしましょう。

助言者（アドバイザー）

臨床心理士・精神保健福祉士	ひきこもりのきっかけと原因、関わり方の注意点とともに、ひきこもりから社会参加できた成功事例も含め助言を依頼する
社会福祉士	ひきこもりの人を地域でどのような支え方ができるか、地域の理解と協力づくりなどの助言を依頼する
ひきこもり地域支援センター	中高年のひきこもりの現状と地域支援・就労支援などのポイントと家庭内での関わり方などの助言を依頼する
ひきこもり支援サポーター	ひきこもりにはどのような個別支援があるか、ひきこもり支援サポーターの家庭訪問活動などについて情報提供を依頼する
ひきこもり経験者	ひきこもり経験者として、当時どのような心境にあり、どのような支援のあり方がよかったかなどの提案や助言を依頼する
ひきこもり家族会	ひきこもりの人を抱える家族がどのようなことに悩み、現在、家族会としてのどのような取り組みをしているかなどの情報提供を依頼する

4つの機能へ展開するヒント

〈ネットワーク構築支援〉
- ひきこもり地域支援センターなどの相談機関、保健医療機関、就労支援機関、地域包括支援センターなどのネットワークを作る
- 地域支援ネットワークの中に学校関係者、家族会、民間団体を位置づけ、連携を図る
- 中高年の人の引きこもり支援の事例検討会やシンポジウムを関係機関が連携して行う
- 関係機関との連携（包括的な支援体制の確保）を行政や地域包括支援センターが主体となって進める

〈地域課題の発見〉
- 地域に潜在しているひきこもりの人を抱える世帯を発見し実態を把握する
- 地域でひきこもりの人を抱える家族に向けてどのような見守りや声かけなどが行われているかを把握する
- ひきこもりの人を抱える家族と地域にどのようなトラブルがあるかを把握する
- 地域の困りごとに本人がどのように役に立てるか（役割の発見）を抽出する

〈地域づくり・資源の開発〉
- 本人・家族からの電話や来所などによる相談、訪問支援ができる地域相談窓口を作る
- 本人が無理なく外出できる機会（集いの場所、趣味の会など）を日常生活圏域に作る
- 社会参加と就労支援を目的としたゆるやかな働き方が可能な働き場（農業、林業含む）を地域に作る

〈政策形成〉
- 中高年の人のひきこもりに特化した第一次相談窓口の設置を検討する
- ひきこもり支援に関わる情報の普及・啓発（情報発信）の費用を予算化する
- ひきこもり支援を民間・NPO法人・社会福祉法人などに事業委託することを検討する

18 生活困窮世帯

 ケースの背景にあるもの

　生活困窮世帯の多くは地域や親族などから孤立しています。急病や突然の事故、介護など予期せぬ困難が生じて支援を求めても、介護保険料や健康保険料、各種税金を未納していることが壁になります。生活困窮世帯は複合的な課題を抱えており、解決には多機関・多職種が包括的に連携を取る必要があります。経済的自立だけでなく日常生活の自立から社会的自立を通して、精神的自立を目指します。

 話し合いの視点

① **生活困窮世帯となった経緯と家族・親族との関わり、地域とどのような関わりをもっていたのか、なぜ生活保護につながらなかったかを整理する**

　生活困窮世帯となったきっかけ（病気、失業、入院、死亡など）とそれに至るまでの家族・親族からの支援の有無、また、近隣や知人・友人がどのように関わってきたのか、その経緯と全体像を把握します。生活困窮世帯は社会的に孤立していることが多く、家族・親族・地域がセーフティネットとならない場合があります。また、**生活保護につながらなかった理由**も解決のポイントとなります。

② **複雑な課題を整理し、多機関・多職種で問題解決に向けた計画化を行う**

　生活困窮世帯は**複合的な課題**（精神疾患、ひきこもり、知的障害、虐待、DV、失業、離婚、不登校など）を抱えています。それぞれが長期間にわたっているため複雑化していることが多く、専門的視点からの分析と多機関・多職種による問題解決に向けたアプローチが必要となります。それぞれの課題を整理し、日常生活の自立をはじめ、当事者世帯が主体的に取り組める改善・解決に向けた計画を立てます。役割分担とともにどのように連携していくか、緊急時の対応も含めて話し合います。

③ **生活困窮世帯が発見されたときにどのように連携して対応していくかを話し合う**

　地域には**見えざる生活困窮世帯**と**生活困窮世帯予備軍**がいます。町内会や民生委員、地域包括支援センター、民間事業者（ガス、水道、電気など）がどのように連携して発見していくか、そしてどのようにアウトリーチしていくかを決めましょう。その際、どのような制度で支援できるかについて、助言者のアドバイスをもらいながらシミュレーションし、動き方まで話し合いましょう。

助言者（アドバイザー）

主任相談支援員	生活困窮者自立支援制度の活用（就労支援、家計再建支援など）への助言を依頼する	**就労支援員**	就職活動にあたっての履歴書の作成指導、個別求人開拓、面接対策、就労後支援などについて助言を依頼する
ハローワーク	募集案件の傾向や応募するにあたってのノウハウ、応募にあたって有利な技能や資格などの情報提供を依頼する	**福祉事務所**	生活保護受給者の基準とメリット、生活保護申請の流れなどの助言を依頼する
社会福祉協議会	生活福祉資金の貸与など経済的支援の方法や支援ボランティアについての助言を依頼する	**相談支援専門員**	生活が困窮している原因の一つに障害児・者との同居がある場合、障害児・者への障害福祉サービスの利用の仕方、障害者枠での就労などへの助言を依頼する

４つの機能へ展開するヒント

〈ネットワーク構築支援〉
- 行政の関係部局（税金、国保、年金、水道部門など）と電気・水道・ガスなどの民間事業者、民生委員、町内会、社会福祉法人、学校関係者などが連携できるネットワークを作る
- 住居確保、就労、家計再建、子育て、介護、医療などの支援のための多職種の幅広いネットワークを作る

〈地域課題の発見〉
- 地域の生活困窮世帯を早期に発見し地域の特性（地場産業の衰退、就職先の不足など）がどのように影響しているかを把握する
- 地域の生活困窮世帯に訪問アンケートを実施して困りごとリストの作成を行い、課題を整理する
- 地域の店舗やライフラインに関わる事業所を調査し、生活困窮世帯にどのような支援ができるかを把握する

〈地域づくり・資源の開発〉
- 生活困窮世帯が身近に相談できるサポーターや相談窓口を作る
- 生活困窮者が就労できる事業所（資源）を作る
- 生活困窮者が就労できる民間事業所（企業、団体、NPO法人、社会福祉法人など）を作る
- 生活困窮世帯の子どもが通える学童保育や子ども食堂などを作る

〈政策形成〉
- 市町村に生活困窮の相談窓口を設置し広報する
- 生活困窮者の発見・把握から相談窓口につなぐ流れをルール化する
- 生活困窮者支援のための自治体・事業主体・各供給主体間の連携スタイル（業務委託、合同窓口、常設チーム、連携担当者設置、個別案件別）を決める

19 介護虐待

 ケースの背景にあるもの

　支援困難ケースのうち介護虐待が想定され、生命・身体の危機が迫っているケースがあります。夫婦間のみだけでなく子による暴力行為や、子が親を支配する関係（脅し、侮辱、威圧的な態度、暴言・恫喝・怒声、無視・放置、辱めなど）も懸念されます。特に、親が認知症となり重度の介護が必要になった際には虐待へ向かう危険度は高まります。介護虐待のボーダーラインも含め介護の過度な負担への改善をまず図りましょう。

 話し合いの視点

① どのような原因と経緯で暴力的な状況になったのかを話し合う

　介護虐待は、夫婦間の不仲や介護ストレスによるものから、子どもの場合は少年期・青年期に家庭内暴力があり、失業などによるストレスなどが重なって始まってしまう場合があります。暴力的な態度や行為だけでなく**経済的詐取**（金の無心など）もあります。どのような原因（精神疾患、認知症など）と経緯で暴力的状況になったのか、親族などのどのような力が**抑止力**となるかを検討します。

② 家族間の力関係、子どもの精神疾患や知的障害のレベルと介護虐待がどのように関連しているかを話し合う

　家族・親族間の力関係をジェノグラムで見える化します。家族間にどのような葛藤関係と支援関係があるのか、血縁関係の有無やきょうだい間のパワーバランスも視野に入れます。それらの**関係の歪み**が介護虐待や家庭内暴力にどのように連鎖しているかを話し合い、介護家族の困りごとや悩みごとだけでなく高齢者本人の強みにも着目し、改善の糸口を話し合います。

③ 介護虐待の状況や家庭内暴力を防止（予防）する環境づくりについて話し合う

　虐待的な状況や家庭内暴力が起こっている家庭は地域から孤立しています。介護家族が地域の人に知られることを恥ずかしく思い、また地域も関わることを過度なおせっかいと考え、問題を避けること（傍観、沈黙）が多いからです。虐待防止と養護者支援の意義を整理し、地域の支え合いや専門職の関わりでどのように防止（予防）することができるかを話し合います。

助言者（アドバイザー）

精神科医
介護虐待の要因となりやすい介護ストレスや介護うつ、怒りなどへの対処法および精神疾患の人への関わり方などの助言を依頼する

介護者家族の会
介護者家族としての苦労や陥りがちな落とし穴、カッとなったときの対処法などについての助言を依頼する

虐待対応チーム
虐待ケースの判断基準や対応方法、その際のポイントなどの助言を依頼する

相談支援専門員
精神障害や知的障害の人のストレスの傾向と介護を行うときに陥りがちなストレス、ストレスケアへの方法などについて助言を依頼する

心理カウンセラー
さまざまなストレスケアの方法や怒りのコントロールの方法（アンガーマネジメント）についての助言を依頼する

認知症グループホーム
認知症の家族とのコミュニケーションの取り方、家族が陥りがちなトラブルと解決法についての助言を依頼する

4つの機能へ展開するヒント

〈ネットワーク構築支援〉
- 介護虐待が想定される家庭を早期発見するための地域・事業者・行政・民間のネットワークを作る
- 介護の悩みを相談できる専門職ボランティアの育成と医療機関や行政とのネットワーク化を行う
- 介護虐待を早期発見するノウハウをまとめたマニュアルをネットワークで作る

〈地域課題の発見〉
- 地域の中高年無就業者、親同居未婚者の世帯がどのような困りごとや生きづらさを抱えているかヒアリングする
- 地域の町内会などで孤立化している高齢者がいる世帯の状況を把握する
- 孤立化しがちな介護虐待・家庭内暴力の世帯への見守り・声かけの現状を把握する

〈地域づくり・資源の開発〉
- 同居する壮年期の無就業の子どもが就業移行できる場所を作る
- 介護ストレスや介護の悩みが相談できる窓口（Webサイト含む）を作る
- 認知症の家族とのコミュニケーションの取り方が学べる場を認知症グループホームなどと作る
- 介護の悩みや愚痴を語り合える場を作る
- 地域で介護虐待ヒヤリハット教室を行う

〈政策形成〉
- 地域の中高年無就業者、親同居未婚者の世帯などの調査を行政として取り組む
- 地域の見守り体制の強化を具体的に日常生活圏域で取り組む
- 介護ストレスのレスパイトとして短期入所の利用や施設入所がしやすいルールづくりをする
- ストレス過多となりやすい男性介護者への支援を介護保険事業計画などに位置づける

20 消費者トラブル

 ケースの背景にあるもの

　多くの高齢者は3つの不安(金銭、健康、孤独)を抱えており、悪質業者につけこまれる消費者トラブルが急増しています。電話勧誘販売や家庭訪問販売、無料商法、インターネット詐欺による被害だけでなく特殊詐欺(オレオレ詐欺など)も広まっています。地域を巻き込んだ近隣レベルでの消費者被害防止のネットワークづくりが急務です。

 話し合いの視点

① **消費者トラブルの品目と金額、購入理由と手口、発見後の対応、法的な対応の可能性と対策について話し合う**

　消費者トラブルに遭った品目と金額、購入理由、それまでの手口、発見のきっかけ、違法性(反社会性)のレベルとともに、法的対応の可能性と効果および限界について、専門家や関係者の助言を踏まえて対策を話し合います。当事者責任を追及するのでなく、なぜだまされてしまうのか、どのように対応すれば防げるのか、成功事例も含めて教訓を導き出す話し合いにするのがポイントです。

② **日常生活圏域レベルでどのような消費者トラブルが発生しているか、地域的な特徴や被害者の特徴、最新の手口などの情報を共有する**

　消費者詐欺は訪問型の**悪徳商法**(消火器、健康食品、リフォーム、ガスの点検など)から**特殊詐欺**(オレオレ詐欺、架空請求、還付金、個人情報削除、未公開株など)、**会員権詐欺**(有料老人ホーム、風力発電など)、そして**劇場型詐欺**まで実に巧妙になっています。最新の手口からねらわれやすい(被害が表面化しない)地域や町内会、世帯・人の特徴を抽出し、情報共有します。

③ **地域や民間事業者、行政機関が連携して、どのように消費者トラブルの防止を図ることができるか**

　消費者トラブルは遭わないようにするだけでなく、速やかな発見・通報と法的対応がポイントです。本人は被害者である意識がない場合も多いので、いかに家族や近隣、町内会、民間事業者(宅配業者、銀行窓口など)と行政機関が連携し、迅速に対応できるかが重要です。緊急通報システムの各戸整備や広報活動、警察の定期巡回などの防止策を話し合い、行政に提案することも行いましょう。

助言者（アドバイザー）

 消費生活センター
消費者トラブルの傾向と被害に遭いやすいタイプと手口、どのように防げばよいか、近隣はどのように見守ればよいかについての助言を依頼する

 弁護士
特定商取引法や詐欺商法の違法性、クーリングオフの期間とポイントなどについての助言を依頼する

 日本郵便、宅配便業者
老老世帯や一人暮らし高齢者がどのような頻度で商品を購入しているか、宅配時の受取と押印、代引きなどでの困りごとの情報提供と見守りなどを依頼する

 金融機関
金融機関の窓口やATMでの振り込め詐欺などの防止をどうしているか、どのような点に注意したらよいかについての助言を依頼する

 警察署生活安全課
管轄地域で起こった消費者被害や悪質訪問販売の現状についての情報提供を依頼する

 町内会連合会
町内会としてできる見守りや緊急通報のお手伝いなどについて助言・提案を依頼する

4つの機能へ展開するヒント

〈ネットワーク構築支援〉
- 地域包括支援センターとケアマネジャー連絡会、介護事業者、消費生活センター、弁護士、警察署生活安全課、民生委員、町内会を含めた消費者トラブル対策ネットワークを立ち上げる
- 防犯カメラや防犯ドアホン、緊急通報システムなどを販売する業者とのネットワークを作る
- 町内会や班レベルでの見守りネットワークを作る

〈地域課題の発見〉
- 日常生活圏域ごとにどのような消費者トラブル（詐欺）が起こっているのかを実態把握する
- ねらわれるのはどの地域のどのような家や世帯、住人なのか、その特徴などを把握する
- 消費者詐欺に関する不安とどのような支援を希望するかなどをヒアリングする
- 町内会ごとに消費者被害への取り組みなどの調査を行う

〈地域づくり・資源の開発〉
- 心当たりのない電話や宅配便、執拗な訪問販売のときにすぐに通報できる緊急通報システムを配置する
- 消費者トラブル相談窓口（高齢消費者見守りホットライン）を地域に設置する
- 消費者トラブル事例集を作成し、高齢者世帯および公民館や病院、診療所、薬局などに置く

〈政策形成〉
- 高齢者世帯に緊急通報システムを配置する
- 高齢者の契約行為に立ち会う見守り推進員を行政のサービスとして位置づけることを検討する
- 消費者被害やトラブルへの対処を書いたチラシを制作する
- 消費者詐欺撲滅キャンペーン（年1回程度）を行う

21 軽犯罪高齢者

ケースの背景にあるもの

　高齢者の社会参加が増える一方で軽犯罪の件数が増えています。コンビニやスーパーで万引きする、駅員や店員に暴力を振るう、痴漢行為やストーカー行為をするなどの軽犯罪を行う原因として、生活が苦しい、感情が抑制できずキレやすい、社会的に孤立している、認知症などが推測されます。公共交通機関や店舗から持ち込まれる迷惑行為を高齢者のシグナルとして受けとめ、軽微な犯罪をさせないだけでなく、支援のアウトリーチのきっかけとして位置づけ、地域で貧困化・孤立化する高齢者の視点から取り組むことが重要です。

話し合いの視点

① 当事者の人柄・生い立ち、頻度、状況、理由、事情などを整理し全体像を把握する

　軽犯罪を犯す理由には生活苦や経済的困窮だけではなく、日常生活での**苛立ちや孤独感**、人間関係でのトラブル、社会への怒りなどが背景にあります。事案の頻度、状況、理由、事情などの全体像とともに、人柄や生い立ち、認知症や知的障害・精神疾患の有無、家族構成と家族関係なども踏まえ、なぜ軽犯罪を犯してしまったか、全体像を把握しましょう。

② 再犯をさせないために本人、家族、近所・近隣、なじみの店舗・スーパー、専門職、行政機関でできることは何かを話し合う

　軽犯罪を再度起こさないために本人が行うこと（生活習慣の改善）、家族が取り組むこと（買い物代行）、近隣でできること（挨拶、見守り）、店舗やスーパーで行えること（**買い物時の同行と声かけ**）、医療や介護の専門職で行うこと（認知症ケア、居場所づくりなど）、警察など行政機関ができること（広報活動など）の6つで話し合い、地域ケア推進会議に提案しましょう。

③ 軽犯罪高齢者、累犯高齢者を生まないために、どのように取り組めばよいかを話し合う

　軽犯罪高齢者は**高齢初犯**が多いのが特徴です。賠償金で示談にする、執行猶予となるケースが多いのですが、原因が解決できなければ**累犯高齢者**となってしまいます。地域や行政、民間事業者がどのような社会インフラを整備すれば初犯・累犯高齢者を防ぐことができるのかを具体的に話し合い、地域ケア推進会議に提案しましょう。

助言者（アドバイザー）

警察署　管轄別に高齢者の初犯・累犯者の傾向と効果的な対応方法、警察署への連絡・相談などの活用についての助言を依頼する

精神科医　高齢期の孤独感、喪失感の特徴と解消するためのノウハウ、関わり方の工夫などについての助言を依頼する

弁護士　初犯、累犯高齢者の傾向と犯罪別の示談金（賠償金）や刑期の違い、防止のための方法について助言を依頼する

店舗関係者　高齢者の万引きの傾向と摘発時の態度やその後の対応などの情報提供とともに、再犯させないためのノウハウなどの助言を依頼する

防犯ボランティア　防犯パトロールのエリアと方法、高齢者の軽犯罪を防ぐために店舗などが心がけること、店舗や商店街との連携について情報提供してもらう

保護司　高齢累犯者の傾向、更生と社会復帰できるためのポイント、社会的支援の方法についての助言を依頼する

4つの機能へ展開するヒント

〈ネットワーク構築支援〉

- 弁護士、精神科医、民間事業者、商工会議所、公共交通機関などのネットワークを作る
- 警察署（生活安全課）、防犯ボランティア、弁護士、保護司、店舗関係者のネットワークを作る
- 高齢者の軽犯罪防止キャンペーンとして関係団体がネットワークを組んでシンポジウムを行う

〈地域課題の発見〉

- 地域の店舗や民間事業者、公共交通機関などでの高齢者の迷惑行為や苦情・クレームの調査を行う
- 地域で孤立化・孤独化する高齢者にヒアリングをする
- 高齢者が万引き行為をしやすい店舗や時間帯などの調査を行う

〈地域づくり・資源の開発〉

- 万引きしにくい店舗づくり（防犯カメラ、声かけ、買い物支援員が同行など）を行う
- 対面式店舗（朝市、移動販売車など）を定期的に地域で開く
- 買い物ボランティアを地域で養成する
- 高齢者や障害者がスーパーやコンビニで迷わない表示や支援サポーターを配置する
- 防犯のために青色パトカー（青色回転灯装備車）で地域を定期的に巡回してもらう

〈政策形成〉

- 高齢者の軽犯罪防止および再犯防止を目指した就労支援の施策を提案する
- 高齢者の社会的孤立化防止のために地域の支え合いの居場所づくりのための予算化を提案する
- 高齢者の万引き防止キャンペーンのステッカーとポスターの予算化を提案する
- 再犯防止のための生活保護の申請支援などを提案する

22 矯正施設出所者

 ケースの背景にあるもの

　矯正施設（刑務所、拘置所）に収容されている高齢者・障害者の仮釈放者は増加傾向にあります。家族・親族の支援を受けられず、再就職も困難で、地域から排除され、結果的に再犯を繰り返し矯正施設に戻るという負の連鎖が起こっています。地域ケア個別会議では、釈放後の高齢の保護観察対象者への支援について、各都道府県の地域生活定着支援センターや福祉施設関係者と連携し、ネットワークで解決を図るための話し合いを行いましょう。

 話し合いの視点

① なぜ矯正施設出所者は再犯を繰り返すのか

　高齢の矯正施設出所者は釈放後、家族などからの支援がなく（引受人拒否）、行き場（住まい）がない、仕事がない、人間関係が作れないなどのために再犯を繰り返すという**負の連鎖**を起こしている可能性があります。本人の生育環境、家族構成、就学状況、障害（療育）手帳の有無、就労状況、精神疾患などの情報から、本人の心の傷と再犯を繰り返さざるを得なかった事情を明らかにするとともに、地域生活への意欲と本人の強さ（プラス面）に着目した話し合いをしましょう。

② 地域から排除されがちな現状を踏まえ住民の理解と協力をいかに図るか

　本人が地域生活を希望していても、家族・親族の協力が得られず、地域の側にも**避ける・排除したい力**が働くことはよくあります。犯歴の内容（殺人、傷害、痴漢、窃盗、詐欺、道路交通法違反など）によっても住民感情は異なります。地域の理解者（福祉関係者）や保護司・民生委員などの協力を得て、どうすれば地域生活に定着できるかを話し合いましょう。

③ 今後、地域生活を希望する高齢の出所者をどのように支援すればよいか

　高齢の矯正施設出所者は、地域生活を希望しても、住まい・仕事・人間関係が新たに作れない厳しい現実があります。どのような福祉的支援があれば地域生活が可能となるか、住まい（集合住宅、グループホームなど）、就労（作業所、民間事業所など）、収入（生活保護受給含む）、人間関係（当事者の会、イベントなど）をシミュレーションし、地域ケア推進会議に提案しましょう。

助言者（アドバイザー）

　弁護士・保護司
高齢者の矯正施設出所者の累犯傾向と予防のために理解しておくポイントの解説と助言を依頼する

　更生・矯正施設関係
累犯高齢者の現状と再犯防止・予防のポイント、地域定着支援への要望と助言を依頼する

　精神保健関係者
知的障害者や精神障害者の犯罪の傾向と釈放後の自立生活支援のための助言を依頼する

　福祉事務所
生活困窮から再犯を繰り返すことも多いので、年金申請から生活保護受給申請、活用できる制度などの助言を依頼する

　地域生活定着支援センター
地域定着支援の状況と個別支援と福祉サービスの利用支援のポイントについての助言を依頼する

　社会福祉士
刑事施設や更生保護施設に配置されている社会福祉士から社会復帰のための福祉的支援の必要性について情報提供を依頼する

4つの機能へ展開するヒント

〈ネットワーク構築支援〉
- 矯正施設出所者や累犯高齢者などの地域生活を支援する地域生活定着支援センター、保護司、民生委員、福祉関係者、精神保健福祉センター、医療関係者、介護関係者などのネットワークを作る
- 就労支援、住居支援、つながり支援などそれぞれの分野ごとの関係者のネットワークを作る

〈地域課題の発見〉
- 地域に暮らす矯正施設出所者から地域生活や就労でどのようなことに困ったか（差別されたか）などを聴き取り調査する
- 地域の触法高齢者、矯正施設出所者、累犯高齢者への差別・偏見意識をヒアリング調査する
- 矯正施設出所者が地域で就労できる企業や社会福祉法人の就労内容の調査を行う

〈地域づくり・資源の開発〉
- 矯正施設出所者に住まい（アパート）を提供してくれる土地・建物オーナーおよび協力してくれる不動産業者を探す・作る
- 共同で住むことができるグループホームを作る
- 矯正施設出所者が就労できる場を提供できる事業者（社会福祉法人含む）を育成する
- 孤立化を防ぐための当事者が集える場所をNPO法人や社会福祉法人に依頼する

〈政策形成〉
- 触法高齢者、矯正施設出所者、累犯高齢者への差別・偏見意識を改善する啓発活動を行う
- 地域生活に定着のための公営住宅入居支援、就労助成金（補助金）、交通機関補助などの予算化を提案する
- 矯正施設出所者のための住宅を確保する
- 年金、生活保護受給支援を行う
- 地域生活定着支援センターと連携して地域相談窓口を設置する

23 過疎地域

 ケースの背景にあるもの

　過疎地域は無医地区であったり介護事業所がないところも多いため、外来と在宅の医療ニーズに応えづらく、在宅療養・在宅介護が十分に受けられない現状があります。冬季は特にリスクが高まります。過疎診療所の機能強化を図る、訪問看護・訪問診療・訪問リハビリ・訪問服薬指導などの連携、公設民営・民営および複数の診療所と介護事業者の連携型の導入、ICT活用による遠隔診療と見守りの導入、基準該当サービスの地域住民委託など、あらゆる可能性を探る努力が求められています。

 話し合いの視点

① どのような支援があれば介護サービスの利用や通院・訪問医療、在宅療養ができるか

　過疎地域に暮らす本人の日常生活リズムと緊急時を想定し、どのように医療（通院、訪問診療、訪問看護、訪問歯科など）や介護（訪問介護、通所介護、短期入所など）、地域（近隣など）が連携すればよいか、またサービスの同時提供による**効率化**（デイサービス時の巡回診療など）や在宅療養を支えるための患者情報と利用者情報の共有化、ICTを活用した見守り機能の共有などを話し合います。

② 緊急時に備えて多職種連携によるルールづくりとリスクマネジメントを話し合う

　過疎地域での在宅療養生活の大きな不安は緊急時にすぐに対応ができないことです。地域ケア個別会議で緊急時の対応（状態観察の方法と連絡、緊急時の介抱の方法、AEDなどの医療機器の使い方など）についてルール化しましょう。なお、これらは家族だけでなく、近隣で対応できる人にも理解してもらうことが重要です。必要に応じて会議に参加してもらうことも検討しましょう。

③ 5～10年先にどのような地域医療・介護体制が整備されていればよいかをシミュレーションする

　過疎地域の高齢化は急激に進むので、5～10年先の一人暮らし高齢者と空き家世帯を容易に予測することができます。5～10年先は町内会の見守りも、目視や声かけだけでなく、**ICTやSNS**を使った見守り活動や服薬管理および体調管理や緊急時対応、また宅配便業者や民間事業者による生活用品の調達も日常になっているでしょう。地域ケア推進会議では5～10年先のあるべき姿（目標）をシミュレーションし、目指す取り組みを地域医療計画や介護保険事業計画に反映させましょう。

助言者（アドバイザー）

在宅医: 疾患別に在宅療養で起こりがちなこと、注意すべき点、ICTを使った遠隔治療、看取り期における家族と地域との関わりなどの助言を依頼する

訪問看護師: 疾患別に想定される緊急時の判断と対応方法、救急搬送時の注意などの助言を依頼する

介護事業者連絡会: 巡回エリアの拡大やサテライト事業所の開設、基準該当サービスの可能性とサービスを行うにあたっての助言を依頼する

薬剤師: 老老世帯や一人暮らし高齢者の在宅での服薬管理の方法、残薬の処理などの具体的な助言を依頼する

保健師: 食生活（食習慣）、生活習慣、働き続けること、地域交流などの重要性についての助言を依頼する

生活支援コーディネーター: 過疎地域でのサロン活動や集い場・通い場づくりなどについて助言・提案を依頼する

4つの機能へ展開するヒント

〈ネットワーク構築支援〉
- 過疎地域をエリアとする介護事業者と医療機関、町内会などが定期的に集まり協議を行う
- 医療機関と診療所などが電子カルテや画像診断データ、患者情報をICTでネットワーク化する
- 患者情報の共有システムに介護サービスの利用者データも加え、医療・介護の連携を図る

〈地域課題の発見〉
- 食生活（食習慣）、生活習慣、労働環境、地域交流などの調査を行う
- 地域住民の健康調査を行い、疾患・障害の特徴を抽出する
- 過疎地域にサービス提供を行う介護事業者に困りごとのヒアリング調査を行う
- 介護ニーズ調査を住民対象に行う
- 地域住民向けに予防やセルフケア、生活改善の教育を行う

〈地域づくり・資源の開発〉
- 提供エリアの拡大とサテライト介護事業所の設置を行う
- 介護サービスや公民館など住民が集まる場所への巡回診療を行う
- 通院するためのデマンドバスやコミュニティバスを確保する
- 冬季などに転居できる空き家・集合住宅を確保する
- 病疾患・けが別に緊急時の応急手当教室を地域で行う

〈政策形成〉
- サテライト介護事業所や診療所への運営費の補助の予算化を提案する
- 過疎地医療の拠点病院の人的・質的充実を図る
- 過疎地や離島などに簡易ヘリポートの設置を提案する
- 通院のためのデマンドバスやコミュニティバスの予算化を提案する
- 患者・利用者情報の共有ルールを策定する

24 災害弱者

ケースの背景にあるもの

　予期せぬ災害（地震、台風、洪水、猛暑、豪雪、津波など）の際に弱者となるのは高齢者や障害者と幼児・児童です。災害時の支援が困難にならないように、防災・減災の取り組みを地域ケア個別会議で話し合い、その内容を地域ケア推進会議に提案し、政策化に向けて提案することが重要です。災害の種類別に、災害時の備えと心構え、安全な場所への避難ルートの確保、命と身体を守る避難所・食料・医療の確保などをシミュレーションし、被災時から1週間の具体的な対策まで話し合うとよいでしょう。話し合った内容は地域防災計画や避難行動要支援者名簿などに反映させましょう。

話し合いの視点

① 地域の特徴と災害種類別の被害をシミュレーションする

　災害の種類（地震、台風、洪水、猛暑、豪雪、津波など）と発生する時期、発生する時間帯、地域の特徴（住宅密集地、商店街、工場地帯、沿岸部、中山間地など）によって被災状況は異なります。住宅地図や航空写真などを見て、2次災害（火事、倒壊、浸水など）の規模・レベルなども予測します。その際、東日本大震災や熊本大地震、福井豪雪、西日本豪雨などの資料も参考にしましょう。

② 災害種類別に避難ルート、避難所生活、医療や食料、介護をシミュレーションする

　災害の種類とレベルを設定したら、高齢者や障害者、幼児・児童などの避難ルートと避難方法、避難所での生活スペースの確保、食料などの確保、医療・介護が必要な人へのサポート、インターネットや電話などの通信方法の確保などをシミュレーションします。この話し合いのときにも東日本大震災や熊本大地震などでの避難所生活の資料などを参考にしましょう。

③ 防災・減災のための訓練を各町内会別、各戸別に行う

　災害の発生はやむをえませんが、2次災害を減らすための**防災・減災対策**を行うことは可能です。発生時の災害レベルと避難情報の伝達をどのようにするか、どのルートで避難をするのか、どのように避難所生活を送るのかは、**事前の訓練**がとても重要となります。住民に防災・減災意識を広めるために、各町内会や各地区、小中学校や職場ごとに避難訓練をどのように行うかを話し合います。話し合った内容は地域ケア推進会議に提案し、地域防災計画に反映させましょう。

助言者（アドバイザー）

消防署	被災地の地理的特徴と災害別の被害状況、2次災害の火事の消火活動や、被災者の救出活動、避難時の注意点などの助言を依頼する
行政防災課	行政としての災害別の被害予測と防災・減災の取り組みなどについて情報提供を依頼する
災害ボランティア	災害ボランティアの種類と内容、どの段階でどの段階でどのような支援が可能なのか情報提供を依頼する
消防団	避難場所へのルート確保と避難誘導、被災者の救出、安否確認・声かけの方法などの助言を依頼する
医師会・看護協会	災害時の救護・治療の注意点、要介護高齢者や患者への支援のポイントなどの助言を依頼する
介護施設・事業所	介護施設・事業所が要介護者支援で行えること、避難所での介護のポイントなどの助言を依頼する

4つの機能へ展開するヒント

〈ネットワーク構築支援〉
- 消防署・消防団、警察署、医療、介護、施設、学校、企業などの災害時協力ネットワークを作る
- 災害時の救命救急や物資配給、ボランティア配置などが円滑に行えるネットワークを作る
- マンションなどの集合住宅間（管理組合）の災害救助・救援ネットワークを作る

〈地域課題の発見〉
- ハザードマップ（防災マップ）により危険地域の周知徹底をする
- 住民の防災・減災意識の向上を図る取り組みを行う
- 高齢者・障害者には安否確認の担当制をとる
- 避難ルートと避難手段、避難場所を決め、避難訓練で周知する
- 近隣で協力しあうための避難生活マニュアルを作る

〈地域づくり・資源の開発〉
- 避難ルート、避難場所、備蓄物資などを公民館単位で確保する
- 地域防災拠点を決め周知する
- 要介護高齢者などの災害時の介護サービス拠点を確保する
- 救援物資・災害ボランティア受け入れ訓練を行い、マニュアルを作成する
- 地域・地区・企業別に消防団の加入と災害サポーターの育成を図る

〈政策形成〉
- 日常生活圏域内の施設や企業、地域資源、マンション管理組合などで人材、場所、物資等を供給する災害時協定を結ぶ
- 避難訓練を自治体のスケジュールの中で定例化する
- ハザードマップ、災害時サバイバルブックなどを発行する
- 地域防災計画、介護保険事業計画や地域医療計画に被災時対応を位置づける

25 居住系施設

ケースの背景にあるもの

　サービス付高齢者住宅（サ高住）や住宅型有料老人ホームなどの居住系施設や高齢者専用の集合住宅が急増し、家族介護や一人暮らしの限界が理由の入居（住み替え）だけでなく、特養ホームの待機者退院後の行き場がないケースも増えています。危惧されるのは、一部自立支援と自己決定の視点を欠いた歪んだケアマネジメントの実態です。支給限度基準額を前提としたケアプランと併設サービスへの囲い込み、夜間や緊急時の未対応、問題行動を理由にした退去通告などが起こっています。ケアプランチェックや立ち入り調査・監査など、市町村の指導権限を含めた迅速な対応の一つとして地域ケア個別会議で取り上げましょう。

話し合いの視点

① 入居の経緯と事前説明を確認する

　本人・家族と居住施設側が揉める原因に説明不足と理解不足（思い違い）があります。すぐに退去できない、転居先がないなどの理由から利用者が**泣き寝入りするケース**もあります。一方、問題行動や医療ケアが必要となり退去を迫られることもあります。利用者の自立支援と生命・財産の権利を守るために、どうすれば契約の履行と継続が保障されるかを話し合います。

② 自己決定と自立支援、利用者本位のケアマネジメントとサービスの提供が行われているか

　居住系施設や集合住宅での問題に、自立支援と自己決定の視点を欠き、**支給限度基準額を前提としたケアプラン**と**併設サービスへの囲い込み**があります。アセスメントシートやケアプラン、個別サービス計画、サービス利用票、支援経過記録などをもとに、どのようなプロセスでサービスが進められてきたのかを確認します。またどのようなサービスを提供すれば利用者本位の生活が支えられるかも話し合いましょう。

③ 介護事故や虐待などが行っていないか、それが想定されるような状況が起こっていないか

　懸念される点は安否確認と居室内事故（転倒、転落など）対応です。安否確認の方法（対面、インターホン、カメラなど）と頻度（1日1〜3回）は、居住系施設によって異なります。夜間の緊急時対応を警備会社に委託しているケースもあり、発見・対応の遅れから死亡事故も発生しています。要介護レベル、サービス利用の内容、安否確認、夜間対応の状況などを把握して問題点を整理しましょう。

助言者（アドバイザー）

 主任ケアマネ　居住系施設や集合住宅における利用者本位、ニーズ優先、自立支援に立ったケアマネジメントについて具体的な助言を依頼する

 居住系施設事業者　居住系施設において健全なサービスと法令遵守に基づく運営を行っている他の市町村の同業者からの助言を依頼する

 弁護士　入居の契約書や退去条件などの合法性と介護事故やトラブル対応についての助言を依頼する

 介護事業者連絡会　居住系施設や集合住宅における自立（自律）支援に立った訪問介護、通所介護、福祉用具などのサービスへの助言を依頼する

 医師・看護師　居住系施設におけるリハビリや健康管理、慢性疾患のケアのポイント、心身の機能低下への対応や服薬管理などの助言を依頼する

 消費者センター　入居後にどのようなトラブルや苦情が起こっているか、その防止策含めて助言を依頼する

4つの機能へ展開するヒント

〈ネットワーク構築支援〉
- 居住系施設の連絡会を作る
- 介護事業者連絡会の中に居住系施設部会を作る
- 居住系施設の利用者を担当しているケアマネジャーのネットワークを作る
- 居住系施設のケアプランの事例検討会を定期的に行う

〈地域課題の発見〉
- サ高住や住宅型有料老人ホーム、高齢者向け集合住宅の実態を調査する
- 居住系施設に親・配偶者を預けている家族のニーズおよび苦情調査を行う
- 介護老人福祉施設入所待ちの家族の調査を行う
- 居住系施設が地域のニーズ（貸しスペース、集い場、通い場、避難所など）に応えるような取り組みをしているか把握する

〈地域づくり・資源の開発〉
- 居宅介護支援事業所の（特定Ⅰ・Ⅱ・Ⅲ）の主任介護支援専門員が居住系施設のケアマネジャーのスーパーバイザーとなる仕組みを作る
- 居住系施設や高齢者集合住宅の利用者のケアプラン点検を定期的に行う
- 居住系施設を利用する家族の会を発足する
- 併設する通所介護に在宅や他の居住系施設の利用者を受け入れるモデル事例を作る

〈政策形成〉
- 居住系施設や高齢者向け集合住宅の年1回の定期監査を定める
- サービスの囲い込みや過剰なサービス提供禁止の市町村（保険者）ルールを定める
- 同一建物等居住者へ複数の訪問サービスを提供する場合は定期的なケアプラン点検を行政としてルール化を行い、必要に応じて地域ケア個別会議で話し合う
- 要支援高齢者への自立支援ケアマネジメントの徹底を市町村として通知する

26 【介護予防】転倒・骨折、関節疾患

 ## ケースの背景にあるもの

　要支援・要介護の原因の多くが老化による衰弱、屋内外での転倒による骨折（大腿骨頸部骨折など）、関節疾患（変形性関節症・関節リウマチなど）です。これらが立ち座り、歩行、階段昇降、荷物の持ち運びなどに影響し、ADLやIADLに支障が生じます。痛み・だるさがあると安静にすることが増え、やがて関節可動域が狭くなり、拘縮が進み、要支援・要介護状態となります。治療やリハビリ、低栄養や肥満の改善だけでなく、生活行為の改善と工夫、本人の改善への動機づけなど総合的な解決案を話し合います。

 ## 話し合いの視点

① 本人・家族はどのような気持ちなのか、日常生活でどのような困りごとが増えているか

　転倒・骨折や関節疾患を本人・家族がどのように受けとめているのか（**受容レベル**）は、とても大切なポイントです。以前はどのような暮らしぶりをしていたのか、骨折や関節疾患で、どのような困りごとが増えたのか、ADLだけでなくIADL、生きがい、人間関係、社会参加などにわたって具体的に情報共有しましょう。また今後の不安も聴き取りましょう。

② 現状を改善するためにはどのような自助、互助、共助があればよいか

　現状を改善するために、これまでの暮らしを聴き取り、どのような暮らしを取り戻したいのかを共有します（**課題化**）。次に、本人が取り組むこと（自助）、家族や地域が取り組むこと（互助）、予防サービスや介護サービス、医療がサポートすること（共助）を医師や専門職からの助言・提案などをもとに具体的に話し合います。転倒や関節疾患の危険は住環境や建物、移動の方法に大きく左右されます。住宅改修や福祉用具の活用、店舗や民間サービスの活用なども視野に入れて実践的な話し合いをしましょう。

③ 要支援・要介護予備軍の高齢者やその原因となる環境をどのように発見し対応をするか

　町内会・集落レベルで、**要支援・要介護予備軍**をどのように発見し、発見後にどのようにアウトリーチするか、そのために医療機関（病院、診療所、薬局など）や民生委員や地域の店舗とどのような協力体制をとればよいかを話し合いましょう。また地域で転倒の危険（道路の段差、広い道路、凍結しやすい道など）がある場所や時期、高齢者が利用しづらい駅や乗り物などをあげ、環境整備について話し合いましょう。

助言者（アドバイザー）

- **医師**: 在宅での生活習慣病や慢性的な関節疾患の健康管理のポイント、転倒の予防と再発防止・悪化予防の助言を依頼する
- **作業療法士**: 日常生活での移動時や立ち座り時の転倒予防の工夫や福祉用具の使い方、住宅改修のポイントなどの助言を依頼する
- **介護予防教室リーダー**: 在宅での体操の方法、生活習慣の工夫、介護予防教室の内容などの情報提供を依頼する
- **理学療法士**: 在宅でのリハビリのポイント、転倒などの再発防止のための注意点などの助言を依頼する
- **管理栄養士**: 生活習慣病や慢性疾患の栄養管理のポイント、再発防止のための食事管理などの助言を依頼する
- **大型店舗等のお客様相談室担当者**: 買い物時の支援、バリアフリー化の取り組みなどの情報提供を依頼する

4つの機能へ展開するヒント

〈ネットワーク構築支援〉
- 転倒による骨折や関節疾患で要支援となった高齢者の情報を共有する
- 骨折や関節疾患の患者の退院時カンファレンスにケアチームも参加して在宅支援の情報共有をする
- 関節疾患をテーマにした事例検討会を開く
- 要支援高齢者と家族が参加する交流会を作る

〈地域課題の発見〉
- 要支援・要介護高齢者が暮らす家で転倒した際に発見が遅れないよう、緊急の通報装置を整備する
- 階段や急坂など高齢者が転倒しやすい危険な場所に手すりをつける
- 関節疾患がある高齢者が利用しやすいように公共交通機関に乗降時のサポート員の整備を提案する
- 町内会・集落レベルで家庭内事故のアンケートを行う

〈地域づくり・資源の開発〉
- 骨折や関節疾患のある人たちが通える体操教室を地域で作る
- 地域に介護予防サービスC型（短期集中リハビリ）の事業所を作る
- 地域で活動する買い物支援ボランティアを作り、要支援高齢者とつなぐ
- 店舗などで要支援高齢者が移動しやすい環境づくりを提言する

〈政策形成〉
- 関節疾患がある高齢者が利用しやすいように公共交通機関に環境整備に関する要望書を提出する
- 道路の階段に手すりをつける、段差などを解消するなどのバリアフリー予算を提案する
- 信号機の歩行時の秒数の延長とスクランブル交差点化を要望する

27 【介護予防】低栄養・脱水

 ケースの背景にあるもの

　高齢者は低栄養と脱水が同時に進むことが多くあります。低栄養が進むと、体力が低下する、けがが治りにくくなるなどのほかに、握力などの筋力も弱くなります。また、脱水になるとフラフラする、食欲が減る、熱中症になる、感染症になる、腎臓機能の低下などの症状があらわれます。栄養状態や体調の悪化からフレイルになることも予測され、要介護予備軍ともいえます。食生活の改善と水分摂取の習慣づくり、体を動かす習慣づくりなどへの本人の動機づけについて話し合いましょう。

 話し合いの視点

① **どのような疾患やきっかけで低栄養や脱水になり、日常生活でどのような困りごとが増えているか、本人・家族はどのように受けとめているのか**

　どのような原因で低栄養（噛む・飲み込む力の低下、味覚の低下、唾液や消化液の減少、腸の働きの低下、認知症による偏食など）や脱水症状（下痢や嘔吐の繰り返し、発汗と尿量の減少、水分摂取量の低下など）となるのかを過去の経緯と現状の困りごとも含めて共有します。**本人・家族の受けとめ方と意向**、主治医などからの指導の内容、どのような工夫をしているのかを共有しましょう。

② **改善のためにはどのような自助、互助、共助があればよいか**

　低栄養や脱水を改善するために本人（自助：栄養のある食事や栄養補助食品を摂る、配食弁当を摂る、こまめな水分補給など）、家族（互助：料理をする、一緒に食べる、声かけするなど）、地域（互助：一緒に食べるなど）、介護（共助：一緒に料理をする、こまめな水分補給を促すなど）を話し合います。栄養面や健康面だけでなく、**食の楽しさや屋内や屋外での過ごし方も含めた解決方法**を話し合いましょう。

③ **低栄養・脱水になりがちな要介護予備軍の人をどのように発見し低栄養予防や脱水予防の動機づけを行えばよいか**

　低栄養や脱水になりがちなのは一人暮らし高齢者や老老世帯、認知症のある人です。また、畑仕事や飲酒が頻繁な人も高いリスクがあります。行政の広報活動（広報誌、ケーブルテレビなど）や町内会や老人会の集まりでの**ミニ健康教室**、診断時や薬局での**注意喚起**など、低栄養と脱水の予防をどのように動機づけるかを地域ケア推進会議に提案しましょう。

助言者（アドバイザー）

医師 高齢者の低栄養や脱水の傾向と危険性、猛暑時の水分摂取方法、改善のポイントなどの助言を依頼する	**作業療法士** 低栄養や脱水にならないための生活習慣の工夫や料理の仕方、水の飲み方などの助言を依頼する
薬剤師 効果的な栄養補助食品の使い方、脱水時の対処方法、服薬中の薬の影響などの助言を依頼する	**理学療法士** 低栄養や脱水によって起こる身体機能の低下と改善のポイントの助言を依頼する
管理栄養士 低栄養や脱水の危険性と食生活や食習慣の改善のポイントについて具体的な助言を依頼する	**食育アドバイザー** 食材別・料理別の栄養バランスのとり方と栄養を効果的にとれる料理の作り方などの助言を依頼する

4つの機能へ展開するヒント

〈ネットワーク構築支援〉
- 医療機関や地域包括支援センターなどで低栄養や脱水の高齢者情報を共有化する
- 老人会や町内会などの地域ネットワークで低栄養や脱水予防の広報活動をしてもらう
- 地域住民を巻き込んだ低栄養や脱水の事例検討会を行う
- 地域の飲食関係者やコンビニと低栄養と脱水をテーマにした定期懇談会を開く

〈地域課題の発見〉
- 地域で低栄養や脱水症状の人を発見できる仕組みを作る
- 低栄養や脱水となりやすい地域と季節別に生活習慣や食習慣の傾向などを調査する
- 後期高齢者向けにアンケートを行い対象者および予備軍を抽出する
- 夏場における熱中症対策と脱水対策を立てる

〈地域づくり・資源の開発〉
- 低栄養予防のために地域食堂のような集い場づくりをする
- 地域で「男の料理教室」「シニア楽々クッキング教室」などのミニスクールを作る
- 地域に配食ボランティアや一緒に食べるボランティアを育成する
- 薬局やコンビニなどで高齢者向けの「健康ひと声運動」をしてもらう

〈政策形成〉
- 低栄養や脱水になりやすい一人暮らし高齢者、老老世帯への戸別訪問を地域包括支援センターで定期化する
- 低栄養や脱水予防の啓発ポスターやパンフレットなどを作る
- 地域食堂や各種の教室、配食ボランティアの活動のための拠点（廃校となった校舎、旧役場など）提供を提案する

28 【介護予防】高次脳機能障害

ケースの背景にあるもの

　脳血管疾患（脳梗塞、脳出血、くも膜下出血など）や交通事故などにより脳に損傷が生じて起こるのが高次脳機能障害です。症状には失語・失行・失認のほか、記憶障害、注意障害、遂行機能障害、社会的行動障害などがあり、ADL・IADLやコミュニケーション、人間関係、仕事などに支障が生じます。治療後のリハビリにより改善・回復することもある一方、定期的な受診と服薬管理、住環境を含む生活環境の整備が不十分だと再発のリスクが高まり、心身の機能低下と中重度の要介護状態を招くことになります。

話し合いの視点

① 高次脳機能障害の原因、日常生活での困りごと、本人・家族はどのような気持ちなのか

　症状や体調には個人差があるため、**再発の予防**が重要なテーマです。どの生活行為にどのレベルの困りごとがあるのか、本人・家族はリハビリでどのレベルまでの回復を望んでいるのか、どのような不安があるのかを聴き取り、医療専門職から助言をもらいます。年代や性別、性格、家庭環境、職業、生活習慣、価値観は個人差があるので、本人らしさに寄り添うことが大切です。

② 現状を改善するためにはどのような自助、互助、共助があればよいか

　本人・家族がリハビリや体調管理、栄養管理に取り組むためには、本人の**病識のレベル**と本人・家族が前向きに取り組める課題設定を共有することが大切です。本人が取り組めること（自助）、家族・近隣ができること（互助）、医療や介護が提供できること（共助）、住環境などの環境整備について具体的に話し合います。再発により段階的に機能が低下する危険があるので、本人・家族へのリスクの意識づけとチームでのサポートをしっかりと話し合いましょう。

③ 高次脳機能障害の人が地域で自立した暮らしを送るために、医療・介護・地域はどのような連携をとればよいか

　高次脳機能障害となった要支援・要介護者の人が地域で自立した生活を送るために、医療機関の支援だけでなく、デイサービスなどでどのような機能訓練が必要なのか、地域にどのような**集い場**や**通い場**を作っていくか、そのための多職種連携のあり方から道路や建物などのハード面の整備などを本人・家族の要望や意欲などを引き出しながら、話し合いを進めましょう。

助言者（アドバイザー）

医師	日常生活における再発防止のポイントや生活上のリスクの予防、自宅でできるリハビリなどの助言を依頼する
理学療法士	身体機能の改善・維持のポイントや在宅でできるリハビリ体操やリハビリ機能がある生活行為についてなどの助言を依頼する
管理栄養士	食生活改善のポイント、体調の維持、薬と食事のバランスなどの助言を依頼する
作業療法士	生活機能の改善・維持のポイントや在宅での生活リハビリ、生活行為などの助言を依頼する
言語聴覚士	コミュニケーション機能の改善・維持のポイントや家族などの関わり方、口腔ケアの重要性についての助言を依頼する
歯科衛生士	口腔機能の改善・維持、口腔ケアの目的（虫歯・歯周病・感染症の予防など）やその方法の助言を依頼する

4つの機能へ展開するヒント

〈ネットワーク構築支援〉
- 退院時カンファレンスに病院の医療チームとともにケアマネジャーやケアチームが参加することをルール化する
- 心身の機能改善に効果のある料理プログラムや外出プログラムをテーマにした事例検討会を多職種で開く
- 高次脳機能障害の会および家族の会で当事者間のネットワークを作る

〈地域課題の発見〉
- 高次脳機能障害の原因である高血圧や糖尿病になりやすい地域の食習慣を把握する
- 高次脳機能障害になっても安心して出かけられるための地域のインフラ（道路など）状況の整備を把握する
- 災害時や緊急時に適切な対応ができるよう地域の避難ルートの確認と訓練を行う
- 地域の健康意識を調査する

〈地域づくり・資源の開発〉
- 高次脳機能障害へのリハビリを専門に行うデイケアや機能訓練を行うデイサービスを地域に作る
- 40～65歳未満の第2号被保険者向けに仕事や趣味などを生かした活動的なデイサービスを地域に作る
- 公民館や薬局などに相談窓口を設置し健康相談活動を行う
- 町内会レベルで集い場や通い場を作り、健康体操などを行う

〈政策形成〉
- 地域支え合い推進員を中心にした地域の集い場や通い場づくりを介護保険事業計画に位置づける
- 介護予防短期集中リハビリ資源の育成を行政として積極的に取り組む
- 社会参加のための地域のインフラ整備の予算化を提案する
- 介護予防サービスの提供が見込めない地域には既存の取り組みに基準該当サービスを位置づける

29 【介護予防】軽度認知障害・認知症

ケースの背景にあるもの

　要支援高齢者の中に軽度認知障害（MCI）や認知症生活自立度がⅠ～Ⅱaの認知症の人がいます。この認知症レベルの人は、早期発見、適切な治療、リハビリや生活習慣の改善、運動療法・学習療法などを行うことで回復したり進行を遅らせることができるとされています。本人の取り組み、家族や地域の人が適切な関わりをすること、安心して出かけられる地域のインフラや社会参加できる場所（通い場）が整備されることで地域で自立した生活を続けることを目指します。

話し合いの視点

① 日常生活でどのような困りごとが増えているか、本人・家族はどのような気持ちなのか

　どのような疾患やけががきっかけで認知症の症状が出たのか、そのときの本人・家族の**受けとめ方**、受診をするまでの経緯と**受容までの葛藤**などを把握します。日常生活でどのような困りごとがあるのか、暮らしの中でどのように工夫しているのか、どのように改善したいのかなど、できていることも含めて課題整理総括表などで全体像を共有しましょう。

② 現状を維持・改善するためにはどのような自助、互助、共助があればよいか

　認知症の原因疾患によって進むレベル、治療法や各種療法（音楽療法、園芸療法など）も異なります。本人・家族がどのような生活を取り戻したいのか、どのようなことに取り組んでみたいのかといった課題を共有し、どのような点に注意し、どのようなことに取り組めばよいかを専門的視点から助言をもらい、自助・互助・共助での取り組み（目標、サービス内容）を具体的に話し合います。取り組みにあたっては**本人の強み**に着目し、予測されるリスク（再発含む）と緊急時の対応も話し合いましょう。

③ 認知症予備軍をどのように発見し、介護予防および認知症予防への動機づけを行えばよいか

　認知症は早期の発見と対応がとても重要です。病疾患が原因のときもあれば環境（配偶者の死、閉じこもりなど）が症状を悪化させることもあります。日常生活圏域レベルと町内会・集落レベルで、どのようにすれば認知症および認知症予備軍の高齢者を発見できるか、介護予防と認知症予防の意識づくりについての具体的な取り組みをどのような専門機関や民間資源、地域資源と連携して進めればよいか、地域ケア推進会議に提案しましょう。

助言者（アドバイザー）

認知症専門医	MCIの特徴、発見の方法、予防のポイント、家族が今から学んでおくこと、コミュニケーションのとり方などの助言を依頼する	管理栄養士	食生活や栄養の改善による認知症の予防と改善について事例も含めた助言を依頼する
認知症初期集中支援チーム	認知症の初期段階の状態を進行させないための工夫、日常生活の送り方や注意すべき点などの助言を依頼する	理学療法士作業療法士	認知症の人が心身機能・生活機能を維持・改善するために本人が前向きに取り組めることの助言を依頼する
薬剤師	認知症と薬の関係、多剤服用や誤薬、飲み忘れのリスクなどの視点から助言を依頼する	介護予防教室リーダー	認知症予防体操、頭の体操など自宅や地域でできる予防のノウハウの助言を依頼する

4つの機能へ展開するヒント

〈ネットワーク構築支援〉
- MCIの人の早期発見と継続した対応のために医療・介護・地域（店舗含む）と認知症初期集中支援チームのゆるやかなネットワークを作る
- MCIの人が地域で安心して暮らせるなどをテーマにした多職種の事例検討会を行う
- MCIや認知症が疑われる高齢者ドライバー発見のために多職種のネットワークを作る

〈地域課題の発見〉
- 一人暮らし高齢者、老老世帯における調査を行い、対象者を抽出する
- 地域で認知症に不安を抱く高齢者の悩みをまとめる
- 地域のフレイルの高齢者の抽出を行いアウトリーチする
- MCIの人の暮らしの困りごとをまとめる
- 認知症発生と地域特性の関連性を調査する

〈地域づくり・資源の開発〉
- MCIの人が安心して暮らせる地域の社会資源（民間含む）を作る
- MCIの改善につながるウオーキングの会や食生活改善の会などの場を老人会や地域の集い場や通い場で始める
- 地域のスポーツジムなどに認知症予防のための運動トレーナーを養成する
- 認知症の人たちの外出支援をする地域ボランティアを養成する

〈政策形成〉
- 認知症予防のための頭の体操などを作り、周知する
- 認知症になっても地域で暮らせるための社会インフラ（音声信号機など）整備の予算化を提案する
- ○○市認知症憲章など、住民意識に広く訴えるものの作成を提案する
- 早期発見のための認知症テスト作成・周知のための費用の予算化を提案する

30 【介護予防】閉じこもり高齢者

 ケースの背景にあるもの

　身体機能や認知機能の低下、疾患や障害、人間関係の変化などから外出をしなくなる閉じこもりの高齢者が増えています。近年、運転免許証の返納が推奨されていることも大きく影響しています。そのままでいると意欲はさらに低下し要支援・要介護状態になるリスクが高まります。閉じこもり前の暮らしぶり、人間関係、社会参加などの本人らしさに着目し、介護予防サービスだけでなく本人が足を運べる居場所づくり（集い場・通い場、仕事場）の視点からも話し合いましょう。

 話し合いの視点

① きっかけと、日常生活での困りごとと工夫、本人の願いや意欲はどこにあるのか理解する

　閉じこもりになるきっかけは多様です。**本人らしさ**（暮らしぶり、地域生活、人間関係、職業、性格、こだわり、趣味など）に着目し、課題整理統括表を使って、これまでの経緯、日常生活の困りごと（買い物、外出、低栄養、物忘れ、電話、通院など）と阻害要因との関係を整理します。そこで注意したいのは本人の弱さだけでなく**強さ**（願い・意欲）や**工夫**に着目して話し合いを行うことです。

② 現状を改善するためにはどのような自助、互助、共助があればよいか

　資源には本人（自助：生活習慣、料理、運動、地域参加、趣味、役割など）、家族（互助：声かけ、一緒のお出かけなど）、地域（互助：集い場などへの誘い、声かけ、見守り、話し相手、ゴミ出しなど）、介護予防サービス（共助：訪問介護、通所介護など）、社協・民生委員・趣味の会（共助：定期訪問、配食、相談相手、誘いなど）があります。自助に委ねるだけでなく、地域で支える視点で対応策を検討しましょう。第２号被保険者（40歳代〜）の閉じこもり支援では就労支援なども視野に入れた対応を話し合います。

③ どのように発見し、介護予防および閉じこもり予防の対応策をとればよいかを話し合う

　閉じこもり対応は早期の発見と本人目線の地域を巻き込んだ**ゆるやかなアウトリーチ**がポイントです。本人の意欲を引き出さない支援は逆効果となり、**支援拒否**となってしまうこともあります。老老世帯は単身高齢者の予備軍ともいえます。地域ケア推進会議では町内会・班レベルで気軽に足を運べる集い場や通い場などの**居場所づくり**にいかに取り組んでいくかなどを話し合いましょう。

助言者（アドバイザー）

- **医師・薬剤師**：閉じこもりの身体的・心理的影響、生活習慣病や慢性疾患への影響、転倒や体調不良への影響の説明と生活習慣の改善と服薬管理の助言を依頼する
- **管理栄養士**：低栄養を改善する食生活や生活習慣改善の方法、孤食のリスクとみんなで食べる会食の効果などの助言を依頼する
- **理学療法士・作業療法士**：閉じこもりによる身体的機能の低下（下肢筋力の低下など）や心理的機能の低下（うつ症、認知症など）のリスクと改善のための提案や助言を依頼する
- **介護予防教室リーダー**：近隣で行っている介護予防教室の内容や自宅で気軽にできる介護予防プログラム（体操など）の提案と助言を依頼する
- **福祉用具専門相談員**：外出支援のための福祉用具（シルバーカー、電動カートなど）やADL支援、IADL支援のための福祉用具の提案、住環境の改善の提案や助言を依頼する
- **生活支援コーディネーター**：近隣にどのようなサロンや集い場・通い場があるのか、高齢者がどのように余暇を使っているか、情報提供と助言を依頼する

4つの機能へ展開するヒント

〈ネットワーク構築支援〉
- 閉じこもり高齢者をテーマにした事例検討会を医師、栄養士、歯科医師、薬剤師、社会福祉士、臨床心理士などで行う
- 閉じこもり高齢者支援のネットワークを専門機関、行政、民生委員、町内会、地域ボランティアで作る
- 閉じこもり高齢者の災害時支援ネットワークを作る

〈地域課題の発見〉
- 地域に潜在化している閉じこもり高齢者の実態を把握する
- 閉じこもり高齢者に近隣でどのような見守りや声かけなどが行われているかを把握する
- 閉じこもり高齢者がどうすれば地域に参加できるかを訪問調査する
- 地域性からくる閉じこもりの原因を把握し、改善の取り組みを行う

〈地域づくり・資源の開発〉
- 閉じこもり高齢者も気兼ねなく足を運べる集い場・通い場を近隣に作る
- 閉じこもり高齢者が無理なく外出できる場所（スポーツジム、趣味の集まり、祭りなど）を作る
- 話し相手ボランティアを作る
- 緊急時に発見・対応できる近隣の担当者を決める
- 外出支援を動機づけるために「シニア食堂」を地域で開く

〈政策形成〉
- 閉じこもり高齢者への定期巡回訪問を行う
- 閉じこもりのリスクを普及・啓発（情報発信）する費用（ポスターなど）の予算化を提案する
- 閉じこもり予防事業を民間・NPO法人・社会福祉法人などに委託する
- 閉じこもり高齢者の安否確認緊急コールの配置の予算化を提案する
- 閉じこもり予防のために、地域の店舗で使える「シニア・クーポン券」の予算化を提案する

復興商店街（岩手県大船渡市）

復興支援住宅（岩手県大船渡市）

付録

政策形成のための参考事例

「地域ケア会議」の目的の一つが自治体の政策化に結びつけることです。ここでは、高齢者の困りごとを支援する取り組みやまちおこしをきっかけに始まった取り組みなど、全国で実際に行われている事例を紹介します。

※これらは、公表時の内容です。また、面積、人口、高齢化率は平成29年1月1日現在、要介護認定者数は平成30年4月末現在です。

1 ゴミ出し支援

千葉県 千葉市 ― マンション団地でゴミ出し支援 ― 稲毛ファミールハイツ自治会

基礎データ	
人口（人）	965,607
世帯数	444,226
面積（㎢）	271.77
高齢者人口（人）	240,912
高齢化率（%）	24.9
要介護認定者数（人）	41,176

主な事業内容

マンションの自治会幹事が、地区社協主催のボランティア講座を受講したことがきっかけ。協力員は週2回の燃えるゴミの日に玄関前から集積所まで運ぶ。利用料は月300円。声かけと利用料集金を兼ねた月1回の利用者訪問がゆるやかな見守りになっている。2回連続でゴミが出ていない、新聞が3日以上たまっている場合は民生委員に連絡する。千葉市高齢者ゴミ出し支援事業に登録。

千葉県 我孫子市 ― 委託事業者によるゴミ出し支援と安否確認 ― 我孫子市環境経済部クリーンセンター、受託事業者

基礎データ	
人口（人）	132,619
世帯数	57,713
面積（㎢）	43.15
高齢者人口（人）	38,315
高齢化率（%）	28.9
要介護認定者数（人）	6,001

主な事業内容

我孫子市の家庭ゴミ収集業務は100%民間委託。一人暮らし高齢者のふれあい収集事業の申請受付から訪問調査し、支援の可否と安否確認はクリーンセンターの市職員が行う。ゴミ収集と声かけは委託事業者が行い、声かけの反応がない際は、クリーンセンターからケアマネジャーや高齢者支援課、緊急連絡先に連絡が入るなど「連絡の手引き」にマニュアル化されている。

事業化のポイント

　高齢者にゴミ出し支援が必要なのは、ゴミの分別や指定日に集積所への持ち運びなどが困難だからです。この4つのケースはゴミ出し支援を、単なる高齢者世帯からのゴミ収集業務ととらえず、地域のコミュニティづくりや声がけ・安否確認の機会、緊急時の早期発見、中学生などへの福祉教育や企業の社会貢献活動として位置づけ、行政は補助事業として支援しています。

東京都 日野市　指定日以外でもゴミ出し可
日野市環境共生部 ごみゼロ推進課

基礎データ	
人口（人）	183,589
世帯数	86,257
面積（k㎡）	27.55
高齢者人口（人）	44,605
高齢化率（%）	24.3
要介護認定者数（人）	8,716

主な事業内容

　日野市は戸別回収100%だが、指定日通りに出せない高齢者に着目。介護ヘルパーや離れた家族が、指定日以外でもゴミ出しができるハンディキャップシール（集合住宅）とハンディキャップボックス（戸建て）を配布。委託事業者は日野市高齢者見守り支援ネットワークに入り、社会貢献活動として見守り・声かけ収集を行っている。東京都福祉保健区市町村包括補助事業により事業費用の1/2が補助される。

新潟県 新潟市　中学生によるゴミ出し支援
亀田西小学校区コミュニティ協議会 早通小学校区コミュニティ協議会

基礎データ	
人口（人）	800,112
世帯数	333,780
面積（k㎡）	726.45
高齢者人口（人）	221,114
高齢化率（%）	27.6
要介護認定者数（人）	42,946

主な事業内容

　冬季のゴミ出しは凍結のため転倒のリスクが高い。冬季の12～3月に限り、支援の担い手として中学生が登校途中に利用世帯の玄関先から集積所までゴミを運んでいる。ボランティア手袋を使用し、声かけ・安否確認も行う。学区ごとの地域コミュニティ協議会と地域教育コーディネーターが調整・連絡を行っている。本事業は新潟市ゴミ出し支援事業の一環で、支援金が交付されている。

付録　政策形成のための参考事例

1　ゴミ出し支援

2 買い物弱者支援

北海道 赤平市 — 過疎化の元炭鉱町で生協が買物バスを運営 — コープさっぽろ

基礎データ

人口（人）	10,772
世帯数	6,118
面積（k㎡）	129.88
高齢者人口（人）	4,818
高齢化率（％）	44.7
要介護認定者数（人）	989

主な事業内容

　過疎化の元炭鉱町・赤平市の市街中心地にコープさっぽろが出店。移動手段のない高齢者向けの買い物バスを運行する。組合員証の提示で料金は無料。バスは到着後10分間は停車するルールのため、高齢者もゆとりをもって利用できる。店舗の向かいは市立病院なので通院のみの利用もOK。来店は買い物バス、帰りはタクシーを利用する人も多く、地域の交通産業の活性化につながり相乗効果も生まれ、地域の再活性化が期待される。

秋田県 にかほ市 — 商工会加盟30店舗が出前商店街 — にかほ市商工会

基礎データ

人口（人）	25,554
世帯数	9,394
面積（k㎡）	241.13
高齢者人口（人）	8,830
高齢化率（％）	34.6
要介護認定者数（人）	—

主な事業内容

　にかほ商工会に加盟する30店舗が、過疎化で商店がなくなった地域を中心に公共施設などで、出前商店街「おらほのふれあいべんり市」を月2回開催。生鮮三品などの食料品、衣料品、種苗、花などの物品販売から食堂、キッチン用品の修理、廃食用油回収なども。また、警察署による高齢者交通安全教室も開催し移動は送迎用のマイクロバスを運行して遠隔地の人の移動も支援。秋田県とにかほ市から補助金を受けている。

事業化のポイント

　買い物支援は中山間地だけでなく高齢化する団地でも大きなニーズがあります。事業化には、事業主体、店舗の確保、仕入れ商品の確保、買物客の送迎、立ち上げ時と運営継続への資金調達がポイントとなります。地域住民や生活協同組合が主体となったこの4つのケースは地域のニーズに応えて、地元の商店や地域住民と連携し、行政の助成事業・補助事業も上手に活用し、相乗的な効果を生んでいます。

団地自治区会が朝市を運営

福岡県 北九州市　　　　　　　　　　　　　　茶屋の原団地自治区会

基礎データ		主な事業内容
人口（人）	966,628	
世帯数	480,615	
面積（km²）	491.95	
高齢者人口（人）	283,402	
高齢化率（％）	29.3	
要介護認定者数（人）	64,751	

　閉店したスーパーの軒先と駐車場を利用して高齢化率40％超の茶屋の原団地自治区会が「ふれあい朝市」を開催（週1回）。販売台やチラシの作成・配布まで自治区会が行い、老人会メンバーが宣伝カーでPR。地域住民が近隣の休耕地で作った野菜を場所代無料と引き換えに低価格で販売。高齢者の閉じこもり解消に役立ち、買い物後にはサロンを設置して交流の場として人気。北九州市のまちづくりステップアップ事業の助成対象事業として支援を受ける。

JA売店跡地で地元野菜を販売

大分県 中津市　　　　　　　　　　　　　　NPO耶馬溪ノーソンくらぶ

基礎データ		主な事業内容
人口（人）	84,864	
世帯数	38,570	
面積（km²）	491.53	
高齢者人口（人）	24,399	
高齢化率（％）	28.8	
要介護認定者数（人）	4,486	

　市町村合併の影響でJAの売店が閉店した旧耶馬溪町。元役場職員ら10名がNPOを設立（現在は80名）し、地域住民からの共同出資を受けJA売店跡地に「ノーソンくらぶ」を開店。農産物直売を行うNPO法人と連携し、地域住民が作った農産物の販売委託を受ける仕組み（仲介）で利用が大きく広がる。運営から7年、地域住民が中心となりギャラリースペース、談話スペースを開設し、地域の交流拠点となっている。

付録　政策形成のための参考事例

2　買い物弱者支援

3 移動困難支援

青森県 佐井村 — 住民ボランティア輸送が支える過疎地の足
佐井村社会福祉協議会

基礎データ	
人口（人）	2,154
世帯数	979
面積（k㎡）	135.04
高齢者人口（人）	873
高齢化率（％）	40.5
要介護認定者数（人）	154

主な事業内容

佐井村新交通システム運営協議会は過疎地有償運送で申請し許可をとる。運転手は社協職員と地域住民であり、下北自動車学校の協力で適性検査と安全講習を受け登録。利用者は前日までに予約。自宅から目的地（通院、買い物、バス停など）までの送迎。乗り合いも可。運賃はタクシーの半額程度。青森県の「生活交通ユニバーサルサービス構築モデル事業」の補助を得たことが導入のきっかけになった。

岐阜県 高山市 — 市町村合併後の交通空白地域に地域福祉バスが運行
高山市 企画管理部企画課

基礎データ	
人口（人）	89,913
世帯数	35,257
面積（k㎡）	2,117.61
高齢者人口（人）	27,962
高齢化率（％）	31.1
要介護認定者数（人）	5,159

主な事業内容

9つの市町村合併となった高山市は、公共交通空白地域に平日2往復巡回する地域福祉バス（現在ののらマイカー、たかね号の前身）の運行を開始。各支所間は路線バスがつなぐ。コスト削減のため旧町村で運行していた車両を再利用。運転はシルバー人材センターとスクールバス運転手に委託。国・県の補助は受けず全額市費。中心市街地はまちなみバス、空白地域はデマンドタクシーが走る。

事業化のポイント

高齢者の移動支援は大きなニーズがあるものの、路線バスの廃止や電車の廃線は進んでいます。地域でボランティア輸送を実現するために、道路運送法の克服、車両の確保、運賃の低価格化とバス停の設定、そして既存の公共交通機関との競合関係の調整などがあります。この4つのケースは、これらの難問に自治体の部局や民間の壁を越えた横断的組織（協議会）を作り、柔軟な発想で可能にしたものです。

タクシーを地域公共交通として活用

愛知県 江南市　　　江南市 生活産業部市民サービス課

基礎データ	
人口（人）	101,058
世帯数	40,286
面積（k㎡）	30.2
高齢者人口（人）	26,848
高齢化率（％）	26.6
要介護認定者数（人）	3,847

主な事業内容

廃止した路線バスに代わり、コミュニティタクシー「いこまいCAR」がスタート。タクシーの空車を活用し5人まで乗り合い乗車できる。巡回バスより費用は1/3に抑制できた。定期便（1時間に2本）は市内2コースを設定。予約便は前日までに予約する。通院・買い物の利用が多く、利用世代は70～80代。運賃は定期便（1乗車100円）、予約便はタクシー運賃の半額。現在は予約便のみを運行。

上限200円の運賃設定による既存路線バスの活性化と再生

京都府 京丹後市　　　丹後海陸交通 京丹後市

基礎データ	
人口（人）	56,821
世帯数	22,709
面積（k㎡）	501.43
高齢者人口（人）	19,562
高齢化率（％）	34.4
要介護認定者数（人）	3,800

主な事業内容

愛称は「上限200円バス」とし、利用者増と財政支出の抑制を狙った公共交通総合連携計画を策定。部局を越えた横断的組織を作り、京都府の補助金も引き入れる。運行路線の維持・拡充、バス停の拡充、回数券の発行など利便性を上げ、車両のデコレーションで認知度向上、既存のバス路線との接続など競合とのコラボも重視する。高齢者の外出機会を創出し評価も高い。

付録　政策形成のための参考事例

3　移動困難支援

4 高齢者就労支援

| 秋田県
大館市 | **多様な就活セミナーと職場見学や職場体験で再就職への動機づけ** | 大館市高齢者
活躍支援協議会 |

基礎データ	
人口（人）	74,705
世帯数	31,589
面積（k㎡）	913.22
高齢者人口（人）	27,181
高齢化率（％）	36.4
要介護認定者数（人）	5,258

主な事業内容

　高齢者活躍支援協議会は、大館市、大館商工会議所、シルバー人材センター、秋田銀行、JAあきた北、大館北秋商工会で構成されている。人材登録をすると、その人の長所や希望する職種など聴き取りをしてマッチングする。履歴書の書き方、面接練習、職場見学、職場体験まで行う。事業主には高齢者雇用を支援するさまざまな助成金制度を紹介。多様な就活セミナーも行っている。

| 山形県
山形市 | **常設の就職相談窓口で希望に沿った就業先を紹介** | やまがた生涯現役
促進連携事業協議会 |

基礎データ	
人口（人）	249,133
世帯数	101,413
面積（k㎡）	381.30
高齢者人口（人）	69,509
高齢化率（％）	27.9
要介護認定者数（人）	11,750

主な事業内容

　二極化する働き方（フルタイム就業かパート的就業）の希望に対応するためワンストップの就職相談窓口「よりあい茶屋」で対応。商工会議所、社会福祉協議会、シルバー人材センター、ハローワークが連携し、求人企業と求職高齢者をマッチング。また農作業希望者には遊休農地を活用した「よりあい農園」を紹介。収穫した野菜は「よりあい産直市」で販売できる。観光ガイド・指導員養成も行う。

事業化のポイント

　すべての産業で人材不足が深刻化する一方、高齢者の雇用機会は急増しています。公的年金の延長や消費税・介護保険料アップによる可処分所得の目減りは、高齢者世帯の家計に深刻な影響を及ぼしています。この4つのケースは高齢者の就労支援を、家計収入の確保（補充）や生活困窮世帯支援の視点だけでなく、社会参加・介護予防・コミュニティづくりなどポジティブな視点に立って展開しているケースです。

大阪府 豊中市　シニア世代の就業ニーズと地域・企業のニーズをマッチング　とよなか生涯現役サポートセンター

基礎データ		主な事業内容
人口（人）	403,991	豊中市では生活関連分野でのシニア世代の就業・活躍の場を支援している。相談窓口や情報提供、事業所紹介だけでなく、未経験業務チャレンジ講座から生涯生活設計セミナーまで行う。高齢者人材の活用を希望する企業には、事業所支援メニューとして社会保険労務士や中小企業診断士など専門家を無料で派遣。「シニアのためのお仕事カフェ」「内職ひろば」「コンビニのお仕事」「高齢者雇用助成金セミナー」なども開いている。
世帯数	187,473	^
面積（㎢）	36.39	^
高齢者人口(人)	101,950	^
高齢化率（%）	25.2	^
要介護認定者数（人）	22,581	^

岡山県 総社市　相談窓口は就職から地域貢献、ボランティアなどにも対応　総社市生涯現役促進協議会

基礎データ		主な事業内容
人口（人）	68,209	総社市生涯現役促進協議会は「いつまでも働けるそうじゃ！人生の匠が産業と観光のマンパワーを担う」を合言葉に、55歳以上を対象にした高年齢者・企業合同就職面接会や、先駆的事例セミナー、農業者育成研修、女性限定セミナーなどを展開。ワンストップの相談窓口を総社市社協に2名体制で設置。就職から地域貢献、ボランティアなど幅広くニーズを聞き取り、生涯現役を目指す高齢者を支援する。
世帯数	26,486	^
面積（㎢）	211.90	^
高齢者人口（人）	18,685	^
高齢化率（%）	27.4	^
要介護認定者数（人）	3,482	^

5 災害弱者支援

静岡県 御殿場市 — 災害時社会的支援必要者1人に2～4人の避難誘導チーム
御殿場市ボランティア連絡協議会

基礎データ	
人口（人）	89,178
世帯数	36,169
面積（km²）	194.90
高齢者人口（人）	20,529
高齢化率（%）	23.0
要介護認定者数（人）	2,933

主な事業内容

御殿場市の災害時社会的支援必要者救援システムは、市の福祉部局による身体障害者防災台帳（年1回更新）と当事者団体を通じて障害者の避難支援に必要な情報を記載した救援システムカードで登録された災害時社会的支援必要者に対し、地域住民ボランティア2～4人で、避難誘導チームを作っている。ボランティア300人程度で要援護者282人をカバーする。

愛知県 安城市 — 避難行動要支援者名簿の登録者に救急医療情報キットを配布
安城市、町内会、民生委員、福祉関係団体など

基礎データ	
人口（人）	186,837
世帯数	73,173
面積（km²）	86.05
高齢者人口（人）	37,434
高齢化率（%）	20.0
要介護認定者数（人）	5,645

主な事業内容

安城市の避難行動要支援者支援制度の対象者は、近隣住民、自主防災組織、町内福祉委員、民生委員、ボランティアなどが情報提供を行い選定。民生委員の戸別訪問やダイレクトメールで同意確認の上、避難行動要支援者名簿に登録希望があった人を支援するシステム。登録者には救急医療情報キット（安心キット）が配布される。平常時から情報が提供され、見守りなども受けられる。

事業化のポイント

地球温暖化などの環境変化は、観測史上初という豪雨や猛暑、豪雪を招き、台風や地震、火災、津波などを引き起こし、高齢者や障害者などの災害弱者に深刻な影響を与えています。台帳(名簿)づくりに始まり、避難時協力者とのマッチング、さらに日常の見守りや声かけ活動などの災害弱者支援を地域コミュニティづくりに生かす取り組みが全国で始まっています。

滋賀県甲賀市 避難行動要支援者名簿を民生委員、福祉推進委員、健康推進委員と共有　あずま自主防災会

基礎データ	
人口（人）	91,724
世帯数	34,596
面積（㎢）	481.62
高齢者人口(人)	23,825
高齢化率（％）	26.0
要介護認定者数（人）	4,347

主な事業内容

滋賀県甲賀市あずま自主防災会では、毎年、同意式で避難行動要支援者名簿を作成。防災マップと組み合わせて保管し、民生委員、福祉推進委員、健康推進委員と共有、連携し避難方法なども確認している。地域のふれあいサロンで訓練の周知活動を行う。防災隊による初期消火訓練、避難誘導訓練、炊き出し訓練、消火訓練、バケツリレー、AED講習などを組み合せ、災害時を想定した訓練を実施している。

大分県佐伯市 災害弱者台帳で全戸訪問　狩生自主防災会

基礎データ	
人口（人）	73,925
世帯数	33,508
面積（㎢）	90,311
高齢者人口(人)	27,231
高齢化率（％）	36.8
要介護認定者数（人）	3,942

主な事業内容

狩生自主防災会では9月1日を防災デーとし、住民参加型で避難訓練、消火訓練を行う。当日は各家庭で防災会議を開き、36項目の「わが家の防災対策」をセルフチェック。高齢者世帯や要支援者世帯などへは災害弱者台帳をもとに、役員が訪問して一緒に点検し、現状確認を行っている。救出はリヤカーやおんぶ作戦で対応するため1人に2人の協力員を決め、そのための訓練も実施している。

6 中心市街地活性化

北海道 帯広市 — 帯広駅地下に市民ギャラリーを設置 — 帯広市

基礎データ	
人口（人）	168,096
世帯数	86,534
面積（㎢）	619.34
高齢者人口（人）	45,603
高齢化率（％）	27.1
要介護認定者数（人）	9,727

主な事業内容

大型スーパーの郊外移転により、帯広駅周辺の中心市街地の人口が激減。駅前の広小路商店街の売り上げも低下したため、中心市街地活性化基本計画により、既存施設を活用して活動拠点となる市民ギャラリーの整備を決定。運営主体として展覧会関係文化団体協議会の組織化を図る。市民ギャラリーは帯広駅の地下に設置し、年間来場者は4万人超。駅の南北をつなぐ新たな人の流れも生まれ、活性化に貢献している。

長野県 塩尻市 — 市民公募ワーキンググループで作られたアイデア集が市民交流センターを生み出す — 塩尻市

基礎データ	
人口（人）	67,534
世帯数	26,899
面積（㎢）	289.98
高齢者人口（人）	18,320
高齢化率（％）	27.1
要介護認定者数（人）	3,221

主な事業内容

平成15年4月、市民公募でワーキンググループを立ち上げ、住民との意見交換や先進地の視察を行い、アイデア集「中心市街地活性化の玉手箱」を取りまとめ、市に提案。このなかから図書館・子育て支援センター・市民サロンなどの機能を有する市民交流センターが作られた。隣接する空きビルに「食と美容と健康」をテーマに店舗を導入。空き家店舗再生は市職員有志で作られた「空き家を利用した商店街賑わい創出プロジェクト」が取り組む。

事業化のポイント

　大手商業施設の閉店や郊外への移設などにより中心市街地のにぎわいが消え、空き店舗の増加により商店街のシャッター通り化が進んでいます。中心市街地は高齢者にとっては「懐かしの〇〇銀座」。にぎわい創出の鍵は人の流れを生み出すこと。4つのケースは、多様な顔ぶれのプロジェクトチームが、文化やイベント、市民活動支援や介護・福祉をキーワードに中心市街地活性化に成功した事例です。

京都府 福知山市 ― 多様な顔ぶれのプロジェクトチームでにぎわい創出（福知山市）

基礎データ		主な事業内容
人口（人）	79,594	平成23年3月に福知山市は中心市街地活性化基本計画を策定。平成24年4月、7つのショップ群でつくる福知山城周辺賑わい創出施設「ゆらのガーデン」がオープン。その2年前から、市・商工会議所・観光協会・まちづくり会社・自治会・公募委員など26でプロジェクトチームを立ち上げ取り組んできた。その後、出店者協議会によるイベントの運営費や施設内のガーデニングの植栽管理の活動費を市が補助している。
世帯数	35,910	
面積（k㎡）	552.54	
高齢者人口（人）	22,962	
高齢化率（％）	28.8	
要介護認定者数（人）	5,025	

大分県 豊後高田市 ― 中心市街地の高齢者交流施設でデイサービスを実施（豊後高田市）

基礎データ		主な事業内容
人口（人）	23,144	郊外で実施していた元気な高齢者向けデイサービスを、中心市街地の商店街に整備した高齢者交流施設「玉津座銀鈴堂」に場所を移して実施。利便性が向上し利用者も増加する。コミュニティカフェも併設し、「玉津プラチナ市」として落語、演劇、舞踊、津軽三味線などのイベントを商店街のセールやフリーマーケットと併せて開催。商店街の回遊性向上につながる。
世帯数	10,589	
面積（k㎡）	206.24	
高齢者人口（人）	8,570	
高齢化率（％）	37.0	
要介護認定者数（人）	1,424	

付録　政策形成のための参考事例

6　中心市街地活性化

7 空き家対策・活用

| 茨城県 常陸太田市 | 古民家を年間1万円の会員制農家民宿に再生 | NPO法人遊楽 |

基礎データ	
人口（人）	53,818
世帯数	21,504
面積（k㎡）	371.99
高齢者人口（人）	18,298
高齢化率（%）	34.0
要介護認定者数（人）	3,406

主な事業内容

NPO法人遊楽は常陸太田市里美地区の地域活性化のために空き家再生などの事業を行う。農家民宿は空き家となった農家を改築し、農村での暮らしのおすそ分けをするもの。荒蒔邸は築約150年。約10年間もの期間、空き家だった家屋をリフォーム。自己資金は約200万円、行政の補助金200万円でスタートする。近隣に元空き家の沼田邸もあり、複数の古民家のネットワーク化を目指す。

| 富山県 入善町 | 特定調査・判定調査・意向調査により対策計画を策定 | 入善町 |

基礎データ	
人口（人）	25,498
世帯数	8,934
面積（k㎡）	71.25
高齢者人口（人）	8,555
高齢化率（%）	33.6
要介護認定者数（人）	—

主な事業内容

126の行政区の各区長に特定調査（1次調査）を行い、特定した空き家の損傷度などの判定調査（2次調査）を行う。老朽度の判定基準には「富山県空き家の除去等に係るガイドライン」を採用。固定資産税情報から空き家の納税者を特定し、所有者の意向調査（3次調査）を実施。「倒壊する危険度が極めて高い」ケースは写真送付する。意向調査の結果を踏まえ「空き家等対策計画」を策定する。

事業化のポイント

　空き家問題は同居率の低下と核家族化の進行、相続トラブルで都市部でも急増しています。空き家は景観の悪化、火災の危険、衛生環境への影響など近隣トラブルの１つになっています。空き家等対策計画による空き家の特定と解体（代執行）だけでなく、空き家のリフォームやリノベーション、空き家バンクによる子育て世帯とのマッチング、地域のコミュニティ拠点として再利用されている４つのケースです。

福岡県 飯塚市　通学路に面した倒壊する危険のある空き家を行政代執行で解体　飯塚市

基礎データ	
人口（人）	130,092
世帯数	61,480
面積（㎢）	214.07
高齢者人口（人）	38,500
高齢化率（％）	29.6
要介護認定者数（人）	8,700

主な事業内容

　平成21年８月、近隣住民からの倒壊のおそれがあるとの苦情を受けて、市は所有者に空き家の自主解体を提案。所有者は、原因は隣家の火災であることと費用捻出が困難と回答。以後、放置状態が続いた。平成27年10月、建物の一部が損壊し、隣家に屋根材の落下被害が発生。通学路に面していたこともあり、緊急性が高いと判断し、行政代執行で解体。費用の約200万円は建物所有者に請求する。

大分県 大分市　空き家を子育て世帯に提供して団地を再生　大分市住宅団地再生連絡会議

基礎データ	
人口（人）	479,726
世帯数	216,753
面積（㎢）	502.39
高齢者人口（人）	120,481
高齢化率（％）	25.1
要介護認定者数（人）	23,623

主な事業内容

　大分市はふるさと団地の元気創造推進事業として富士見ヶ丘団地を指定。空き家となった家に転居する子育て世帯に家賃の２/３の補助（子育て世帯の住み替え支援家賃補助事業）を行う。空き家・空き地を購入した子育て世帯には、３年間の固定資産税を全額補助。親子で遊べるよう中央公園の芝生化を行い、熱中症予防に日よけのあずま屋も設置した。空き家・空き地が減り、人口減少が鈍化する成果を上げている。

付録　政策形成のための参考事例

7　空き家対策・活用

●主な参考文献および資料

- 地域ケア会議運営マニュアル作成委員会『地域ケア会議運営マニュアル』一般財団法人 長寿社会開発センター（2013年）
- 地域ケア会議運営ハンドブック作成委員会『地域ケア会議運営ハンドブック』一般財団法人 長寿社会開発センター（2016年）
- 厚生労働省老健局『地域包括ケアの実現に向けた地域ケア会議実践事例集～地域の特色を活かした実践のために～』（2014年）
- 北海道地域包括・在宅介護支援センター協議会『北海道内地域包括支援センターの地域ケア会議に関する取組み事例集』（2018年）
- 社団法人日本社会福祉士会編集『改訂 地域包括支援センターのソーシャルワーク実践』中央法規出版（2012年）
- 高室成幸著『よくわかる地域包括支援センター必携ハンドブック』法研（2005年）
- 野中猛・高室成幸・上原久著『ケア会議の技術』中央法規出版（2007年）
- 高室成幸著『ケアマネジャーの会議力』中央法規出版（2017年）

- 国立環境研究所資源循環・廃棄物研究センター「高齢者ごみ出し支援事例集」（2017年）
- 経済産業省「平成29年度地方公共団体における買物弱者支援関連制度一覧」（2017年）
- 国土交通省総合政策局交通計画課「地方公共交通の活性化・再生への事例集」（2008年）
- 独立行政法人労働政策研究・研修機構「高齢者の多様な活躍に関する取組―地方自治体等の事例―」（2018年）
- 災害時要援護者の避難対策に関する検討会「災害時要援護者の避難対策に関する先進的・積極的な取組事例」（2006年）
- 総務省消防庁「自主防災組織の手引―コミュニティと安心・安全なまちづくり―（平成23年3月改訂版）」（2011年）
- 内閣府地方創生推進事務局「中心市街地活性化に関する取組事例について」（2018年）
- 国土審議会計画部会第9回ライフスタイル・生活専門委員会「資料6 空き家活用事例について」（2006年）
- 国土交通省「地方公共団体の空き家対策の取組事例1（平成28年度調査）」（2018年）
- 国土交通省「住宅団地再生」連絡会議「第2回資料1-2住宅団地再生の先進事例」（2018年）

高室 成幸（たかむろ しげゆき）

ケアタウン総合研究所　代表
日本福祉大学地域ケア研究推進センター　客員研究員

1958年京都市生まれ。日本福祉大学社会福祉学部卒。
21世紀型の「新しい福祉の人材育成」と「地域包括ケアシステムの構築」を掲げ、執筆、研修講師、コンサルティングまで幅広く全国で活動する。
研修は「わかりやすく元気が湧いてくる」と高い評価を受け、テーマは、ケアマネジメント論、地域包括ケアシステム、ファシリテーション論、感情労働とストレスケア、モチベーション論、高齢者虐待のほか、質問力、伝える力、文章と記録、施設マネジメント、人材採用と育成など35近くのテーマを扱う。
研修対象は、地域包括支援センター職員研修に始まり、介護支援専門員および主任介護支援専門員現任研修、施設の指導的・中堅的職員研修、民生委員研修、生活支援コーディネーター研修など多岐にわたる。
主な著書に、『地域支援コーディネートマニュアル』（法研）、『よくわかる地域包括支援センター必携ハンドブック』（法研）、『介護保険ケアプラン点検支援マニュアル活用の手引』（共著・中央法規出版）、『新・ケアマネジメントの仕事術―現場実践の見える化と勘所』（中央法規出版）、『介護予防ケアマネジメント』（中央法規出版）、『地域包括ケア時代の施設ケアプラン記載事例集～チームケア実践～』（共著・日総研）など多数。業界紙誌にも多数寄稿している。

- 公式サイト　　http://caretown.com/
- 研修の問合せ　so-dan@caretown.com

サービス・インフォメーション
───── 通話無料 ─────
①商品に関するご照会・お申込みのご依頼
　　　　TEL 0120（203）694／FAX 0120（302）640
②ご住所・ご名義等各種変更のご連絡
　　　　TEL 0120（203）696／FAX 0120（202）974
③請求・お支払いに関するご照会・ご要望
　　　　TEL 0120（203）695／FAX 0120（202）973

●フリーダイヤル（TEL）の受付時間は、土・日・祝日を除く
　9：00〜17：30です。
●FAXは24時間受け付けておりますので、あわせてご利用ください。

30のテーマでわかる！
地域ケア会議コーディネートブック

2018年10月30日　初版発行
2020年 2月15日　初版第3刷発行
著　者　　高　室　成　幸
発行者　　田　中　英　弥
発行所　　第一法規株式会社
　　　　　〒107-8560　東京都港区南青山2-11-17
　　　　　ホームページ　https://www.daiichihoki.co.jp/

地域ケア会議　ISBN978-4-474-06378-5 C2036（4）

編集協力　（有）七七舎／装丁　石原雅彦